WPF

par la pratique

I0009532

CHEZ LE MÊME ÉDITEUR ———————————————————————————————————

G. LEBLANC. – **Silverlight 2.**
N°12375, 2008, 330 pages.

G. LEBLANC. – **C# et .NET.** *Version 2.*
N°11778, 2006, 854 pages.

A. BOUCHER. – **Mémento Ergonomie web.**
N°12386, 2008, 14 pages.

E. SLOÏM. – **Mémento Sites web.** *Les bonnes pratiques.*
N°12101, 2007, 14 pages.

S. POWERS. – **Débuter en JavaScript.**
N°12093, 2007, 386 pages.

J.-M. DEFRANCE. – **Premières applications Web 2.0 avec Ajax et PHP.**
N°12090, 2008, 450 pages.

R. GOETTER. – **CSS2.** *Pratique du design web.*
N°11976, 2007, 310 pages.

T. TEMPLIER, A. GOUGEON. – **JavaScript pour le Web 2.0.**
N°12009, 2007, 492 pages.

C. PORTENEUVE. – **Bien développer pour le Web 2.0.** *Bonnes pratiques Ajax.*
N°12391, 2008, 674 pages.

M. PLASSE. – **Développez en Ajax.**
N°11965, 2006, 314 pages.

M. NEBRA. **Réussir son site web avec XHTML et CSS.**
N°11948, 2007, 306 pages.

F. DRAILLARD. – **Premiers pas en CSS et HTML.** *Guide pour les débutants.*
N°12011, 2006, 232 pages.

R. GOETTER. – **Mémento CSS.**
N°11726, 2006, 14 pages.

R. GOETTER. – **Mémento XHTML.**
N°11955, 2006, 14 pages.

J. ZELDMAN. – **Design web : utiliser les standards.** *CSS et XHTML.*
N°12026, 2ᵉ édition 2006, 444 pages.

H. WITTENBRIK. – **RSS et Atom.** *Fils et syndications.*
N°11934, 2006, 216 pages.

T. ZIADÉ. – **Programmation Python.** *Syntaxe, conception et optimisation.*
N°11677, 2006, 530 pages.

J. PROTZENKO, B. PICAUD. – **XUL.**
N°11675, 2005, 320 pages.

WPF

par la pratique

Thomas Lebrun

EYROLLES

ÉDITIONS EYROLLES
61, bd Saint-Germain
75240 Paris Cedex 05
www.editions-eyrolles.com

DANGER

LE PHOTOCOPILLAGE TUE LE LIVRE

Le code de la propriété intellectuelle du 1er juillet 1992 interdit en effet expressément la photocopie à usage collectif sans autorisation des ayants droit. Or, cette pratique s'est généralisée notamment dans les établissements d'enseignement, provoquant une baisse brutale des achats de livres, au point que la possibilité même pour les auteurs de créer des œuvres nouvelles et de les faire éditer correctement est aujourd'hui menacée.

En application de la loi du 11 mars 1957, il est interdit de reproduire intégralement ou partiellement le présent ouvrage, sur quelque support que ce soit, sans autorisation de l'éditeur ou du Centre Français d'Exploitation du Droit de Copie, 20, rue des Grands-Augustins, 75006 Paris.
© Groupe Eyrolles, 2009, ISBN : 978-2-212-12422-4

Préface

Depuis plus de quinze ans que je me passionne pour l'informatique, toutes les technologies n'ont cessé d'évoluer. Telles des modes, nous avons vu différentes tendances se succéder : Mainframe, client-serveur, client lourd, client léger. Hormis les différences d'architecture, l'avènement du Web a beaucoup apporté à l'informatique : la généralisation du développement serveur bien évidemment, mais également le design.

Pendant des années, nous avions presque fini par croire que le développement informatique était complètement déconnecté de toute notion de design.

Le modèle du Web s'est généralisé au moment propice où les machines étaient déjà relativement performantes et où le multimédia commençait à envahir nos vies. Milliers de couleurs, son, haute définition d'écran, tout s'apprêtait à ce que le Web soit beau et universel. Les connexions à haut débit ont alors permis que tout explose !

D'autre part, le Web apportait son propre modèle d'interface graphique : une navigation par page, un modèle sans état ou presque, pas de glisser-déplacer, pas de fenêtre modale, des contrôles de saisie en nombre restreint et un accès aux ressources locales très limité.

Ajoutons également la notion d'ergonomie. Celle-ci représente la faculté d'une interface à être comprise de manière naturelle et intuitive par l'utilisateur. Là encore le Web apporta une révolution dans le sens où son interface graphique était extrêmement (voire trop) libre. Cette liberté fut l'outil de toutes les audaces et malheureusement, même encore aujourd'hui, certains sites offrent une interface complexe et peu compréhensible. Mais peu importe, les applications web apportèrent design et nouveautés, en imposant leur utilisation aux internautes.

Les sites web étant souvent de véritables vitrines, voire même des boutiques en ligne, l'importance de l'attrait visuel est une évidence. Mais aujourd'hui les utilisateurs que nous sommes revendiquent que toutes les applications, qu'elles soient bureautiques, documentaires ou comptables, aient droit à une interface aussi attrayante qu'un site web.

Contrairement au Web, les technologies d'interfaces graphiques dédiées aux applications bureautiques n'offraient que peu de possibilités pour un développement rapide d'applications designées. Leur monde est celui des standards, de la compilation statique et du déploiement.

Autant de barrières à faire tomber pour atteindre les possibilités de design des applications web.

Dès 1999, Microsoft, soucieux de l'avenir de ces technologies d'interface graphique, imagine un nouveau langage dédié à cette problématique. Ce langage s'appuie sur XML, est typé, propose des styles et des modèles : XAML est né.

Il ne fallut pas moins de sept années pour l'intégrer dans la plateforme de développement .NET et attendre le support d'un système d'exploitation assez moderne (XP, Vista).

La vague .NET Framework 3.0 livra enfin la première version de Windows Presentation Foundation (WPF) début 2007, marquant une rupture sans précédent dans l'histoire des applications Windows.

Quelques mois après (été 2007), sortait la première version de Silverlight, équivalent de WPF pour le monde du Web. La version 2.0 vit le jour un an plus tard, en octobre 2008.

À n'en point douter, le train est en marche, et qui veut développer des applications riches (pour le bureau ou Internet) sur les plateformes Microsoft d'aujourd'hui et de demain devra apprivoiser XAML.

Dans ce premier livre, Thomas Lebrun nous livre toute son expérience sur le sujet. Testeur de WPF dès les premières versions, il nous fait partager un apprentissage qu'il a lui-même vécu tout au long de ces dernières années. L'ayant connu lors de conférences Microsoft alors qu'il n'était encore qu'étudiant, et sachant sa passion pour le partage des connaissances, je suis très heureux d'apprendre que son parcours le conduit aujourd'hui à éditer son premier ouvrage.

Mitsuru Furuta
Relation Technique avec les développeurs
Microsoft France

Table des matières

PARTIE IV– AMÉLIORATION DE L'EXPÉRIENCE UTILISATEUR

CHAPITRE 12

PARTIE V– DE WPF À SILVERLIGHT

Avant-propos

Pourquoi ce livre ?

Lorsque j'ai débuté la rédaction de ce livre et que j'en discutais autour de moi, une question revenait souvent chez mes interlocuteurs : pourquoi écrire un livre sur *Windows Presentation Foundation* ?

Derrière ce livre se cachent en réalité trois motivations.

En premier lieu, je souhaitais mettre à disposition des lecteurs une nouvelle référence sur le sujet. En effet, lorsque j'ai commencé à écrire cet ouvrage, il n'existait qu'un seul livre en français sur ce thème. Certes, plusieurs ouvrages anglais abordent WPF, mais il n'est pas forcément évident de lire tout un livre écrit dans la langue de Shakespeare pour chacun d'entre nous.

Si je me suis lancé dans cette aventure, c'est également pour relever le défi d'écrire un livre qui permettrait aux développeurs .NET de disposer d'une bonne vision et d'une bonne culture de la technologie Windows Presentation Foundation..

Enfin, ayant eu l'opportunité de travailler sur WPF dès les premières versions alpha, je me suis vite rendu compte qu'il était nécessaire de proposer le plus grand nombre possible de ressources sur le sujet. Certes, beaucoup d'informations sont disponibles sur Internet, mais la lecture d'un livre est plus efficace et agréable que celle d'un e-book ou d'un message posté sur un blog. Cet ouvrage est un moyen de faire partager à d'autres ma passion pour cette technologie qui a certainement de beaux jours devant elle.

À qui s'adresse cet ouvrage ?

Ce livre s'adresse à tous les développeurs qui souhaitent découvrir Windows Presentation Foundation par la pratique. Cependant, les architectes et les chefs de projet peuvent être également intéressés par sa lecture car il apporte un grand nombre d'informations et de repères non techniques sur WPF.

Il n'est pas nécessaire d'être un expert en programmation pour appréhender cet ouvrage. Vous aurez l'occasion de vous en rendre compte : les exemples sont simples et vous permettront de maîtriser rapidement les notions abordées.

Seul prérequis : la connaissance du framework .NET puisqu'il constitue la brique de base nécessaire au bon fonctionnement de WPF.

Structure de l'ouvrage

Afin de vous guider dans l'apprentissage de cette technologie de manière progressive, ce livre est organisé en cinq parties.

La première partie, qui regroupe les chapitres 1 à 4, vous permettra d'acquérir les bases du développement WPF. Vous découvrirez comment cette technologie a vu le jour, quels langages de programmation il est possible d'utiliser, et bénéficierez d'un aperçu de l'ensemble des contrôles disponibles. Vous apprendrez également tout ce qu'il est important de savoir sur la liaison de données avec WPF.

La deuxième partie, constituée des chapitres 5 à 7, vous livrera les techniques nécessaires à la mise en place d'une application WPF. Vous aborderez des points plus complexes, comme l'utilisation des modèles de données ou la création et la validation de règles métier.

La troisième partie (chapitres 8 à 11) mettra en avant certaines fonctionnalités avancées de WPF. Y seront détaillées en particulier la création de contrôles personnalisés, la gestion des événements et des commandes, ainsi que la mise en place de modèles de contrôle. Vous apprendrez également comment travailler avec les textes et les documents au sein de vos applications.

WPF est une technologie permettant de développer des interfaces utilisateur riches. La quatrième partie, rassemblant les chapitres 12 à 16, vous enseignera l'indispensable pour que vos applications proposent la meilleure expérience utilisateur possible. La gestion des transformations et des animations, au même titre que la 3D, sera étudiée au cours de ces chapitres. Nous aborderons également la notion d'interopérabilité, qui vous permettra de comprendre dans quelle mesure vous pouvez réutiliser le code que vous avez déjà développé pour vos applications WPF.

Enfin, la cinquième partie (chapitres 17 à 19) vous fera découvrir les principaux aspects de la technologie Silverlight, ainsi que son positionnement par rapport à WPF. Vous aurez ainsi l'occasion de constater, à la lecture de ces chapitres, que le modèle de programmation et les techniques de développement que vous aurez acquis en WPF peuvent être tout à fait réutilisés dans Silverlight.

Remerciements

Avant de vous entraîner dans les recoins les plus complexes de Windows Presentation Foundation, je souhaiterais remercier différentes personnes qui, d'une manière ou d'une autre, ont rendu possible l'existence de ce livre.

Tout d'abord, je tiens à remercier **Antoine Derouin**, des éditions Eyrolles, pour avoir accepté de publier cet ouvrage. Sans ces différents conseils avisés, je ne suis pas certain que la structure de ce livre eût été la même.

Un grand merci à **Mitsuru Furuta** (Microsoft France) pour avoir accepté de rédiger la préface de ce livre, mais surtout pour avoir été le premier à me faire découvrir la technologie Windows Presentation Foundation lors de ses premières versions alpha ! Sans ses différents conseils et remarques techniques, je doute fort qu'aujourd'hui j'aurais parcouru ce même chemin.

Je remercie également **Axel Boniface**, **Bertrand Munier**, mais aussi **Dominique Buraud**, pour leurs relectures successives et intensives.

Enfin, j'aimerais adresser mes remerciements les plus sincères et les plus chaleureux à celle qui n'a pas hésité à me pousser dans cette aventure, à me soutenir lorsque j'ai voulu abandonner et à me supporter lorsque la fatigue était au rendez-vous. **Sonia**, pour tout ce que tu as fait tout au long de la rédaction de ce livre, et bien plus encore, je te dédie ce livre, en étant heureux de t'avoir à mes côtés…

Partie I

Les bases de WPF

Nouvelle technologie de développement d'interfaces graphiques sous Windows, Windows Presentation Foundation tend à prendre de plus en plus d'importance vis-à-vis des développeurs. Cette première partie introduira les concepts de base de cette technologie.

Tout d'abord, le premier chapitre présentera WPF et le framework .NET. Il détaillera les avantages à développer avec cette technologie et passera en revue les outils nécessaires au développement d'applications WPF.

Le deuxième chapitre mettra en avant le langage XAML, qui est employé pour développer l'interface graphique des applications WPF.

Dans le troisième chapitre, vous découvrirez les principaux contrôles qui peuvent être utilisés pour concevoir une application WPF, et en particulier, les contrôles permettant de gérer la mise en pages.

Enfin, le quatrième chapitre abordera la notion de liaison de l'interface utilisateur à des données métier et démontrera la simplicité d'utilisation de ce mécanisme. Il exposera également la technique de conversion de données, très employée dans ce type de scénarios.

1

Présentation de WPF

Ce chapitre a pour but d'introduire la description et les points fondamentaux liés au développement d'interfaces graphiques au moyen de la technologie Windows Presentation Foundation.

Après avoir expliqué quelles sont les bases du framework .NET 3.0 et ce que représente la technologie WPF, nous nous attarderons sur ses points forts avant de passer en revue les différents outils nécessaires à la mise en place de ce type d'applications.

Présentation du framework .NET 3.0

Windows Presentation Foundation, dont l'ancien nom de code était *Avalon*, est une technologie relativement récente pour les utilisateurs et les développeurs. En effet, la version finale est apparue en même temps que Windows Vista (soit le 8 novembre 2006).

Il faut savoir que Windows Presentation Foundation (que nous appellerons WPF dans la suite de l'ouvrage) n'est qu'une brique d'un ensemble beaucoup plus complexe : le framework .NET 3.0.

Cette version du framework .NET, qui est intégré à Windows Vista, a pour objectif de simplifier le développement d'applications Windows. Il est composé de cinq briques :

- le *framework .NET 2.0* : un ensemble de classes permettant le développement d'applications .NET. Ne vous méprenez pas : la version la plus récente du framework .NET est la version 3.5. Toutefois WPF se base sur le framework 2.0, les versions suivantes n'étant que des classes ajoutées à cette brique de base ;

- *Windows Presentation Foundation*, qui se trouve être la nouvelle technologie de développement d'interfaces graphiques sous Windows et qui est le sujet de cet ouvrage ;

- *Windows Communication Foundation*, la nouvelle technologie de développement d'applications distribuées interopérables, fiables et sécurisées. L'objectif de WCF est d'unifier les modes de communication que l'on a aujourd'hui à notre disposition (services web, accès à distance, etc.) grâce à un nouveau modèle de programmation orienté services ;

- *Windows Workflow Foundation*, solution constituée d'un modèle de programmation, d'un moteur d'exécution et d'outils pour développer et intégrer, rapidement et simplement, des flux de travail dans les applications .NET ;

- *Windows CardSpace*, qui représente la nouvelle technologie de gestion d'authentification. Cette technologie permet, de façon simple et sécurisée, l'échange des informations d'identité entre son ordinateur et un site web, au moyen d'une carte d'identité virtuelle (voir figure 1-1).

Figure 1-1

Gestion des authentifications avec Windows CardSpace

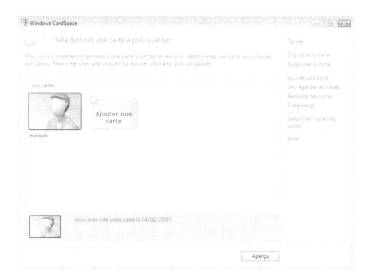

Pourquoi WPF ?

Il n'est pas rare, lors de rencontres ou discussions, que les développeurs se posent la question de l'intérêt de WPF. En effet, à l'heure actuelle, il existe déjà une technologie pour le développement d'applications dites « client lourd » : les WindowsForms. Cette technologie, qui existe depuis maintenant la création du framework .NET (soit six ans), a déjà fait ses preuves et a éré adoptée par un grand nombre de développeurs. Alors leur question est tout à fait justifiée : « Pourquoi WPF ? ».

Depuis l'apparition des WindowsForms, Microsoft n'a cessé d'écouter les retours de la part des clients, des développeurs, etc., afin de proposer une nouvelle technologie qui corresponde à leurs besoins. C'est ainsi que WPF, au travers de cinq objectifs, répond aux besoins et demandes remontés à Microsoft.

Le premier objectif de WPF est de permettre l'unification de l'interface utilisateur, des documents et des médias. À l'heure actuelle, il existe un très grand nombre de technologies pour l'ensemble des besoins des développeurs :

- GDI (*Graphics Device Interface*)/WindowsForms pour tout ce qui concerne l'interface utilisateur ;

- DirectX pour la manipulation de médias ;

- fichiers texte, PDF (*Portable Document Format*), Word ou autre pour l'intégration et la manipulation de documents.

Chacune de ces technologies offre des avantages considérables, mais il est nécessaire d'utiliser des classes différentes pour les manipuler. À première vue, il ne s'agit pas d'un frein gênant pour le développeur. Cependant, cela implique que pour chaque nouvelle technologie, l'apprentissage et la manipulation de nouvelles classes seront nécessaires.

WPF tente de résoudre ce premier problème en unifiant les API offertes aux développeurs. Peu importent les technologies utilisées en interne par le moteur WPF : le développeur manipule un ensemble de classes prédéterminées qui servant à interagir avec l'interface utilisateur, les médias, etc.

Le deuxième objectif de WPF est de proposer une technologie bénéficiant d'un moteur de rendu vectoriel. Dans bien des cas, cette fonctionnalité ne concerne que peu de monde, mais lorsque l'on se retrouve confronté à des problématiques d'accessibilité (concernant les mal voyants par exemple), cela devient une obligation.

Grâce aux fonctionnalités d'affichage vectoriel disponibles dans WPF, le développeur est en mesure de réaliser des applications proposant à la fois les interactions utilisateur et les affichages les plus probants possible et, ceci, sans aucune perte de la qualité. De plus, implémenter des systèmes de zoom sur l'interface utilisateur devient un jeu d'enfant.

Le troisième objectif de WPF concerne le moyen utilisé par le moteur pour afficher les informations à l'écran. En effet, avec WPF, l'ensemble des calculs nécessaires pour afficher l'interface utilisateur est réalisé par la carte graphique (le GPU, *Graphics Processing Unit*) et non pas *via* le processeur de l'ordinateur, le CPU (*Central Processing Unit*).

En d'autres termes, cela signifie que votre application sera en mesure de profiter des accélérations matérielles offertes par la carte graphique et donc de décharger complètement le processeur des tâches nécessaires à l'affichage de l'interface. Il est à noter que cela n'est cependant possible que si votre carte graphique est suffisamment récente : n'espérez donc pas obtenir les mêmes résultats, en termes de performances, sur une machine âgée d'une dizaine d'années et une machine neuve.

Ensuite, le quatrième objectif de WPF est de proposer un double modèle de programmation pour les applications Windows : à la fois déclaratif *via* l'utilisation du langage XAML (que nous détaillerons au chapitre 2) et impératif grâce au code .NET.

Ce type de méthodologie de développement existe depuis longtemps dans la programmation web avec le framework .NET, mais Microsoft ne proposait rien de tel pour les applications Windows. C'est maintenant corrigé : le développement peut donc être mené de deux manières différentes avec, pour objectif, de mieux intégrer (et plus tôt) les designers dans le développement des applications. En effet, nous verrons par la suite que le rôle du designer prend une place de plus en plus importante lorsqu'il s'agit de développer des applications avec WPF.

Enfin, le dernier objectif de WPF est de tenter de répondre à un besoin nécessaire pour toutes les applications WindowsForms : la simplicité de déploiement. En proposant la possibilité de créer des applications *stand alone* ou bien hébergées dans un navigateur web, WPF offre le meilleur des deux modèles de déploiement. Les applications hébergées dans le navigateur s'exécutent au travers d'*Internet Explorer* (ou *Firefox* si l'application a été développée avec le framework .NET 3.5), soit en occupant toute la fenêtre, soit au travers d'un cadre. Ce type de déploiement offre la simplicité de déploiement des applications web (l'application est téléchargée depuis une URL, puis exécutée sur le poste client). Les applications tournent dans ce que l'on appelle un *sandbox* : il s'agit d'un contexte sécurisé qui empêche l'application d'accéder aux ressources de la machine (système de fichiers, base de registre, etc.).

Les applications autonomes sont installées localement, *via* les technologies ClickOnce ou MSI, et offrent un accès complet à la plateforme sur laquelle elles s'exécutent.

Ainsi, il est plus simple de se rendre compte qu'avec WPF, Microsoft a réellement tenté de répondre aux problèmes qui existaient avant son introduction. Certes, la technologie n'est pas parfaite, mais cette première version s'avère une bonne base de travail pour les versions futures !

Fonctionnement de WPF

Après avoir vu en quoi WPF se présente comme une révolution dans le développement d'applications, il est temps d'aborder le fonctionnement et les possibilités de cette technologie.

Afin d'illustrer le fonctionnement de WPF, observez la figure 1-2, qui représente l'architecture basique de WPF.

Plusieurs points sont à noter. Tout d'abord, la partie *Media Integration Layer* contient les différents types de médias qui sont supportés par WPF : vectoriel, Bitmap, 3D, Audio, Vidéo, Texte et Effets !

Ensuite, on peut remarquer que les animations sont communes à tous les types de médias. Ainsi, il sera possible d'animer n'importe quel type de contenu.

Enfin, le moteur de composition WPF (*WPF Composition Engine*) est sans doute l'une des fonctionnalités les plus révolutionnaires de WPF. Il offre la capacité d'intégrer du contenu dans du contenu. Si vous avez déjà eu l'occasion de voir certaines démonstrations de WPF, vous avez peut-être pu observer une application présentant un objet rotatif en 3 dimensions, objet hébergé dans un bouton (ou un autre contrôle) et dont la texture est une vidéo. Cette structure sous forme d'arbre et cette capacité d'imbrication des éléments sont disponibles pour tous les contrôles fournis par WPF.

Figure 1-2

*Architecture de Windows
Presentation Foundation*

Source :
http://msdn.microsoft.com/fr-fr/
library/aa480221(en-us).aspx

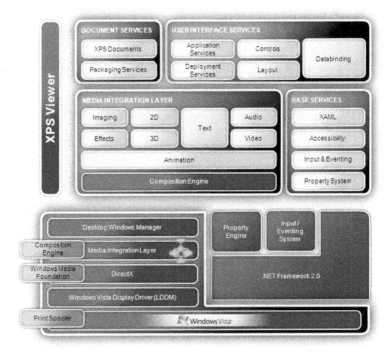

Comme indiqué précédemment, à l'heure actuelle, les développeurs sont confrontés à une myriade de choix d'API et de technologies différentes, selon qu'ils travaillent sur le dessin en deux dimensions (*GDI/GDI+*), l'interface utilisateur (*User32* ou *Windows-Forms*), les médias (*DirectShow*) ou la 3D (*Direct3D* ou *OpenGL*).

WPF fournit un modèle simple, transverse à tous ces services, et qui permet une intégration transparente de ces différents contenus au sein d'une même application : il est possible d'utiliser les mêmes constructions pour les animations, le *data binding* et les styles, et cela indépendamment des contrôles que l'on manipule (2D, 3D, texte, etc.).

Le *data binding*, que nous aborderons au chapitre 4, permet de lier l'interface utilisateur à des données métier, des données XML ou bien à d'autres contrôles de l'application.

Les styles, qui seront vus au chapitre 7, aident à modifier les propriétés des contrôles WPF à la manière des CSS en HTML.

Le moteur de composition se base sur un affichage vectoriel, ainsi l'interface est redimensionnable quelle que soit la résolution. L'architecture du moteur WPF, pour tout ce qui est affichage, utilise Direct3D. Ainsi, sur des cartes vidéo qui supportent DirectX 7 (au minimum), toute la partie affichage est traitée par le GPU : on profite donc de l'accélération matérielle. Dans le cas contraire, c'est l'accélération logicielle qui est employée.

Comme il est possible de le voir à la figure 1-2, WPF se base sur le framework .NET 2.0. En effet, WPF est un ensemble de nouvelles classes, mais il s'agit d'une technologie qui se base sur le framework .NET 2.0 : il vous est donc tout à fait possible de continuer à utiliser tout ce que vous connaissiez auparavant (méthodes de programmation, nouveautés, etc.).

Note

Avec WPF et le framework 2.0, il n'est pas possible de développer en C# 3. Toutefois, Visual Studio 2008 offre la possibilité de développer des applications WPF en utilisant C# 3 à condition d'utiliser le framework 3.5.

Avantages de WPF

Windows Presentation Foundation possède un grand nombre d'avantages qui peuvent, selon les situations et les besoins, se révéler être une véritable plus value pour le développeur. Parmi ces avantages, certaines fonctionnalités représentent des points forts indéniables comme, par exemple :

• l'affichage vectoriel : afin de proposer des interfaces proposant la meilleure expérience utilisateur possible, quelle que soit la résolution de l'écran, il est important de disposer d'une technologie qui ne dégrade pas l'interface en cas de changement de résolution, de redimensionnement, etc. ;

• le support de l'accélération matérielle sur des machines suffisamment récentes : comme nous l'avons déjà expliqué, cette fonctionnalité permet au moteur WPF d'utiliser la puissance de la carte graphique (et non du processeur) pour se charger de tous les calculs nécessaires à l'affichage de l'interface ;

• un moteur de composition innovant, qui permet l'imbrication de contrôles dans d'autres contrôles ou, d'une manière plus générale, l'imbrication de contenu dans du contenu ;

• un moteur de *data binding* puissant, qui facilite la mise en place de la liaison entre l'interface graphique et des données métiers (cette partie sera abordée en détail au chapitre 4) ;

• la possibilité de personnaliser complètement l'affichage et le rendu d'une interface graphique, aux moyens des styles et des modèles (*templates*) ;

• l'introduction d'un nouveau format de documents et de technologie d'impression. Il n'est en effet pas rare que des applications aient besoin de mettre en place un mécanisme de persistance de données. Il est donc possible, avec WPF, d'utiliser les *Open Packaging Conventions*, une norme d'archivage de fichiers basée sur le format ZIP et partagée avec Office 2007. OPC supporte les fonctionnalités de métadonnées, de signatures digitales et de gestion des droits ;

• l'introduction d'un nouveau langage, XAML (dont nous parlerons plus en détail au chapitre 2), qui sépare réellement le développement de l'interface utilisateur et l'écriture du code associé à cette interface (réponse aux événements, appels de méthodes, etc.).

- l'utilisation de modèles de contrôle permettant de modifier leur représentation graphique afin d'en donner une apparence complètement différente de celle du modèle par défaut (cette notion sera abordée plus en détail au chapitre 10).

Ces différents avantages forment une liste non exhaustive, mais représentative, des fonctionnalités intéressantes offertes par WPF. Beaucoup d'entre elles n'existent pas dans le développement WindowsForms ou bien nécessitent l'apprentissage de nouvelles classes, de nouvelles techniques de développement, etc. Avec WPF, ces éléments sont déjà regroupés et le développeur gagnera un temps non négligeable.

Après avoir découvert comment WPF fonctionne et quels sont les principaux avantages de cette technologie, il est temps de voir quels seront les outils nécessaires aux différents acteurs du projet pour parvenir à développer leurs applications.

Outils nécessaires

Comme évoqué précédemment, l'un des principaux objectifs de WPF est de permettre une meilleure intégration des designers dans le cadre du développement d'applications Windows. Nous allons donc voir que Microsoft a même été plus loin en développant des outils qui leur sont propres et qui leur permettent de mieux travailler avec les développeurs.

Ainsi, il est possible d'identifier au moins deux acteurs dans un projet WPF : le designer et le développeur. Dans certaines équipes, il existe également le rôle d'intégrateur WPF, sorte d'hybride entre le développeur et le designer, mais celui-ci ne manipule pas d'outils spécifiques. Leur manière de travailler sera étudiée par la suite, dans le chapitre consacré à XAML, mais il est important de noter que chaque corps de métier possède ses propres outils de travail.

Outils du développeur

Le développeur travaille avec des outils bien spécifiques pour développer l'application. À l'heure actuelle, deux moyens sont mis à sa disposition par Microsoft :

- Visual Studio 2005 et les extensions WPF pour Visual Studio. Cette option est intéressante pour les développeurs qui n'ont pas la possibilité d'obtenir Visual Studio 2008. Ils ne pourront donc pas développer avec le framework .NET 3.5 (et donc utiliser C# 3 ou Visual Basic 9) mais ils seront malgré tout en mesure de développer des applications WPF. Attention, il est important de noter que la dernière version de ces extensions est une CTP (*Community Technology Preview*). Ainsi, il est tout à fait normal que des bogues existent et c'est pourquoi Microsoft déconseille l'utilisation de cette technique pour le développement WPF ;

- Visual Studio 2008 : l'utilisation de Visual Studio 2008 pour le développement d'applications WPF est préconisée par Microsoft. En effet, l'outil intègre nativement les outils nécessaires au développement (designer WPF, mise à disposition des modèles, etc.). De plus, le Service Pack 1 de Visual Studio, disponible depuis le mois d'août 2008, apporte un ensemble de correctifs, comme, par exemple :

– la mise à disposition d'un onglet *Événements* dans l'éditeur de propriétés ;

– la possibilité de trier par catégorie ou par ordre alphabétique les différentes propriétés ;

– l'ajout de glisser/déposer, des contrôles, depuis la boîte à outils vers la surface de design ;

– l'arrivée d'un nouveau contrôle pour la navigation web, le WebBrowser.

Outils du designer

Il existe plusieurs outils dédiés aux designers WPF, suivant le type de tâches qu'ils effectuent. Nous allons commencer par voir les outils que Microsoft met à leur disposition, mais ceux-ci ne sont pas forcément complets. Ainsi, le designer aura recours à des outils provenant d'éditeurs tiers.

L'offre Microsoft

Le designer utilisera les outils qui lui sont propres. À ce titre, Microsoft propose *Expression Design* (figure 1-3).

Figure 1-3

Logiciel Expression Design

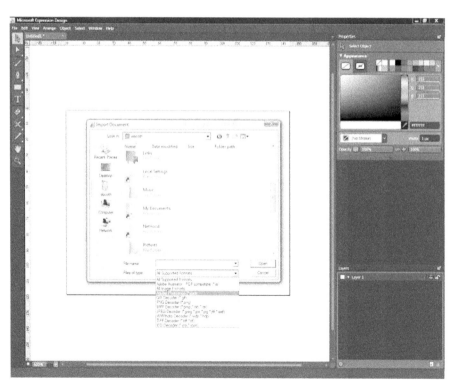

Expression Design est un outil de dessin vectoriel. Il s'agit de l'équivalent d'*Adobe Illustrator*, mais il possède, en plus, la particularité de pouvoir exporter en XAML le travail réalisé. Certes, il existe un plug-in pour Adobe Illustrator pour exporter en XAML. Cependant, étant donné qu'il ne s'agit pas d'une fonctionnalité prévue dans la version de base, le plug-in n'est pas parfait et on se retrouve parfois avec de légères pertes entre le dessin original et sa version XAML.

L'autre outil dédié aux designers, dans le cadre d'un développement WPF, se nomme *Expression Blend*, illustré à la figure 1-4.

Figure 1-4

Logiciel Expression Blend

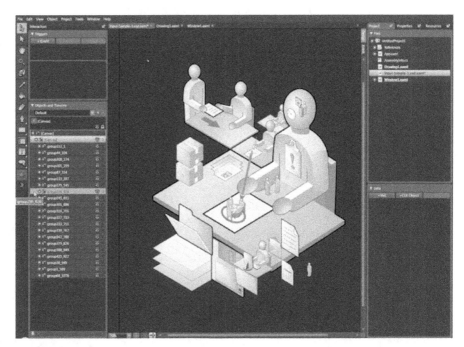

Il s'agit de l'outil employé par les designers pour intégrer le travail qu'ils ont effectué sous Expression Design et le mettre en forme afin de constituer l'application. C'est également avec cet outil qu'ils seront en mesure de générer les différentes animations ou transformations utilisées dans l'application WPF.

À titre d'information, il faut savoir qu'Expression Blend et Expression Design sont des logiciels qui font partie de la suite nommée *Expression Studio*, qui contient les programmes suivants :

- Expression Design, outil de dessin vectoriel ;

- Expression Blend, outils d'intégration et d'animations ;

- Expression Web, un outil professionnel de conception dédié à la création de sites modernes fondés sur des standards et proposant une qualité supérieure sur le Web ;

- Expression Encoder, un outil professionnel de gestion des actifs dédié au catalogage et à l'organisation visuelle de vos actifs numériques en vue d'une extraction et d'une présentation sans effort.

Les autres éditeurs

D'autres outils peuvent être maniés par des designers pour réaliser une application WPF. On retrouve, par exemple, Aurora, de la société *Mobiform* (*http://www.mobiform.com*). Il s'agit d'un logiciel similaire à Expression Blend, le but étant semblable : à partir de contrôles et d'autres éléments d'une interface, générer (par glisser/déposer) une interface graphique et produire le code XAML de cette interface (voir la figure 1-5).

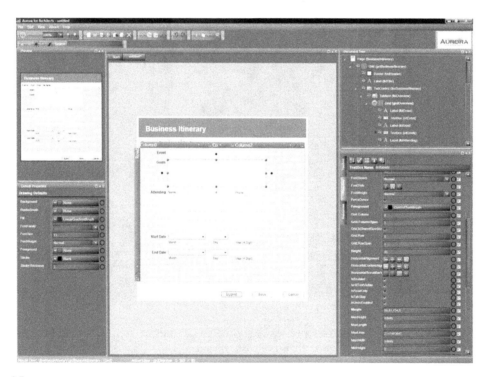

Figure 1-5

Aurora, un autre designer d'interfaces pour WPF

Malgré leur rapidité d'apprentissage et leur simplicité d'utilisation, *Expression Blend* et *Aurora* possèdent tous les deux le même problème : il est impossible de créer, tout comme de manipuler, des objets en trois dimensions.

Aussi étrange cela paraisse, Microsoft ne propose aucun outil dans ce domaine. Heureusement, la société *Erain* a développé Zam3D (*http://www.erain.com/products/zam3d/DefaultPDC.asp*), un outil dédié au développement 3D pour WPF (illustré à la figure 1-6).

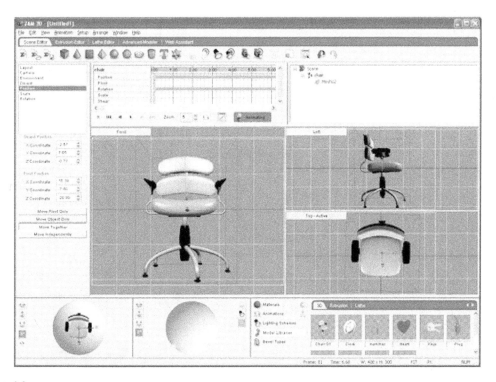

Figure 1-6

Aperçu de Zam3D, logiciel de création de dessins en 3D pour WPF

Certes, il est toujours envisageable d'utiliser des outils tels que Autodesk Maya (*http://usa.autodesk.com/adsk/servlet/index?id=7635018&siteID=123112*) ou Rhino3D (*http://www.fr.rhino3d.com*). Cependant Zam3D présente le formidable avantage de travailler directement en XAML : il est donc possible d'exporter le fruit de votre travail en XAML et de l'intégrer directement dans Expression Blend plutôt que de passer par un fichier portant l'extension `.obj`.

Résumé

Au cours de ce chapitre, nous avons découvert WPF et les avantages qu'offre cette techno-logie. Nous avons également entr'aperçu les différents outils utilisés par les acteurs qui jouent un rôle dans le cadre du développement d'une application WPF.

À présent, il convient de nous concentrer sur XAML, le langage utilisé pour décrire l'interface graphique de nos applications, langage qui établit une véritable séparation entre le travail du développeur et celui du designer !

2

XAML

Ce chapitre a pour but d'expliquer en quoi consiste ce nouveau langage introduit par Microsoft dans le cadre du développement d'applications WPF. Nous verrons comment il est possible d'étendre ce langage, mais également quels sont les mécanismes qui permettent l'utilisation du XAML dans le cadre du développement d'applications WPF.

Présentation du langage

Lors des premières démonstrations de *WinFX*, l'ancien nom de code du framework .NET 3.0, Microsoft annonça qu'un nouveau langage, **XAML** (alors acronyme d'*eXtensible Avalon Markup Langage*), serait disponible pour écrire ses interfaces utilisateurs. Ne pensant pas que le nom de code Avalon serait dévoilé au public, l'acronyme XAML changea alors de signification pour devenir e*Xtensible Application Markup Langage*, car ce nouveau langage était non seulement disponible pour WPF, mais pouvait l'être également pour d'autres technologies.

XAML, prononcé « zammel », est un nouveau langage à balises pour la programmation d'applications déclaratives.

La technologie WPF implémente un chargeur de XAML et propose le support de ce langage pour tous les types WPF. Que cela signifie-t-il ? Tout simplement que vous allez pouvoir écrire une grande partie de votre interface utilisateur (voir toute l'interface) en codant uniquement avec ce langage. Toute la logique associée à XAML sera définie dans un fichier de « code-behind » et le tout sera réuni en employant des classes partielles.

Si vous avez déjà développé une application web en utilisant le framework .NET 2.0, le modèle de programmation est identique : d'une part, vous disposez d'un fichier contenant des balises servant à décrire l'interface utilisateur. D'autre part, vous possédez un fichier contenant toute la logique métier associée à votre interface. La réunion des deux est possible par le biais les classes partielles.

Classes partielles

Les classes partielles sont l'une des nouveautés apportées par le framework .NET 2.0. Elles permettent « d'éclater » la définition d'une classe sur plusieurs fichiers. Cette technique est utilisée par une grande quantité d'outils, tels que Designer de Visual Studio, afin de disposer à la fois d'un fichier composant une interface et d'un fichier pour ajouter toute la logique nécessaire.

Il est important de retenir que le langage XAML est un véritable modèle objet. Ainsi, tout le code produit en XAML pourrait être refait en C# ou VB.NET. Attention, l'inverse n'est pas nécessairement vrai : certaines fonctionnalités (telles que la connexion à un service web, à une base de données, à un Active Directory, etc.) peuvent parfaitement être écrites en code, sans pouvoir être reproduites en code XAML.

Observez le code suivant, dans lequel nous avons une application qui se contente d'afficher deux objets de type Button dans une fenêtre :

```
public partial class Window1 : Window
{
    DockPanel panel = null;
    Button btn1 = null;
    Button btn2 = null;

    public Window1()
    {
        InitializeComponent();

        panel = new DockPanel();
        panel.LastChildFill = false;

        this.AddChild(panel);

        btn1 = new Button();
        btn1.Content = "Bouton XAML";
        btn1.Width = 100;
        btn1.Height = 50;
        DockPanel.SetDock(btn1, Dock.Top);

        btn2 = new Button();
        btn2.Content = "Autre Bouton XAML";
        btn2.Width = 120;
        btn2.Height = 50;
        DockPanel.SetDock(btn2, Dock.Bottom);

        this.panel.Children.Add(btn1);
        this.panel.Children.Add(btn2);
    }
}
```

Comme vous pouvez le voir, la programmation suit un certain ordre :

- on commence par déclarer un objet de type DockPanel ;

- on ajoute cet objet à la fenêtre ;

- on définit les propriétés des deux objets de type Button ;

- on ajoute ces deux objets au DockPanel.

Force est de constater qu'au sein de ce programme, il se dessine une certaine organisation qui n'est pas sans rappeler ce que l'on peut réaliser, en termes de hiérarchie, avec un autre langage à balises très utilisé, surtout dans des cas d'interopérabilité : le **XML** (*Extensible Markup Language*). C'est ce que nous allons voir, mais auparavant il convient de revenir sur ce que nous avons évoqué à propos de XAML.

Le fait qu'une hiérarchie se dégage du document signifie que nous devrions être en mesure de reproduire complètement la même interface en utilisant du code XAML. Afin de vous en persuader, observez le code suivant, que nous détaillerons par la suite :

```
<Window x:Class="DemoXAML.Window1"
xmlns="http://schemas.microsoft.com/winfx/2006/xaml/presentation"
xmlns:x="http://schemas.microsoft.com/winfx/2006/xaml"
Title="Window1" Height="300" Width="300">
    <DockPanel LastChildFill="False">
        <Button>
            <DockPanel.Dock>
                Top
            </DockPanel.Dock>
            <Button.Width>
                100
            </Button.Width>
            <Button.Height>
                50
            </Button.Height>
            <Button.Content>
                Bouton XAML
            </Button.Content>
        </Button>

        <Button>
            <DockPanel.Dock>
                Bottom
            </DockPanel.Dock>
            <Button.Width>
                120
            </Button.Width>
            <Button.Height>
                50
```

```
            </Button.Height>
            <Button.Content>
                Autre Bouton XAML
            </Button.Content>
        </Button>
    </DockPanel>
</Window>
```

Cet extrait de code est parfaitement identique au code C# que nous avions écrit précédemment. Afin de le clarifier un peu, voici une nouvelle version, qui produit exactement le même rendu, mais qui a l'avantage de simplifier et raccourcir le code :

```
<Window x:Class="DemoXAML.Window1"
xmlns="http://schemas.microsoft.com/winfx/2006/xaml/presentation"
xmlns:x="http://schemas.microsoft.com/winfx/2006/xaml"
Title="Window1" Height="300" Width="300">
    <DockPanel LastChildFill="False">
        <Button DockPanel.Dock="Top" Width="100" Height="50" Content="Bouton XAML" />

        <Button DockPanel.Dock="Bottom" Width="120" Height="50">
            Autre Bouton XAML
        </Button>
    </DockPanel>
</Window>
```

On remarque tout de suite un point : dans les deux cas, il s'agit de XML, comme nous l'avions indiqué. En effet, un fichier XAML n'est rien d'autre qu'un fichier XML portant l'extension .xaml. De plus, vous devez retenir que les fichiers XAML :

• ils ne supportent que les encodages UTF-8, UTF-16 et ASCII ;

• les différentes propriétés de nos objets sont mises en correspondance avec des attributs ou éléments XML. En effet, comme nous le verrons par la suite, XAML est un langage qui va nous permettre d'instancier des classes .NET directement à partir de la déclaration du fichier XAML. Le mécanisme est très semblable à ce que l'on appelle de la « désérialisation XML » ;

• les fichiers sont composés, au minimum, de deux espaces de noms (*namespace*) :

    — http://schemas.microsoft.com/winfx/2006/xaml/presentation qui correspond à l'espace de noms WPF ;

    — http://schemas.microsoft.com/winfx/2006/xaml qui correspond à l'espace de noms de XAML.

En ce qui concerne les espaces de noms .NET (System, System.Window, etc.), ils doivent également correspondre à des espaces de noms XML. Vous risqueriez d'avoir des conflits si vous aviez, vous-même, déclaré une classe portant le même nom qu'une classe déjà existante. Cette correspondance n'est pas réalisée dans les fichiers XAML mais au niveau des assemblages (*assemblys*) de WPF, *via* l'attribut XmlnsDefinitionAttribute, comme le montre la figure 2-1.

```
[assembly: XmlnsDefinition("http://schemas.microsoft.com/xps/2005/06", "System.Windows")]
[assembly: XmlnsDefinition("http://schemas.microsoft.com/winfx/2006/xaml/presentation", "System.Windows.Media")]
[assembly: XmlnsDefinition("http://schemas.microsoft.com/winfx/2006/xaml/presentation", "System.Windows.Input")]
[assembly: XmlnsDefinition("http://schemas.microsoft.com/winfx/2006/xaml/presentation", "System.Windows")]
[assembly: XmlnsDefinition("http://schemas.microsoft.com/winfx/2006/xaml/composite-font", "System.Windows.Media")]
```

Figure 2-1

Correspondance entre des classes .NET et des espaces de noms XML

La figure 2-2 illustre ce que l'on obtient lorsque l'on exécute l'application.

Figure 2-2

Aperçu de l'application écrite en XAML

Chacun des deux objets de type Button possède bien le texte que nous lui avons assigné. Si pour le premier bouton cela semble logique (nous avons assigné sa propriété Content), il en est autrement pour le second. En effet, à aucun moment, nous n'avons indiqué que nous souhaitions assigner la valeur *Autre Bouton XAML* à la propriété Content. Alors, comment le moteur XAML a-t-il pu deviner à quelle propriété assigner cette chaîne de caractères ?

En fait, il faut savoir que chaque classe peut posséder une propriété par défaut. Cette propriété est indiquée, par le développeur du composant, ou du contrôle, *via* l'attribut DefaultPropertyAttribute, comme vous pouvez le constater à la figure 2-3.

Figure 2-3

Spécifier la propriété par défaut avec DefaultPropertyAttribute

```
[DefaultProperty("Content"), ContentProperty("Content"),
public class ContentControl : Control, IAddChild
{
```

Grâce à l'utilisation de cet attribut, nous indiquons que cette propriété est celle par défaut et que, par conséquent, tout ce qui se trouve entre les balises <Button> et </Button> doit être assigné à la propriété marquée comme celle par défaut (dans le cas présent, il s'agit de Content).

XAML est donc un langage très puissant qui comporte beaucoup de classes accessibles aux développeurs. Cependant, il est parfois nécessaire d'utiliser ses propres types directement, comme nous allons le voir maintenant.

Extension du langage

Un fichier XAML est donc un fichier XML. À ce titre, nous allons voir comment nous pouvons personnaliser ce fichier XAML pour pouvoir y utiliser nos propres classes.

Les classes personnalisées, autrement dit celles que vous écrivez et qui sont utilisées dans le code XAML, peuvent être définies de deux façons différentes :

• directement dans le code-behind de l'application WPF que vous écrivez ;

• dans une assembly .NET séparée, tel qu'un exécutable ou une bibliothèque de classes.

Chacune de ces approches possède ses avantages et ses inconvénients :

• le fait de définir une classe personnalisée dans une bibliothèque de classe différente vous permet de réutiliser ladite classe dans divers autres projets. De plus, vous pourrez mieux contrôler les problèmes de _versionning_ de l'application principale. Enfin, avec cette technique, la création d'une classe utilisée comme élément racine d'un fichier XAML est grandement simplifiée ;

• définir une classe personnalisée dans la même assembly est relativement simple et minimise les problèmes de déploiement et de tests que l'on rencontre lorsque l'on utilise un exécutable avec des DLL (_Dynamic Link Library_) séparées. Cependant, l'un des inconvénients majeurs de cette technique est que vous ne pouvez pas employer une des classes définies dans la même assembly en tant qu'élément racine du fichier XAML ;

• quelles soient définies dans la même assembly ou dans une assembly différente, il est nécessaire de faire correspondre les espaces de noms .NET et XML de vos classes personnalisées, afin de pouvoir y recourir dans un fichier XAML en tant qu'élément. Cette correspondance s'effectue _via_ une syntaxe particulière que nous verrons par la suite.

Afin de pouvoir être utilisées en tant qu'élément dans un fichier XAML, les classes que vous écrivez répondront aux deux contraintes suivantes :

• votre classe doit être marquée comme public et doit avoir un constructeur par défaut (sans paramètre) ;

• votre classe ne doit pas être imbriquée (_nested_). En effet, la syntaxe des classes imbriquées (et plus spécifiquement le point qui sépare le nom de classes dans cette syntaxe) interfère avec certaines fonctionnalités de WPF, telles que les propriétés attachées, que nous verrons plus tard.

> **Les classes imbriquées**
>
> Les classes imbriquées sont une fonctionnalité du langage C# qui vous permet de déclarer des classes à l'intérieur d'autres classes.

Certaines propriétés de votre classe sont des collections. À ce titre, le langage XAML autorise l'emploi d'une syntaxe particulière pour indiquer quels seront les objets qui seront ajoutés à la collection. Pour que le moteur XAML puisse détecter que la propriété que vous déclarez est une collection, il faut qu'elle respecte l'une des contraintes suivantes :

- le type de la propriété doit implémenter `IList` ;

- le type de la propriété doit implémenter `IDictionary` (ou son équivalent générique) ;

- le type de la propriété doit hériter du type `Array` ;

- le type de la propriété doit implémenter l'interface `IAddChild` (il s'agit d'une interface particulière définie par WPF).

> **Note**
>
> Les interfaces génériques `List` et `Dictionary` ne sont pas supportées par le moteur XAML pour la détection des collections. Cependant, il vous est tout à fait possible d'utiliser la classe `List<T>` ou `Dictionary<TKey,TValye>` car ces deux classes implémentent respectivement `IList` et `IDictionary`.

Correspondance entre les espaces de noms CLR et XML

Comme nous l'avons déjà dit, un fichier XAML est composé, au minimum, de deux espaces de noms :

- `http://schemas.microsoft.com/winfx/2006/xaml/presentation` qui correspond à l'espace de noms de WPF ;

- `xmlns : http://schemas.microsoft.com/winfx/2006/xaml` qui correspond à l'espace de noms de XAML.

Il est important de retenir que XAML est un langage basé sur XML et WPF n'est qu'une implémentation se servant de ce langage. WPF réserve l'espace de noms par défaut à ses propres classes et en utilise un autre, préfixé par `x :`, pour XAML.

Nous venons de voir qu'il est possible d'enrichir et d'étendre XAML si votre classe respecte les contraintes énoncées auparavant. Afin de pouvoir employer votre classe dans votre code XAML, il va falloir faire correspondre, son espace de noms CLR à un espace de noms XML. Pour cela, il existe une syntaxe quelque peu particulière, comme vous pouvez le constater dans cet exemple :

```
xmlns:local="clr-namespace:DemoXAML;assembly=DemoXAML"
```

Cette syntaxe se décompose en deux parties distinctes :

- `clr-namespace` est utilisé pour indiquer quel espace de noms CLR nous voulons faire correspondre à l'espace de noms XML que nous avons défini *via* le préfixe `local` ;

- `assembly` sert à indiquer dans quelle assembly (DLL ou exécutable) se trouve la classe que vous souhaitez utiliser dans votre code XAML. Attention, il s'agit bien ici du nom de l'assembly et non pas de son chemin.

Il vous est à présent possible d'utiliser dans le code XAML, comme vous le voyez dans le code qui suit, une classe définie dans l'espace de noms CLR, nommée `DemoXAML`, et qui est hébergée dans l'assembly `DemoXAML` :

```
<Window x:Class="DemoXAML.Window1"
xmlns="http://schemas.microsoft.com/winfx/2006/xaml/presentation"
xmlns:x="http://schemas.microsoft.com/winfx/2006/xaml"
xmlns:local="clr-namespace:DemoXAML;assembly= DemoXAML"
Title="Window1" Height="300" Width="300">
    <local:DemoClass>

    </local:DemoClass>
</Window>
```

Il faut savoir que le mot-clé `assembly` peut être omis lors de la déclaration de l'espace de noms XML si, et seulement si, l'espace de noms CLR référencé est défini dans la même assembly que l'application qui référence la classe personnalisée. Autrement dit, dans l'exemple précédent, sachant que la classe `DemoClass` est définie dans la même assembly que notre application, nous aurions tout aussi bien pu écrire ceci :

```
<Window x:Class="DemoXAML.Window1"
xmlns="http://schemas.microsoft.com/winfx/2006/xaml/presentation"
xmlns:x="http://schemas.microsoft.com/winfx/2006/xaml"
xmlns:local="clr-namespace:DemoXAML;"
Title="Window1" Height="300" Width="300">
    <local:DemoClass>

    </local:DemoClass>
</Window>
```

Une autre variante de cette syntaxe est d'écrire `assembly=` suivi d'une chaîne vide, soit :

```
<Window x:Class="DemoXAML.Window1"
xmlns="http://schemas.microsoft.com/winfx/2006/xaml/presentation"
xmlns:x="http://schemas.microsoft.com/winfx/2006/xaml"
xmlns:local="clr-namespace:DemoXAML;assembly="
Title="Window1" Height="300" Width="300">
    <local:DemoClass>

    </local:DemoClass>
</Window>
```

Bien que fonctionnelle, cette syntaxe n'est cependant guère utilisée, la majorité des développeurs préférant recourir à la version précédente qui requiert moins de saisie de code.

Attention, dans tous les cas, nous vous rappelons qu'il n'est pas possible d'utiliser, en tant qu'élément racine du code XAML, une classe personnalisée définie dans la même assembly que votre application ! De plus, sachez que la technique qui consiste à employer l'attribut `XmlnsDefinitionAttribute` (évoqué plus haut) est tout à fait valable, si vous préférez définir cette *liaison* par code C# (ou VB.NET) plutôt qu'avec XAML.

Gestion des espaces et des blancs

Comme vous le verrez par la suite, beaucoup de contrôles disponibles avec WPF permettent d'afficher du texte. Il est donc normal que l'on désire y insérer des espaces, afin d'éclaircir le texte par exemple.

Le langage XAML applique les règles suivantes pour tout ce qui concerne la gestion des espaces et des blancs :

• les retours à la ligne entre les caractères « East Asian » sont supprimés ;

• les espaces, les sauts de lignes et les tabulations sont convertis en espace ;

• les espaces consécutifs sont supprimés et remplacés par un seul espace ;

• un espace situé immédiatement après la balise d'ouverture d'un élément est supprimé ;

• un espace situé immédiatement avant la balise de fin d'un élément est supprimé.

Il est parfois nécessaire d'insérer plusieurs espaces ou de conserver un retour à la ligne sur un contrôle. Pour parvenir à vos fins, vous pouvez utiliser le code suivant où, pour chacun des éléments dont on veut préserver les espaces et sauts de ligne, on définit un attribut :

```
xml:space="preserve"
```

Cet attribut permet à vos contrôles de conserver les espaces (et les blancs) que vous avez définis.

Attention

Il n'est pas recommandé d'utiliser cet attribut sur l'élément racine du fichier XAML, mais il se place sur chacun des éléments en ayant besoin.

Convertisseurs de type

Reprenons l'exemple de code que nous avons écrit quelques lignes plus haut :

```
<Window x:Class="DemoXAML.Window1"
xmlns="http://schemas.microsoft.com/winfx/2006/xaml/presentation"
xmlns:x="http://schemas.microsoft.com/winfx/2006/xaml"
```

```
        Title="Window1" Height="300" Width="300">
            <DockPanel LastChildFill="False">
                <Button DockPanel.Dock="Top" Width="100" Height="50" Content="Bouton XAML" />

                <Button DockPanel.Dock="Bottom" Width="120" Height="50">
                    Autre Bouton XAML
                </Button>
            </DockPanel>
        </Window>
```

Tout ce qui est écrit dans ce fichier est du texte, vous en conviendrez. Ainsi, n'êtes-vous pas surpris de voir que des propriétés telles que `Width` et `Height` acceptent de recevoir en paramètre une chaîne de caractères plutôt qu'un entier ou un double.

Dans le cas de types primitifs, tels que les types `string`, `double`, etc., ou encore les énumérations, le moteur XAML est capable d'effectuer la conversion de lui-même. Dans le cas contraire, le moteur doit pouvoir récupérer une instance du type désiré à partir de la chaîne de caractères. À cette fin, il utilise ce que l'on appelle un convertisseur de type (`TypeConverter`), c'est-à-dire une classe qui va convertir un type en un autre.

Pour créer ce type d'objet, il vous faut hériter de la classe `TypeConverter`, qui dispose de quatre méthodes utilisées pour convertir vers et depuis une chaîne de caractères :

- `CanConvertTo` : s'assure qu'il est possible de convertir vers le type défini ;
- `CanConvertFrom` : vérifie si la conversion depuis le type indiqué est réalisable ;
- `ConvertTo` : convertit vers le type indiqué ;
- `ConvertFrom` : convertit depuis le type défini en paramètres.

Parmi ces quatre méthodes, la plus importante est sans aucun doute `ConvertFrom`, qui se charge de convertir une chaîne de caractères dans le type désiré. Pour implémenter cette méthode, il vous suffit de vous assurer que la chaîne de caractères que l'on reçoit en paramètre est bien formée. Si c'est le cas, alors vous devez renvoyer un objet qui pourra être converti dans le type de la propriété. Dans le cas contraire, il vous faudra renvoyer `null`.

À l'inverse, la méthode `ConvertTo` est utilisée si vous avez besoin de convertir un type particulier en une représentation textuelle, utilisable dans votre code XAML. Autrement dit, c'est cette méthode qui sera appelée si vous avez besoin de sauvegarder, au format XAML, votre objet ; vous ferez donc de la sérialisation XML. Là encore, pour que cela fonctionne, rien de compliqué : il vous faut récupérer, depuis les paramètres de la méthode, une instance d'un type donné et renvoyer sous forme de chaîne de caractères au format XML sa représentation sérialisée.

Le code suivant est un exemple de convertisseur de types personnalisé, dont le rôle est de convertir une chaîne de caractères en un type .NET :

```
/// <summary>
/// Convertisseur de type.
/// Source: http://msmvps.com/blogs/paulomorgado/archive/2007/07/09/typetypeconverter
    ➡-the-type-typeconverter.aspx
```

```
/// </summary>
public class TypeTypeConverter : System.ComponentModel.TypeConverter
{
    public override bool CanConvertFrom(ITypeDescriptorContext context, Type sourceType)
    {
        return ((sourceType == typeof(string)) || base.CanConvertFrom(context,
        ➥sourceType));
    }

    public override object ConvertFrom(ITypeDescriptorContext context, CultureInfo
    ➥culture, object value)
    {
        if (value is string)
        {
            Type type = Type.GetType((string)value);
            if (type == null)
            {
                throw new ArgumentException("Type not found.", "value");
            }
            return type;
        }
        return base.ConvertFrom(context, culture, value);
    }

    public override bool CanConvertTo(ITypeDescriptorContext context, Type
    ➥destinationType)
    {
        return ((destinationType == typeof(string)) || base.CanConvertTo(context,
        ➥destinationType));
    }

    public override object ConvertTo(ITypeDescriptorContext context, CultureInfo
    ➥culture, object value, Type destinationType)
    {
        if (destinationType != typeof(string))
        {
            return base.ConvertTo(context, culture, value, destinationType);
        }
        return ((Type)value).AssemblyQualifiedName;
    }
}
```

Pour utiliser votre convertisseur de type, rien de plus facile : il vous suffit d'appliquer sur
votre classe l'attribut TypeConverterAttribute, qui prend en paramètre le nom ou le type
de votre convertisseur :

```
[TypeConverter(typeof(TypeTypeConverter))]
public class TestClass
{
}
```

Grâce à cet attribut, le moteur XAML sait comment convertir une chaîne de caractères en
un type bien défini.

Compilation d'un fichier XAML

Nous venons de voir en quoi consiste XAML et comment il est possible de l'enrichir avec des types personnalisés. Mais étudions à présent par quel mécanisme un fichier XAML est « converti » en une représentation graphique.

La compilation d'un fichier XAML se déroule en trois étapes :

- le fichier est analysé avec un objet de type `System.Xml.XmlTextReader` ;

- le compilateur appelle ensuite un `BAMLWriter` pour créer le fichier `.baml` correspondant. Les fichiers BAML (*Binary Application Markup Language*) sont une représentation binaire de la hiérarchie des éléments et propriétés définis dans le fichier XAML. Ce fichier est alors stocké dans le répertoire `obj\release`, puis positionné en tant que ressources dans l'exécutable ;

- le compilateur crée alors une représentation `CodeDom` de la classe partielle. Cette classe est sauvegardée dans un fichier `.g.cs` (ou `.g.vb` si vous développez en VB.NET), dans le répertoire `obj\release`, le g correspondant à `Generated`.

Présentation de CodeDom

Disponible avec le framework .NET, CodeDom est la technologie permettant de générer du code C# ou VB.NET. Il s'agit du mécanisme utilisé, entre autres, par Visual Studio pour générer le code source correspondant à la demande de l'utilisateur lorsque celui-ci utilise des assistants.

La figure 2-4 présente un aperçu des fichiers du répertoire `obj\debug`.

Figure 2-4

*Aperçu des fichiers
.baml et .g.cs*

Name	Date modified	Type
TempPE	22/03/2008 14:43	File Folder
App.g.cs	23/03/2008 16:55	Visual C# Source f...
DemoXAML.csproj.File...	23/03/2008 16:54	Text Document
DemoXAML.csproj.Ge...	22/03/2008 15:01	CACHE File
DemoXAML.exe	23/03/2008 17:11	Application
DemoXAML.g.resources	23/03/2008 17:11	RESOURCES File
DemoXAML.pdb	23/03/2008 17:11	Program Debug D...
DemoXAML.Properties...	22/03/2008 15:01	RESOURCES File
DemoXAML_MarkupC...	23/03/2008 17:11	CACHE File
DemoXAML_MarkupC...	23/03/2008 17:11	LREF File
GeneratedInternalType...	23/03/2008 17:11	Visual C# Source f...
Window1.baml	23/03/2008 17:11	BAML File
Window1.g.cs	23/03/2008 17:11	Visual C# Source f...

Si l'on observe le contenu du fichier généré, on se rend bien compte que chaque fichier XAML définit une nouvelle classe :

```
public partial class Window1 : System.Windows.Window, System.Windows.Markup.
➥IComponentConnector {

        private bool _contentLoaded;

        /// <summary>
        /// InitializeComponent
        /// </summary>
        [System.Diagnostics.DebuggerNonUserCodeAttribute()]
        public void InitializeComponent() {
            if (_contentLoaded) {
                return;
            }
            _contentLoaded = true;
            System.Uri resourceLocater = new System.Uri("/DemoXAML;component/
            ➥window1.xaml", System.UriKind.Relative);

            #line 1 "..\..\Window1.xaml"
            System.Windows.Application.LoadComponent(this, resourceLocater);

            #line default
            #line hidden
        }

        [System.Diagnostics.DebuggerNonUserCodeAttribute()]
        [System.ComponentModel.EditorBrowsableAttribute(System.ComponentModel.Editor-
        ➥BrowsableState.Never)]
        [System.Diagnostics.CodeAnalysis.SuppressMessageAttribute("Microsoft.Design",
        ➥"CA1033:InterfaceMethodsShouldBeCallableByChildTypes")]
        void System.Windows.Markup.IComponentConnector.Connect(int connectionId,
        ➥object target) {
            this._contentLoaded = true;
        }
    }
```

Comme vous pouvez le constater, la classe définie par le compilateur est une classe partielle. Pourquoi partielle ? Tout simplement parce qu'il s'agit de la représentation de l'interface graphique : tout ce qui concerne l'interaction logique (clic sur des boutons, sélection d'éléments dans une liste déroulante, etc.) se trouve dans une autre classe partielle. C'est la compilation de ces deux fichiers réunis qui produit l'application désirée.

Enfin, en utilisant `Reflector` et son complément *BAMLViewer*, nous avons la possibilité de visualiser le contenu des fichiers BAML de notre application, comme vous pouvez le voir à la figure 2-5, ceux-ci ayant été placés dans les ressources de l'application.

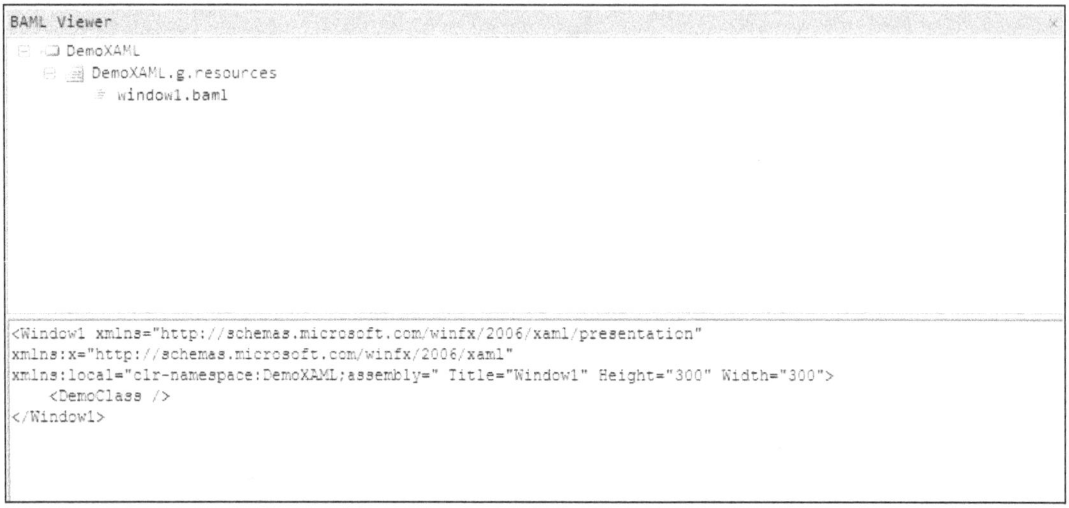

```
BAML Viewer                                                                            x
⊟ ⊡ DemoXAML
   ⊟ ▤ DemoXAML.g.resources
      ≡ window1.baml




<Window1 xmlns="http://schemas.microsoft.com/winfx/2006/xaml/presentation"
xmlns:x="http://schemas.microsoft.com/winfx/2006/xaml"
xmlns:local="clr-namespace:DemoXAML;assembly=" Title="Window1" Height="300" Width="300">
    <DemoClass />
</Window1>
```

Figure 2-5

Aperçu du contenu d'un fichier BAML

> **À propos de Reflector & BAMLViewer**
>
> Reflector est un outil capable de décompiler n'importe quelle assembly .NET, que ce soit une DLL ou un exécutable. C'est l'un des outils les plus indispensables dans la panoplie de tout bon développeur .NET. BAMLViewer est un complément à Reflector apte à extraire le contenu binaire des fichiers BAML et d'en afficher le contenu XAML.

XAML est, comme vous avez pu vous en rendre compte, un langage très puissant qui offre de nombreux avantages, que je vous propose d'étudier en détail dans la section suivante.

Avantages de ce nouveau langage

XAML possède beaucoup d'avantages, mais quatre d'entre eux méritent plus d'attention que les autres.

Tout d'abord, il est facilement éditable et compréhensible. En effet, il ne faut pas oublier que XAML est basé sur XML. À ce titre, toute personne (ou programme) capable de lire du XML sera en mesure de lire (voire même de modifier) un fichier XAML.

Ensuite, il est facilement personnalisable : vous pouvez ajouter vos propres types, en respectant les contraintes imposées et en établissant la correspondance entre les espaces de noms CLR et XML.

De plus, il peut être manipulé par différents outils et logiciels. Si vous observez le Designer WPF de Visual Studio ou bien Expression Blend, l'outil dédié aux designers, vous réaliserez qu'ils fonctionnent sur le même principe : le fichier XAML est ouvert puis analysé avec un objet de type `XamlReader` (il y a donc désérialisation du fichier XAML). Puis, le contenu du fichier est affiché dans une zone de dessin. Cela peut paraître trivial, mais il s'agit d'une technique très performante utilisée par la plupart des outils intégrant une surface permettant de faire glisser/déposer des contrôles WPF sur un formulaire : Visual Studio et Expression Blend, mais également Aurora de Mobiform, Zam3D, etc. Un grand nombre d'outils recourent à cette technique, mais sachez que c'est par ce biais que vous pourrez vous-même développer votre propre design WPF.

De tous les avantages offerts et proposés par le langage XAML, il en reste un dont nous n'avons pas parlé et qui est sans doute le plus important : XAML sépare le design et le code. Cet avantage est essentiel car, à l'heure actuelle, designers et développeurs n'arrivent pas à travailler efficacement ensemble.

Dans le cycle de développement normal, il n'est pas rare qu'un développeur demande à un designer de créer un contrôle ou un composant particulier. Le designer s'exécute et, avec ses outils (Abobe Illustrator, etc.), il fournit au développeur une image, une vidéo ou un autre média sur lequel se trouve le travail demandé.

C'est alors au développeur de tenter de reproduire le travail du designer, avec ses propres outils (Visual Studio par exemple) et, dans la majorité des cas, le résultat n'est pas au rendez-vous : la représentation fournie par le designer ne correspond pas à ce que le développeur a reproduit, comme le montre la figure 2-6.

Figure 2-6

Échec de la collaboration entre un designer et un développeur

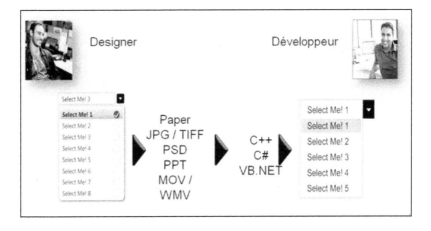

Avec le langage XAML, Microsoft tente de faire travailler de concert les deux corps de métier. Ainsi, chacun des deux protagonistes du cycle de développement, le designer et le développeur, travaille de son côté avec ses propres outils : le designer se concentre sur la partie design (donc les fichiers XAML) alors que le développeur se focalise sur la logique métier associée à l'application : il travaille donc uniquement sur les fichiers de code-behind (`.xaml.cs` ou `.xaml.vb` si vous développez en VB.NET).

WPF introduit alors un nouveau métier dans le développement d'applications Windows : celui de l'intégrateur WPF. Maîtrisant les outils et les concepts des deux mondes, son rôle est de regrouper les travaux des designers et des développeurs et de les fusionner en une seule et même application. Le résultat peut être observé à la figure 2-7.

Figure 2-7

Collaboration réussie entre un designer et un développeur, grâce à XAML

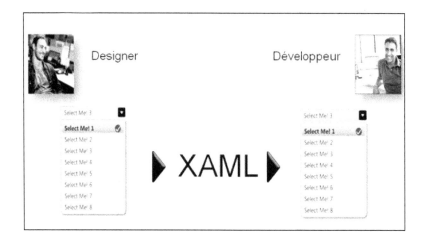

Dans de grandes équipes de développement, ce rôle est occupé par une personne à part entière. Cependant, dans les petites équipes, il peut être pourvu par l'un ou l'autre des protagonistes : un designer avec quelques compétences de développement et qui fait l'intégration ou bien un développeur avec des connaissances en design.

Ainsi, développer une application WPF peut, a priori, paraître plus complexe que développer une application Windows « classique ». Cependant, grâce à la puissance de XAML et à cette nouvelle façon de développer, Microsoft souhaite faire en sorte que le développement soit plus structuré. Au final, votre application WPF n'en sera que plus réussie.

Résumé

Au cours de ce chapitre, vous avez pu découvrir en quoi XAML est un langage relativement puissant qui permet de développer, plus rapidement et plus simplement, des applications WPF. Nous avons abordé son fonctionnement, mais également comment vous pouvez le personnaliser avec vos propres types. Nous avons couvert ici les grands points liés à ce langage.

À titre d'information, sachez que Microsoft a publié les spécifications du langage XAML : il est donc désormais possible de tout savoir en lisant une documentation de plus de 600 pages, accessible à l'adresse suivante : *http://www.microsoft.com/downloads/details.aspx?FamilyId=3356AF19-A36E-4D6D-9D13-C37DB81EE607&displaylang=en.*

Il est maintenant temps de découvrir les différents contrôles utilisables dans le cadre du développement de votre première application WPF.

3

Les contrôles

Ce chapitre introduit les différents contrôles présents dans Windows Presentation Foundation et nécessaires au développement d'interfaces graphiques.

Nous découvrirons les différentes catégories de contrôles et, pour chacune d'elle, nous ferons un rapide tour d'horizon des principaux contrôles qui la composent. Nous verrons également que certains contrôles sont absents dans la technologie WPF, mais qu'il est possible de les retrouver (ainsi que d'autres) sur Internet.

Contrôles de positionnement

Avant même d'être en mesure d'utiliser différents contrôles, il est nécessaire de pouvoir les disposer sur l'interface graphique. Pour cela, WPF dispose d'un ensemble de contrôles dédiés au positionnement, comme nous allons le voir.

Système de placement

Les applications Windows actuelles utilisent un système de coordonnées très simple, mais pourtant très efficace : le coin supérieur gauche représente l'origine (0,0), l'axe des abscisses (l'axe X) est dirigé vers la droite et l'axe des ordonnées (l'axe Y) tend vers le bas.

Chaque système géométrique possède une unité. Dans un système comme celui-ci, l'unité utilisée est le *pixel* (px), qui représente un point unique à l'écran. Cependant, de part le fait des différentes résolutions d'écran qui existent à l'heure actuelle, un développeur ne peut prévoir comment s'affichera son application sur toutes les résolutions existantes (il lui serait très difficile de toutes les tester).

Pour contourner ce problème, le système de coordonnées utilisé dans WPF ne s'appuie pas sur les pixels, mais sur une unité indépendante du matériel et de la résolution : les

Device-Independant Pixel (DIP). Il faut savoir qu'1 dip correspond à 1/96 pouces, soit environ 0,25 millimètre (cette valeur peut être changée par l'utilisateur dans les paramètres Windows si besoin). Ainsi, quel que soit le nombre de dip, la taille affichée et utilisée à l'écran restera la même !

Comprendre ce système de coordonnées est important car il est à la base de l'ensemble des opérations nécessitant une mesure ou des coordonnées : positionnement d'un contrôle à l'écran, définition de la taille, etc.

WPF propose un ensemble de contrôles permettant le positionnement d'autres contrôles, au moyen de ce système de coordonnées. Il est important de noter que ces contrôles sont des *containers*, autrement dit des contrôles présentant la particularité de pouvoir en héberger d'autres.

Contrôles de placement

Le premier, et sans doute l'un des plus utilisés, est le contrôle nommé Canvas. Il permet le positionnement des contrôles selon des coordonnées X et Y. Les coordonnées sont spécifiées *via* les propriétés attachées (Attached Properties, nous reviendrons sur cette notion au chapitre 4) nommées Left, Top, Right et Bottom, qui représentent, respectivement, la distance entre les bords gauche, haut, droit et bas :

```
<Button Canvas.Left="25" Canvas.Top="25" />
```

De cette façon, le contrôle sera toujours situé à la distance spécifiée, et cela quelle que soit la taille de la fenêtre (figure 3-1).

Figure 3-1

Aperçu du contrôle Canvas

Le contrôle StackPanel est également très souvent utilisé dans le cadre d'un développement WPF. Celui-ci est très pratique car il permet d'empiler les objets, les uns sur les autres :

```
<StackPanel Orientation="Vertical">
        <Button Content="Bouton 1" Canvas.Top="115" />

        <Button Content="Bouton 2" Canvas.Top="115" />
</StackPanel>
```

La figure 3-2 illustre cet empilement.

Figure 3-2

*StackPanel orienté
verticalement*

Il est à noter qu'il est possible de changer l'orientation des éléments, en modifiant la valeur de la propriété Orientation du contrôle :

```
<StackPanel Orientation="Horizontal">
```

Le résultat de cette disposition peut être visualisé à la figure 3-3.

Figure 3-3

*StackPanel orienté
horizontalement*

Le contrôle `StackPanel` présente cependant un inconvénient qui peut avoir de fortes conséquences : il tronque les contrôles lorsque ceux-ci dépassent, en hauteur ou en largeur, la taille de leur parent. Pour comprendre ce que cela signifie, le plus simple est d'observer le code suivant, ainsi que la figure le représentant (figure 3-4).

```
<StackPanel Orientation="Horizontal" Width="250">
        <Button Content="Bouton entièrement visible" />

        <Button Content="Bouton masqué partiellement" />
</StackPanel>
```

Figure 3-4

StackPanel avec un contenu tronqué

Comme vous pouvez le constater, cela n'est pas des plus agréables pour vos utilisateurs : il leur est impossible de lire la totalité du texte. Pour éviter ce genre de problème, WPF propose un autre contrôle, très similaire au `StackPanel`, mais qui a l'avantage de ne pas tronquer les contrôles, comme vous pouvez le constater à la figure 3-5.

Figure 3-5

Le contrôle WrapPanel

Ce contrôle, nommé `WrapPanel`, s'utilise de la même manière que `StackPanel` :

```
<WrapPanel Orientation="Horizontal" Width="250">
        <Button Content="Bouton entièrement visible" />

        <Button Content="Bouton masqué partiellement" />
</WrapPanel>
```

WPF propose un autre contrôle : `Grid`. Il est conceptuellement très similaire à un tableau HTML : il permet d'afficher les informations dans une structure composée de lignes et colonnes. Pour pouvoir employer ce contrôle, il convient tout d'abord de déclarer les différentes lignes et colonnes qui composeront la grille. Pour cela, il faut utiliser les collections `RowDefinitions` et `ColumDefinitions` :

```
<Grid ShowGridLines="True">
    <Grid.RowDefinitions>
        <RowDefinition />
        <RowDefinition Height="75" />
    </Grid.RowDefinitions>

    <Grid.ColumnDefinitions>
        <ColumnDefinition Width="70" />
        <ColumnDefinition />
    </Grid.ColumnDefinitions>
</Grid>
```

Lorsqu'il devient nécessaire d'insérer des contrôles dans cette grille, il suffit d'indiquer dans quelle ligne et quelle colonne chacun des contrôles se situe :

```
<Button Content="Bouton dans grille" Grid.Row="1" Grid.Column="1" />
```

Le résultat de cet extrait de code peut être visualisé à la figure 3-6.

Figure 3-6

Insertion d'un contrôle Button dans une grille

Il est également possible de fusionner l'insertion des contrôles sur plusieurs lignes et plusieurs colonnes. Il faut alors passer par les propriétés `RowSpan` et `ColumnSpan`, qui prennent en paramètre le nombre de lignes et de colonnes sur lesquelles le contrôle doit être inséré :

```
<Button Content="Bouton dans grille" Grid.Row="1" Grid.ColumnSpan="2" />
```

Il est également envisageable de fusionner les contrôles sur des lignes et sur des colonnes, comme vous pouvez le constater à la figure 3-7.

Figure 3-7

*Un contrôle de type
Button est inséré sur
plusieurs colonnes
d'une grille.*

Contrôles de dessin

Disposer de contrôles de positionnement présente certes un intérêt, mais s'avère loin d'être suffisant : il demeure nécessaire d'avoir des contrôles permettant de dessiner à l'écran.

À ce titre, WPF propose six contrôles de base, qu'il est possible d'utiliser dans des applications lorsque l'on désire faire du dessin en deux dimensions.

Le rectangle est le premier contrôle de dessin disponible. Comme son nom l'indique, il permet de représenter une figure en forme de rectangle, sur lequel on peut modifier la couleur, la hauteur, la largeur, etc.

```
<Rectangle x:Name="rect"
           Fill="Blue"
           Height="100"
           Width="150" />
```

`Line` est le second contrôle de dessin souvent utilisé. Il permet de dessiner une ligne et, pour cela, nécessite de disposer des coordonnées, en X et en Y, de deux points :

```
<Line X1="25" Y1="25" X2="150" Y2="150" Stroke="Black" StrokeThickness="5"
➥Grid.ColumnSpan="2" />
```

L'objet `Line` possède plusieurs propriétés intéressantes comme `Stroke`, qui permet de spécifier la couleur du trait, ainsi que `StrokeThickness` qui en indique l'épaisseur.

Par défaut, la ligne tracée est une ligne continue : si l'utilisateur souhaite une ligne avec des pointillés, il convient d'utiliser la propriété `StrokeDashArray`, qui indique la longueur de chaque pointillé, comme vous pouvez le constater à la figure 3-8.

Figure 3-8

Création d'une ligne en pointillés

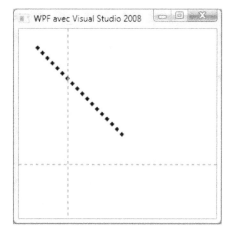

Parmi les autres contrôles de dessin, nous retrouvons :

- l'ellipse qui est très similaire au rectangle au détail prêt que ce contrôle est utilisé pour tracer une ellipse/un cercle ;

- le polygone qui représente une figure fermée et composée de plusieurs segments ;

- la « polyline » qui est une figure composée d'une succession de lignes. Contrairement au polygone, les segments ne sont pas fermés.

Il reste un contrôle de dessin, relativement complexe à maîtriser, disponible dans la panoplie des développeurs, intégrateurs et designers WPF : il s'agit du contrôle `Path`.

Dans la majorité des cas, les contrôles évoqués précédemment répondent à tous les besoins. Cependant, il peut arriver que l'on ait besoin d'un contrôle plus complexe, permettant de mêler, par exemple, des lignes droites avec des courbes. Pour répondre à une telle problématique, les équipes de développement de WPF ont mis à disposition le contrôle `Path` qui, comme son nom l'indique, permet de tracer un chemin qui, au final, représentera la forme.

Chaque objet de type `Path` possède une propriété nommée `Data`, qui contient les différentes commandes de dessin, représentées par un mini-langage :

- `M` représente le point de départ du dessin ;

- `L` est utilisé pour tracer une ligne vers un point spécifique ;

- H permet de créer une ligne horizontale ;

- V trace une ligne verticale ;

- C, Q, S et T permettent la création d'une courbe de Bézier ;

- A sert à créer un arc de cercle ;

- Z indique la fin de la forme.

Je n'ai décrit ici que les points les plus importants de ce mini-langage, mais il faut savoir qu'il est réellement très complexe et que, la plupart du temps, il n'est pas employé directement : les outils utilisés par les développeurs et designers génèrent le code nécessaire à la création de la forme.

Ainsi, le code suivant :

```
<Path Fill="#FFFFFFFF" Stretch="Fill" Stroke="#FFFF0000" HorizontalAlignment="Left"
Margin="21.102,0,0,14.528" VerticalAlignment="Bottom" Width="256.398" Height="126.472"
Data="M25,303 C15.387588,320.15213 20.757526,450.02171 69.5,425.5 115.74922,441.06863
64.725555,336.91131 104.5,310.5 145.55568,294.66406 117.89974,432.84622 175.5,423.5
214.77406,420.77991    164.49985,319.49994    215.5,318.49994    266.50015,317.49995
207.50011,431.49952 276.50016,420.49956" StrokeThickness="5" />
```

donnera le résultat illustré à la figure 3-9.

Figure 3-9

Aperçu de l'utilisation d'un Path

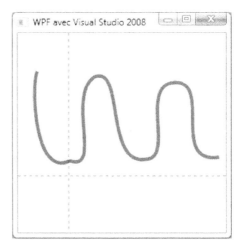

Contrôles de base

Les contrôles de dessin que nous avons vu précédemment sont peu nombreux, mais largement suffisant pour combler tous les besoins en terme de contrôles.

En effet, si l'on prend l'exemple du contrôle Button, on se rend compte qu'il s'agit simplement d'un rectangle possédant deux états : enfoncé et relâché. De même, les cases à cocher sont constituées d'un rectangle et de deux lignes croisées. Si l'on souhaite modifier le contrôle Button, il suffit de remplacer les deux lignes par un Path par exemple.

Ainsi, tous les développeurs peuvent utiliser ces contrôles pour en créer de plus complexes et de plus élaborés. Cependant, afin de vous faire gagner le maximum de temps, les développeurs de WPF ont déjà créé un certain nombre de contrôles de base que nous allons étudier.

Le contrôle de base le plus simple et utilisé dans WPF est sans doute le contrôle Button (figure 3-10).

Figure 3-10

Aperçu du contrôle
Button de WPF

Le code utilisé pour créer ce contrôle est le suivant :

```
<Button Content="Un bouton WPF" Grid.ColumnSpan="2" />
```

Vous pouvez remarquer que la propriété affectant une valeur au bouton est Content. Cela peut paraître surprenant car, dans la programmation Windows classique, la propriété utilisée pour cette opération est Text. Si on consulte la documentation, on constate que la propriété Content est de type Object. Autrement dit, cela signifie que cette propriété peut contenir n'importe quel objet .NET : une chaîne de caractère, une case à cocher, une liste de valeurs (ListBox), etc.

Note

Pour rappel, le fait qu'un objet puisse contenir un autre objet est possible grâce au moteur de composition de WPF qui permet d'avoir du contenu dans du contenu.

La case à cocher (Checkbox) est également un autre contrôle souvent employé. Elle se symbolise par un rectangle contenant une coche qu'il est possible d'afficher ou masquer en jouant sur la propriété IsChecked du contrôle (figure 3-11).

Figure 3-11

*Un exemple de case
à cocher*

Dans le même esprit que les cases à cocher WPF propose les `RadioButtons`. La différence avec les `Checkbox` se situe au niveau de l'interface graphique : alors que les premières sont affichées avec des coches, les `RadioButtons` sont affichés sous forme de puce (figure 3-12).

Figure 3-12

*Exemple de contrôle
RadioButton*

Leur mise en place est très simple : le simple fait de faire appel à l'élément `RadioButton` vous permet d'insérer une instance de ce contrôle sur l'interface graphique :

```
<RadioButton Content="RadioButton disponible dans WPF" Grid.ColumnSpan="2"
➥HorizontalAlignment="Right" VerticalAlignment="Center" />
```

Les contrôles vus pour l'instant sont relativement basiques. Fort heureusement, il est possible d'utiliser des contrôles plus complexes qui vous permettront d'améliorer votre interface graphique.

Le premier de ces contrôles plus élaborés est ListBox. Il s'agit d'une liste dont vous spécifierez les éléments, soit en codant, soit directement dans le code XAML :

```
<ListBox Grid.ColumnSpan="2">
            <ListBoxItem>Une chaîne de caractères</ListBoxItem>
            <ListBoxItem>
                <Button Content="Un bouton dans une ListBox" />
            </ListBoxItem>
            <ListBoxItem IsSelected="True">
                <CheckBox Content="Une case à cocher dans une ListBox" />
            </ListBoxItem>
            <ListBoxItem>
                <ListBox>
                    <ListBoxItem>Et pourquoi pas</ListBoxItem>
                    <ListBoxItem IsSelected="True">Une autre ListBox</ListBoxItem>
                    <ListBoxItem>Dans notre ListBox !</ListBoxItem>
                </ListBox>
            </ListBoxItem>
        </ListBox>
```

Le principe est simple : chaque ListBox est composée d'un ensemble d'éléments qui peuvent contenir tout type d'objet. Par conséquent, il n'est pas rare de voir des ListBox qui sont composées de texte (cas le plus fréquent), de boutons ou bien même d'une autre ListBox, comme vous pouvez le constater à la figure 3-13.

Figure 3-13

*Exemple
d'utilisation du
contrôle ListBox*

Bien sûr, chaque ListBox est indépendante ce qui signifie qu'il est possible de sélectionner, par code ou autre, un élément spécifique de l'un ou l'autre des contrôles !

Il existe un autre contrôle qui améliore l'interface graphique des applications : TreeView. Celui-ci est très connu des développeurs (et même des utilisateurs) car il s'agit du contrôle de base utilisé dans des applications pour représenter une liste d'éléments imbriqués les uns dans les autres et ainsi restituer la notion de hiérarchie. L'exemple le plus frappant de ce contrôle est sans doute l'Explorateur Windows (figure 3-14).

Figure 3-14

Le contrôle
TreeView vu dans
l'Explorateur
Windows

Son utilisation est très similaire à la ListBox hormis que, cette fois-ci, il est nécessaire de passer par des TreeViewItem pour spécifier le contenu de chacun des éléments de TreeView :

```
<TreeView Grid.ColumnSpan="2">
        <TreeViewItem IsExpanded="True" Header="Début du TreeView"></TreeViewItem>
        <TreeViewItem IsExpanded="True" Header="1er élément">
            <TreeViewItem IsExpanded="True" Header="2ème élément">
                <Button Content="Un élément imbriqué dans un bouton" />
            </TreeViewItem>
        </TreeViewItem>
    </TreeView>
```

Le résultat reste cependant très identique à la version liste (figure 3-15).

Figure 3-15

Démonstration
du TreeView

Il est intéressant de remarquer des propriétés supplémentaires pour ce contrôle. La première, Header, permet de spécifier l'en-tête de l'élément dans le contrôle TreeView.

La propriété `IsExpanded` indique si le nœud doit, ou non, être déplié dans le contrôle `Tree-View`, au moment de l'affichage.

Autres contrôles

L'ensemble des contrôles que nous avons vu précédemment est utile lorsque l'on souhaite développer des applications WPF plus évoluées que des applications de démonstration. Cependant, afin d'améliorer l'expérience utilisateur de vos applications, d'autres contrôles sont proposés. Si la majorité d'entre eux n'est pas nécessaire, ces contrôles amélioreront cependant vos applications.

Le contrôle `Menu` compte parmi ceux qui apporteront une plus-value certaine à vos applications. Comme son nom le laisse suggérer, il permet, très facilement, d'ajouter un menu à votre application. Là encore, tout passe par XAML (on pourrait tout de même utiliser du code C# ou VB.NET pour créer le menu, cependant il est beaucoup plus simple de le faire avec XAML) :

```xml
<Menu DockPanel.Dock="Top">
        <MenuItem Header="Fichier">
            <MenuItem Header="Nouveau">
                <MenuItem Header="Fichier" />
                <MenuItem Header="Répertoire" />
            </MenuItem>
            <MenuItem Header="Imprimer" />
            <Separator />
            <MenuItem Header="Quitter" />
        </MenuItem>
        <MenuItem Header="Edition" />
    </Menu>
```

Les propriétés sont similaires à celles que l'on a déjà rencontrées sur certains contrôles et le résultat est visible à la figure 3-16.

Figure 3-16

Mise en place du contrôle Menu

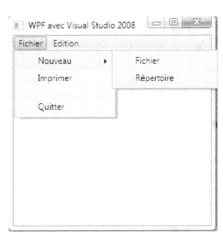

Pour certains contrôles, il est intéressant de disposer d'un menu qui apparaisse lorsque l'utilisateur fait un clic droit avec la souris. Ce type de menu contextuel est disponible avec WPF : l'ensemble des contrôles possède une propriété ContextMenu à laquelle il est possible d'assigner un objet du même type, soit :

```
<Label Content="Démonstration des menus">
        <Label.ContextMenu>
            <ContextMenu>
                <MenuItem Header="1er élément du menu contextuel" />
                <MenuItem Header="2ème élément du menu contextuel" />
            </ContextMenu>
        </Label.ContextMenu>
    </Label>
```

À titre d'information, le résultat de ce code peut être visualisé à la figure 3-17.

Figure 3-17

Utilisation d'un ContextMenu

Un autre contrôle permettant d'améliorer l'expérience utilisateur de votre application est la barre de statut (StatusBar). Ce contrôle existe depuis longtemps en programmation Windows : il permet d'afficher un ensemble d'informations dans un panneau situé en bas de l'application. Sur Windows Vista, ce panneau a beaucoup évolué et permet d'afficher beaucoup plus d'informations, comme vous pouvez le constater à la figure 3-18.

Figure 3-18

La StatusBar disponible dans Windows Vista

À la vue de ce qui existe dans le système d'exploitation Microsoft Windows, il est tout à fait normal de vouloir la même chose dans son application.

Avec WPF et le contrôle `StatusBar`, il est tout à fait possible d'avoir des barres de statut plus évoluées et qui affichent plus que du simple texte. Pour cela, le code est relativement simple et similaire à celui des contrôles déjà abordés :

```
<StatusBar Grid.Row="1">
        <StatusBarItem>
            <Button Content="Un bouton" />
        </StatusBarItem>

        <StatusBarItem>
            <ProgressBar Value="75" Minimum="0" Maximum="100" Width="100"
            ➡Height="25" />
        </StatusBarItem>
    </StatusBar>
```

Les informations peuvent être affichées avec le contrôle `ToolTip` (infobulle), ceci lorsque la souris survole un contrôle et reste positionnée au-dessus l'espace d'un instant. Là encore, son utilisation n'a rien de nouveau en termes de développement. Cependant, comme pour la majorité des contrôles disponibles avec WPF, il est possible d'y insérer du contenu. C'est une nouveauté car dans la programmation actuelle, les infobulles sont généralement constituées de texte et uniquement de texte.

Avec WPF, avoir des contrôles dans une infobulle bulle est simple à mettre en place et le résultat est indéniable, comme le démontre la figure 3-19.

```
<Button Content="Bouton WPF" HorizontalAlignment="Center" VerticalAlignment="Center">
        <Button.ToolTip>
            <StackPanel Orientation="Horizontal">
                <ProgressBar Value="75" Minimum="0" Maximum="100" Width="100"
                ➡Height="25" Margin="5" />
                <TextBlock Text="Et du texte !" Margin="5" />
            </StackPanel>
        </Button.ToolTip>
    </Button>
```

Figure 3-19

Le contrôle ToolTip de WPF

Il existe un grand nombre de contrôles dans WPF. Nous n'en avons couvert ici qu'une petite partie, mais nous avons vu les plus importants.

Si vous avez déjà regardé la liste des contrôles disponibles, vous avez sans doute remarqué qu'il en manque quelques-uns par rapport à ceux proposés en WindowsForms, et certains peuvent s'avérer très importants et utiles. Parmi eux, citons :

- le contrôle calendrier (`Calendar`) ;

- le contrôle `NumericUpDown`.

La raison de ce manque est très simple : d'après Microsoft, il est très simple, avec WPF, de les recréer. C'est pour cette raison qu'ils ne sont pas disponibles dans la liste des contrôles. Afin de vous faire gagner le maximum de temps (et de vous permettre d'apprendre beaucoup sur la création de contrôles WPF), vous avez la possibilité de télécharger certains contrôles sur Internet et de les intégrer dans vos projets. Vous pouvez ainsi vous tourner vers le *Bag'O'Tricks* de Kevin Moore (*http://j832.com/bagotricks/*) qui contient un très grand choix de contrôles (voir figure 3-20) ou bien vers la bibliothèque *WPFDeveloperTools* (*http://www.codeplex.com/WPFDeveloperTools*), que j'ai créée et qui contient des contrôles et outils pour WPF.

Figure 3-20

Ensemble de contrôles disponibles dans le Bag'O'Tricks

Résumé

Au cours de ce chapitre, nous avons découvert les principaux contrôles disponibles dans WPF. Ces contrôles sont nécessaires pour la mise en place d'une interface simple et certains d'entre eux vous permettront de proposer l'interface utilisateur la plus intuitive et la plus optimale.

Comme vous avez pu le découvrir, un grand nombre de contrôles sont disponibles ; ceux-ci sont organisés en différentes catégories permettant de les identifier au mieux.

À présent, il est temps de s'attarder sur une notion qui a déjà été rencontrée au cours de ce chapitre : les `AttachedProperty` et les `DependencyProperty`. Nous aborderons également l'un des concepts les plus importants de WPF : la liaison de données avec l'interface utilisateur (*data binding*).

4

La liaison de données

Ce chapitre présentera le concept du *data binding*, à savoir la liaison de données. Nous verrons comment la mettre en œuvre dans une application WPF et comment appliquer la liaison de données en codant avec XAML, mais aussi .NET. Ensuite, nous nous attacherons à étudier les convertisseurs de types, employées par la liaison de données, pour faire en sorte qu'elle réussisse sans problème. Enfin, nous expliquerons quel est le mécanisme à utiliser pour notifier l'interface utilisateur lorsqu'une propriété est modifiée dans le code .NET.

Présentation de la liaison de données

La liaison de données (*data binding*) est une technique qui met en relation des données métier et une interface utilisateur. Elle permet de faire en sorte que lorsque la valeur d'une propriété est modifiée, les éléments graphiques auxquels elle est liée changent également et vice-versa. Par exemple, si un utilisateur modifie la valeur d'une TextBox, la valeur de la propriété liée est automatiquement mise à jour.

Le concept de liaison de données n'est pas une nouveauté de WPF ; cette technique existe depuis longtemps en programmation Windows. Cependant, avec WPF, le concept a été grandement amélioré et il est maintenant possible de lier les éléments graphiques à des objets .NET (y compris des objets ADO.NET, des services web, etc.), des données XML ou encore d'autres éléments de l'interface graphique.

Quel que soit l'élément graphique qui est lié à une source de données et la nature de cette source de données, chaque *liaison s*uit toujours le modèle illustré à la figure 4-1.

Figure 4-1

Modèle de binding

Source : http://msdn.microsoft.com/fr-fr/library/ms752347.aspx

Chaque liaison est composée de quatre éléments :

- un objet cible ;

- une propriété cible ;

- une source de liaison ;

- une propriété source.

Par exemple, si l'on désire lier le contenu d'une TextBox à la propriété Nom d'un objet de type Client, l'objet cible sera la TextBox, la propriété cible sera la propriété Text, la valeur à utiliser sera Nom et l'objet source sera de type Client.

Pour que le binding fonctionne, il est impératif que la propriété cible soit une Dependency-Property (ce point sera abordé un peu plus loin). D'une manière générale, la plupart des propriétés de la classe UIElement, la classe de base pour les contrôles graphiques, sont des Dependency Properties, mais il est important de garder en tête cette notion lorsque l'on développe son propre contrôle (qui possède ses propres propriétés, etc.).

Options de la liaison de données

Comme on peut le constater à la figure 4-1, le flux de données d'une liaison peut être dirigé de la cible vers la source (la valeur de la source change lorsque l'utilisateur modifie une valeur dans la TextBox) et/ou de la source vers la cible (le contenu de la TextBox est mis à jour automatiquement lorsque la propriété de l'objet source est modifiée ou mise à jour).

Il est possible, *via* la propriété Mode d'un objet de type Binding, d'indiquer de quelle façon un objet métier ou un contrôle graphique doit être mis à jour, comme le montre la figure 4-2.

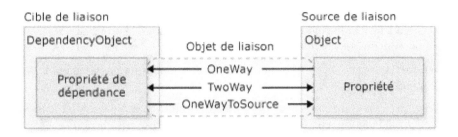

Figure 4-2

Les différents modes de liaison

Source : http://msdn.microsoft.com/fr-fr/library/ms752347.aspx

WPF supporte quatre modes de liaison différents :

- *OneWay* : les modifications apportées à l'objet source du binding sont répercutées sur l'interface utilisateur, mais les modifications effectuées par les utilisateurs sur l'interface graphique n'affectent pas l'objet source du binding. Ce mode de liaison est approprié si le contrôle lié doit être en lecture seule ;

- *TwoWay* : il s'agit du mode de liaison par défaut pour la plupart des propriétés des contrôles éditables par l'utilisateur (la propriété Text d'une TextBox, la propriété IsChecked d'une CheckBox, etc.). Avec ce mode, tout changement apporté sur l'objet source modifie l'interface utilisateur et tous les changements effectués sur l'interface graphique sont répercutés sur l'objet source du binding. Il est recommandé d'utiliser ce mode si vous souhaitez autoriser les utilisateurs à mettre à jour les objets métier ;

- *OneWayToSource* : ce mode de liaison est le contraire du mode OneWay. Les modifications effectuées sur l'interface changent la source du binding. Mais une modification de la source n'entraînera pas de mise à jour de l'interface graphique ;

- *OneTime* : ce mode de liaison, non représenté à la figure 4-2, est une version allégée du mode OneWay. En effet, en mode OneTime, la source de la liaison est utilisée pour initialiser la cible, mais toutes les modifications suivantes n'auront aucun effet. Ce mode est à employer dans le cas où l'on est certain que la source ne change pas, car il fournit de meilleures performances.

Les modes *TwoWay* et *OneWayToSource* surveillent les changements sur la propriété cible et les répercutent sur la propriété source. Ce mécanisme est connu sous le nom de « mise à jour de la source de données ». Dans le cas d'une TextBox, la modification de la zone de texte entraînera la mise à jour de l'objet sous-jacent.

Cependant, à quel moment l'objet source est-il mis à jour ? Est-ce lorsque l'on saisit le texte ? Ou bien quand la modification du texte est terminée et que l'on donne le focus à un autre contrôle ?

La propriété `UpdateSourceTrigger` est utilisée pour déterminer de quelle façon la propriété est mise à jour. Comme pour la propriété `Mode` des liaisons, la propriété `UpdateSourceTrigger` peut prendre quatre valeurs possibles :

- `PropertyChanged` : la source du binding est mise à jour immédiatement lorsque la cible est modifiée ;

- `LostFocus` : la source est mise à jour dès lors que le contrôle perd le focus (appui sur la touche Tabulation, clic sur un autre contrôle avec la souris, etc.) ;

- `Explicit` : la source est mise à jour uniquement lorsque, dans le code la méthode `Update-Source` est appelée ;

- `Default` : il s'agit de la valeur par défaut. Pour la plupart des `Dependency Properties`, il s'agit de `PropertyChanged`.

Lorsque la valeur `Explicit` est assignée à la propriété `UpdateSourceTrigger`, c'est au développeur de faire la mise à jour de la liaison. Pour cela, il doit récupérer une référence vers l'expression de la liaison utilisée, puis faire un appel à la méthode `UpdateSource` :

```
TextBox tb = new TextBox();

BindingExpression be = tb.GetBindingExpression(TextBox.TextProperty);

if (be != null)
{
    be.UpdateSource();
}
```

Pour pouvoir établir la liaison entre une classe d'objet métier et une propriété d'un contrôle, il est nécessaire que cette propriété soit d'un type bien spécifique : `Dependency-Property` (*propriété de dépendance*). En effet, dans le cas contraire, le moteur WPF déclenche une exception indiquant qu'il lui est impossible d'effectuer une liaison de données sur une propriété qui n'est pas de type `DependencyProperty`.

Les Dependency Properties

La notion de propriété n'est pas nouvelle avec WPF : elle existe depuis très longtemps en programmation. Les propriétés sont utilisées pour définir et représenter les caractéristiques d'une classe.

Avec WPF, cette notion de propriété a été conservée (elle est en effet inhérente à l'utilisation des langages C# ou VB.NET) mais un nouveau type de propriété a fait son apparition : les `Dependency Properties`. Il s'agit de propriétés possédant la particularité de pouvoir :

- être animées ;

- être transformées ;

- être liées à l'interface graphique ;

- notifier l'interface graphique lorsque la valeur de la propriété est modifiée.

Pour pouvoir déclarer une `DependencyProperty`, il est impératif que votre objet hérite de `DependencyObject`. Ensuite, il faut que la propriété soit déclarée au moteur WPF de la manière suivante :

```
public static readonly DependencyProperty OrderCountProperty =
  DependencyProperty.Register("OrderCount", typeof(int), typeof(Window1),
  ➥new UIPropertyMetadata(0));
```

Cette ligne de code permet de réaliser plusieurs choses. Tout d'abord, elle indique au moteur WPF que chaque objet de type `Window1` possédera une `DependencyProperty` de type `int`.

Le premier paramètre utilisé lors de l'appel à la méthode `Register`, `OrderCount`, représente le nom de la propriété : il sera donc inutile d'employer l'introspection (*reflexion*) lorsque cette propriété sera déclarée dans le code XAML.

Il est tout à fait logique de se demander alors quel est l'intérêt de recourir à la propriété `OrderCountProperty` si la propriété `OrderCount` est utilisée. En fait, il s'agit principalement d'une sorte de clé, permettant le référencement de la propriété depuis code. Il serait tout à fait envisageable d'employer la chaîne de caractères `OrderCount` pour accéder à la propriété, mais beaucoup de méthodes du framework WPF nécessitent de passer par la variable de type `Dependency Property`.

Il est à noter que les conventions de nommage recommandent la signature suivante pour les `Dependency Properties` :

```
public static readonly DependencyProperty [NomDeLaPropriete]Property;
```

Un autre constructeur est souvent employé lors de la création d'une `DependencyProperty` :

```
public static readonly DependencyProperty OrderCountProperty =
  DependencyProperty.Register("OrderCount", typeof(int), typeof(Window1),
  ➥new UIPropertyMetadata (0, newPropertyChangedCallback(OnOrderCountPropertyChanged)));
```

Le deuxième argument de la classe `UIPropertyMetadata` (ou `FrameworkPropertyMetadata`, qui est également très fréquemment utilisé en lieu et place de `UIPropertyMetadata`) nous permet de spécifier une méthode qui sera appelée dès que la valeur de cette propriété aura été modifiée. Cette méthode est définie de la façon suivante :

```
private static void OnOrderCountPropertyChanged(DependencyObject d,
➥DependencyPropertyChangedEventArgs e)
{
    if (e.NewValue != null)
    {
        Console.WriteLine("La valeur est passée de {0} à {1}", e.OldValue, e.NewValue);
    }
}
```

Le point le plus important à noter est que, aussi bien pour la `DependencyProperty` que pour la méthode de notification de changement de valeur, l'utilisation du mot-clé `static` est obligatoire !

Déclarer une DependencyProperty ne s'arrête pas là. En effet, il nous faut encore définir et lui associer une propriété CLR classique, qui nous permettra de l'utiliser de façon totalement transparente, sans que l'on ait à se soucier de savoir si l'on manipule une Dependency-Property ou bien une propriété CLR.

Pour cela, rien de plus simple, comme le démontre le code ci-dessous :

```
public int OrderCount
{
    get { return (int)GetValue(OrderCountProperty); }
    set { SetValue(OrderCountProperty, value); }
}
```

Nous déclarons donc une propriété, en employant les fameux get et set propres à la technologie .NET. La grande différence réside dans le fait que nous utilisons deux méthodes spécifiques : GetValue et SetValue.

Il s'agit de méthodes définies au niveau de la classe DependencyObject et qui permettent :

• de renvoyer la valeur de la DependencyProperty dont la clé est passée en paramètre. Il est important de noter que cette méthode renvoie un objet de type object. Ainsi, il est nécessaire de convertir cet objet dans le même type que celui qui a été utilisé lors de la déclaration de la méthode DependencyProperty (*via* l'appel à la méthode Register) ;

• d'assigner une valeur à DependencyProperty.

L'intérêt de la déclaration de cette propriété CLR n'est certes pas flagrant, mais pourtant très utile. En effet, si l'on devait manipuler la DependencyProperty, quel type aurait-elle ? Comment pourrait-on être sûr que l'on ne va pas rencontrer d'exception ou d'erreur de conversion au cours du programme ? Passer par une propriété CLR nous permet de retrouver un typage fort et donc de pouvoir bénéficier de la vérification des types à la compilation (et non plus à l'exécution, comme c'est le cas avec les Dependency Properties).

Comme précédemment, il existe une convention de nommage, pour les propriétés CLR qui sont attachées aux Dependency Properties :

```
public [TypeDeLaPropriete] [NomDeLaPropriete]
{
    get
{
return ([TypeDeLaPropriete])GetValue([NomDeLaPropriete]Property);
}
set
{
SetValue([NomDeLaPropriete]Property, value);
}
}
```

WPF propose un type particulier de DependencyProperty : il s'agit des AttachedProperty (*propriété attachée*). Comme nous le verrons, ces propriétés sont définies dans une classe bien qu'elles ne soient assignées que lors de l'instanciation d'autres classes.

Les Attached Properties

Les `Attached Properties` (propriétés attachées) sont des `Dependency Properties` particuliè-res définies dans une classe, mais utilisées sur les instances d'autres classes. Il n'est pas nécessaire, pour ces autres classes, de connaître cette propriété à la compilation. Ceci vous permet de définir une propriété attachée sur n'importe quel objet qui hérite de `DependencyObject`.

Les propriétés attachées ont déjà été entr'aperçues dans les chapitres précédents, princi-palement au chapitre 3. En effet, lorsqu'il était nécessaire de positionner un contrôle, du code comme celui-ci a été utilisé :

```
<Menu Grid.ColumnSpan="2" Grid.Row="0" />
```

`Grid.ColumSpan` et `Grid.Row` sont des propriétés attachées. Les propriétés suivantes sont également attachées : `Canvas.Left`, `Canvas.Top`, `Canvas.ZIndex`, `Grid.Row`, `Grid.Column`, etc. S'il est nécessaire d'utiliser un point dans le nom de la propriété, alors il s'agit d'une propriété attachée.

Il faut savoir que les propriétés attachées, qui ne sont rien d'autres que des `Dependency Properties`, ont été développées pour permettre au système de n'utiliser de la mémoire que si la valeur de la propriété est modifiée. Dans le cas contraire, la valeur par défaut est renvoyée.

Pour en comprendre l'intérêt, il suffit de prendre l'exemple des propriétés `Column` et `Row` des contrôles. Ces propriétés ne seraient lues que si le contrôle est placé à l'intérieur d'une `Grid` (grille). En programmation Windows classique, la technique consisterait à déclarer une propriété au niveau de la classe `Control`, ce qui permettrait à tous les contrôles qui héritent de cette classe de pouvoir assigner une valeur à cette propriété.

Le problème, dans ce cas, réside dans le fait que même si la propriété n'est pas utilisée, de l'espace mémoire lui est alloué. Or, comme nous l'avons vu au chapitre 3, il existe beaucoup de contrôles pouvant héberger d'autres contrôles (`Grid`, `StackPanel`, etc.) et, avec eux, les propriétés qui leur sont associées. Il faudrait donc déclarer un grand nombre de propriétés et, à chaque instanciation d'un contrôle, réserver de l'espace mémoire pour chacune de ces propriétés.

Sachant que la plupart ne serviraient pas, cela reviendrait à un gaspillage inutile de la mémoire et c'est là tout l'intérêt des propriétés attachées : elles sont définies dans une classe (par exemple la classe `Grid`) mais elles sont utilisées sur les instances d'une autre classe :

```
<Menu Grid.Column="2" Grid.Row="0" />
```

Sur cette instance de la classe `Menu`, nous affectons une valeur aux propriétés attachées `Column` et `Row`. À ce moment, et uniquement à ce moment, de l'espace mémoire est alloué à ces propriétés. Par contre, si le code `<Menu />` est utilisé, aucun espace mémoire n'est alloué pour les propriétés attachées car elles n'ont pas été assignées.

De plus, les propriétés attachées, facilitent l'ajout des propriétés à un contrôle WPF, sans disposer de son code source ou d'en hériter.

En effet, si l'on souhaite ajouter une propriété nommée `Comment` au contrôle `Button`, il suffit de créer une propriété attachée, avec ce code :

```
public static readonly DependencyProperty CommentProperty =
  DependencyProperty.RegisterAttached("Comment", typeof(string), typeof(Button),
  new UIPropertyMetadata(string.Empty));
```

Les arguments sont les mêmes que lorsque l'on déclare un `DependencyProperty` classique :

- le nom de la propriété (`Comment`) ;
- le type de la propriété (`string`) ;
- le type qui déclare cette propriété (`Button`) ;
- la valeur par défaut (`string.Empty` soit une chaîne vide).

La différence majeure réside dans la méthode utilisée pour déclarer la propriété. Dans le cas d'une `DependencyProperty`, il est nécessaire de faire appel à la méthode `Register`. Mais dans le cas d'une propriété attachée, il faut passer par la méthode `RegisterAttached`.

Comme avec les `Dependency Properties`, il est possible de déclarer une propriété attachée en lui spécifiant une méthode qui sera appelée à chaque modification de la valeur. Là encore, le code est très similaire :

```
public static readonly DependencyProperty CommentProperty =
  DependencyProperty.RegisterAttached("Comment", typeof(string), typeof(Button),
  new UIPropertyMetadata(string.Empty, new PropertyChangedCallback
  (OnCommentPropertyChanged)));
```

En ce qui concerne la méthode `OnCommentPropertyChanged`, elle aussi se trouve être très semblable à celle écrite pour la `DependencyProperty` :

```
private static void OnCommentPropertyChanged(DependencyObject d,
DependencyPropertyChangedEventArgs e)
{
    Button btn = d as Button;

    if(btn != null && e.NewValue != null)
    {
        Console.WriteLine("La valeur est passée de {0} à {1}", e.OldValue, e.NewValue);
    }
}
```

Pour ce qui est des conventions de nommage, elles sont identiques pour la déclaration de la clé :

```
public static readonly DependencyProperty [NomDeLaPropriete]Property;
```

Comme pour les `Dependency Properties`, il faut disposer d'accesseurs CLR pour assigner ou accéder à la valeur de la propriété.

Contrairement aux Dependency Properties, il est impossible d'utiliser une propriété CLR car on doit accéder à la valeur de la propriété depuis n'importe quel type et pas seulement depuis l'instance qui a défini la propriété. Ainsi, il est nécessaire de recourir à deux méthodes statiques :

```
public static string GetComment(DependencyObject obj)
{
    return (string)obj.GetValue(CommentProperty);
}

public static void SetComment(DependencyObject obj, string value)
{
    obj.SetValue(CommentProperty, value);
}
```

Pour utiliser cette propriété attachée, il suffit de la déclarer, en XAML, comme une propriété classique :

```
<Window x:Class="ControlsSample.Window1"
 xmlns="http://schemas.microsoft.com/winfx/2006/xaml/presentation"
 xmlns:x="http://schemas.microsoft.com/winfx/2006/xaml"
 xmlns:local="clr-namespace:ControlsSample"
 Title="WPF avec Visual Studio 2008" Height="300" Width="300">

<Grid>
    <Grid.RowDefinitions>
        <RowDefinition />
        <RowDefinition Height="25" />
    </Grid.RowDefinitions>


    <Button x:Name="btn"
            Content="Bouton WPF"
            HorizontalAlignment="Center"
            VerticalAlignment="Center"
             local:Window1.Comment="Test de propriété attachée" />
</Grid>

</Window>
```

Pour récupérer la valeur de la propriété Comment, qui a été attachée à l'instance du bouton nommé btn, passez simplement par les méthodes statiques définies précédemment :

```
string commentValue = Window1.GetComment(this.btn);
```

Il est également possible d'appeler directement la méthode GetValue en lui passant en paramètre la clé qui nous intéresse soit :

```
string commentValue = Convert.ToString(btn.GetValue(Window1.CommentProperty));
```

À la figure 4-3, on peut observer que, quelle que soit la technique utilisée, on récupère bien la valeur de la propriété attachée à l'instance `btn` de la classe `Button`.

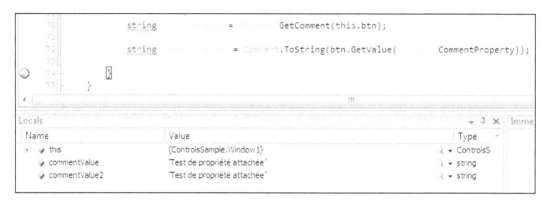

Figure 4-3

Récupération de la valeur d'une propriété attachée à un contrôle

Enfin, si l'on tente de faire la même chose sur un contrôle où la propriété n'est pas attachée, le moteur WPF va utiliser la valeur par défaut de la propriété, comme le montre la figure 4-4.

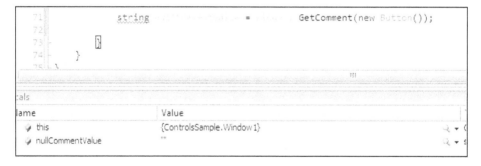

Figure 4-4

Récupération de la valeur par défaut d'une propriété attachée

Tout comme les propriétés CLR utilisées pour accéder aux `Dependency Properties`, les méthodes utilisées avec les propriétés attachées doivent suivre une convention de nommage bien précise :

```
public static [TypeDeLaPropriete] Get[NomDeLaPropriete](DependencyObject target);

public static void Set[NomDeLaPropriete](DependencyObject target, [TypeDeLaPropriete]
➥value);
```

Il est important de respecter cette convention de nommage car le compilateur XAML va générer des appels à ces méthodes lorsqu'une propriété attachée sera utilisée.

À présent, nous allons voir comment mettre en place, dans votre code, ce mécanisme de liaison de données. Afin de disposer du code le plus modulaire, nous aborderons la mise en œuvre de cette liaison depuis le code XAML, mais également depuis du code .NET.

Liaison de données par code

Comme nous l'avons vu au chapitre 2, le code XAML représente l'interface graphique. En ce qui concerne le code .NET, il s'agit du code C# (ou VB.NET) associé à l'interface graphique. Le modèle de programmation de WPF permet de mettre en place une liaison de données dans le code XAML ou .NET, comme nous allons le découvrir dans ce qui suit.

Par code XAML

WPF offre la possibilité d'effectuer la liaison entre l'interface graphique et les données métier directement depuis le code XAML. Pour cela, la première chose à faire est de spécifier une source de liaison.

Il existe plusieurs façons de réaliser cette opération. Utiliser la propriété DataContext d'un élément parent est utile uniquement lorsque plusieurs propriétés sont liées à la même source. Cependant, à certains moments, il peut s'avérer plus approprié de spécifier la source de la liaison sur chaque élément, de façon individuelle.

En liant un élément graphique à un autre élément graphique, il est possible de recourir aux propriétés ElementName ou RelativeSource pour indiquer la source de la liaison.

La propriété ElementName est employée si l'on souhaite se lier à d'autres éléments de l'interface graphique (par exemple lorsqu'une ProgressBar est liée à un Slider), alors que la propriété RelativeSource est utile lorsque la liaison est spécifiée dans un Control-Template ou un Style, comme nous le verrons par la suite.

Ainsi, si l'on veut pouvoir lier la largeur d'un bouton à la valeur d'un curseur (slider), le code suivant sera approprié (noter l'utilisation de la propriété ElementName) :

```
<Slider x:Name="slider"
        Minimum="0"
        Maximum="100"
        Value="50"
        VerticalAlignment="Center" />
```

```
<Button x:Name="btn"
        Content="Bouton WPF"
        Width="{Binding ElementName=slider}"
        HorizontalAlignment="Center"
        VerticalAlignment="Center"
        Margin="0,70,0,0" />
```

Si l'on tente d'exécuter ce code, on se rend compte qu'il ne fonctionne pas. En effet, dans la fenêtre de sortie de Visual Studio, on peut remarquer ce message :

```
System.Windows.Data Error: 1 : Cannot create default converter to perform 'one-way'
conversions between types 'System.Windows.Controls.Slider' and 'System.Double'.
Consider using Converter property of Binding. BindingExpression:Path=; DataItem='Slider'
(Name='slider'); target element is 'Button' (Name='btn'); target property is 'Width'
(type 'Double')
```

Ce message indique que le moteur WPF est incapable de faire la conversion entre les types `System.Windows.Controls.Slider` et `System.Double`.

En effet, avec le code utilisé précédemment, le moteur WPF essaye d'affecter à la propriété `Width` (qui est de type `Double`) un objet entier de type `Slider`, ce qui n'est pas possible.

Pour que cela fonctionne, il nous faut spécifier, sur l'objet originaire de la liaison de données, quelle est la propriété à utiliser comme source.

Si la source de la liaison est un objet, il faut utiliser la propriété `Path` pour en préciser la valeur. Cependant, si cette liaison s'établit entre l'interface graphique et une source de données XML, alors il faudra indiquer la propriété `XPath`.

Ainsi, pour que l'exemple de code précédent soit opérationnel, il convient de le modifier de la sorte :

```
<Slider x:Name="slider"
            Minimum="0"
            Maximum="100"
            Value="50"
            VerticalAlignment="Center" />

<Button x:Name="btn"
        Content="Bouton WPF"
        Width="{Binding ElementName=slider, Path=Value}"
        HorizontalAlignment="Center"
        VerticalAlignment="Center"
        Margin="0,70,0,0" />
```

Dans ce code, on indique que la propriété `Width` du bouton est liée à la propriété `Value` d'un élément de l'interface graphique, nommé `slider`. Les figures 4-5 et 4-6 donnent un aperçu du résultat de ce binding.

Figure 4-5

Liaison entre un slider et un bouton (1/2)

Figure 4-6

Liaison entre un slider et un bouton (2/2)

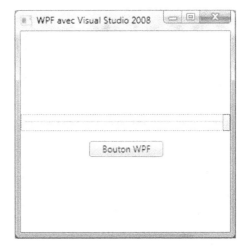

Par code .NET

WPF présente la particularité d'effectuer des liaisons avec du code XAML, nous venons de la voir, mais également avec .NET. Il n'existe pas de méthode plus adaptée qu'une autre : libre à vous d'utiliser celle que vous préférez, en fonction de votre profil (un développeur aura tendance à utiliser la liaison de données par code .NET, tandis qu'un designer ou un intégrateur préférera la liaison de données par code XAML).

Pour cela, il est nécessaire de passer par l'instanciation d'un objet de type `Binding` (c'est ce qui est fait par le compilateur lorsque l'on déclare son binding par code XAML) et de définir ses différentes propriétés.

Les propriétés (et d'autres encore) qui ont été découvertes précédemment sont toujours disponibles par code, comme le confirme la figure 4-7.

Figure 4-7

*Les propriétés
d'un objet de type
Binding*

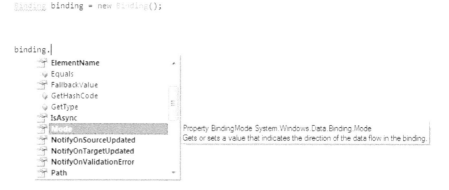

Afin de vous guider dans la lecture et la compréhension de ce livre, nous allons développer, ensemble, une application WPF de démonstration (un gestionnaire de contacts). Pour cela, nous allons commencer par mettre en place l'interface graphique :

```xml
<Window x:Class="ContactManager.GUI.MainWindow"
    xmlns="http://schemas.microsoft.com/winfx/2006/xaml/presentation"
    xmlns:x="http://schemas.microsoft.com/winfx/2006/xaml"
    Title="Window1" Height="480" Width="640">
    <Grid>
        <Grid.RowDefinitions>
            <RowDefinition Height="25" />
            <RowDefinition />
            <RowDefinition Height="25" />
        </Grid.RowDefinitions>

        <Grid.ColumnDefinitions>
            <ColumnDefinition Width="150" />
            <ColumnDefinition />
        </Grid.ColumnDefinitions>

        <Menu
            Grid.ColumnSpan="2"
            Grid.Row="0">
            <MenuItem Header="Fichier">
                <MenuItem Header="Quitter"
                        InputGestureText="Alt+F4" />
            </MenuItem>
            <MenuItem Header="Edition">
                <MenuItem Header="Nouveau Contact"
                        InputGestureText="Ctrl+N" />
```

```
                    <MenuItem Header="Editer Contact" />
                    <MenuItem Header="Supprimer Contact"
                              InputGestureText="Del"/>
            </MenuItem>
            <MenuItem Header="Aide">
                <MenuItem Header="A propos..." />
            </MenuItem>
        </Menu>

        <ListBox x:Name="lbContactsList"    Grid.Column="0"      Grid.Row="1" />
        <StatusBar x:Name="sb"              Grid.ColumnSpan="2"  Grid.Row="2">
            <StatusBarItem>
                <TextBlock Text="Gestionnaire de contacts WPF" />
            </StatusBarItem>
        </StatusBar>
    </Grid>
</Window>
```

Comme vous devez maintenant être en mesure de le comprendre, cette interface est composée :

- d'un menu, positionné en haut de l'application ;

- d'une ListBox, placée à gauche ;

- d'une barre de statut, située en bas.

Figure 4-8

L'interface utilisateur de l'application de démonstration

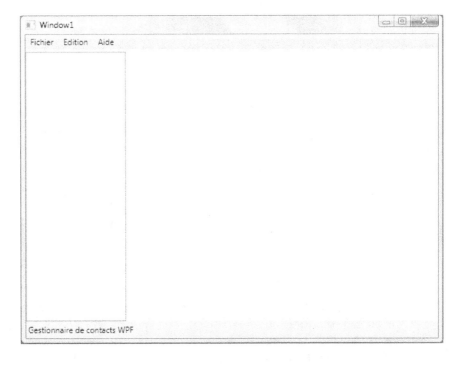

Bien sûr, il reste toute la partie droite de l'application à mettre en place ; elle permettra d'avoir des informations détaillées sur le contact sélectionné dans la ListBox. Nous disposons d'une ListBox qui doit être liée au contenu d'un fichier XML.

Nous avons à notre disposition une méthode LoadData qui va lire ce fichier XML et créer une liste d'objet de type Contact :

```
var results = ContactManager.Data.DataManager.Instance.LoadData();
```

Comme expliqué auparavant, nous devons lier cet objet results à notre ListBox, ceci en utilisant un objet de type Binding. La source de notre liaison sera l'objet results : il ne restera plus qu'à le lier à la ListBox en appelant la méthode SetBinding :

```
var results = ContactManager.Data.DataManager.Instance.LoadData();

Binding binding = new Binding();
binding.Source = results;

this.lbContactsList.SetBinding(ItemsControl.ItemsSourceProperty, binding);
```

La méthode SetBinding est utilisée pour lier une DependencyProperty (le premier paramètre de la méthode) et un objet de type Binding (le deuxième paramètre).

Ce code lie directement la propriété ItemsSource à notre liste de contacts. Une autre possibilité serait de lier la propriété DataContext, de telle sorte que les éléments enfants de la ListBox puissent hériter du contenu de la propriété DataContext :

```
Binding binding = new Binding();
binding.Source = results;

this.lbContactsList.SetBinding(DataContextProperty, binding);
```

Cependant, dans ce cas, il est malgré tout nécessaire de préciser la propriété ItemsSource car elle affiche les éléments dans la ListBox. Étant donné que nous avons lié la propriété DataContext à la liste de contacts, il suffit de « récupérer » cette liste et de l'affecter à la propriété ItemsSource.

À cette fin, vous pouvez utiliser le code XAML suivant, qui présente l'avantage de faciliter l'écriture de la liaison de données :

```
<ListBox x:Name="lbContactsList"
              Grid.Column="0"
              Grid.Row="1"
              ItemsSource="{Binding}" />
```

Ce code utilise une syntaxe de liaison de données vide, c'est-à-dire sans préciser de propriété Path, Source ou ElementName : {Binding}. La propriété DataContext de la ListBox est liée à la liste de contacts. Lorsque la propriété Path n'est pas spécifiée, le moteur WPF effectue la liaison sur l'objet entier.

Autrement dit, dans cet exemple de code, la propriété Path a été omise car le lien avec la propriété ItemsSource doit se faire sur l'objet source, c'est-à-dire la liste de contacts !

Lors de l'exécution de l'application, la ListBox est correctement remplie avec la liste des contacts provenant du fichier XML. Étant donné que la liaison de données a été mise en place entre la ListBox et la liste de contacts, la moindre modification sur la collection source (autrement dit la liste des contacts) sera immédiatement répercutée sur l'interface graphique.

Voici, à la figure 4-9, le résultat de la liaison entre la ListBox et un fichier XML contenant trois contacts.

Figure 4-9

Résultat du binding entre une ListBox et la liste de contacts

On constate que la liaison a correctement eu lieu, mais que l'affichage est incorrect. Nous allons donc à présent tenter de découvrir pourquoi et comment y remédier de manière simple, dans un premier temps, puis de manière beaucoup plus complexe au chapitre 5.

Mise en forme de l'affichage

Comme il est possible de le constater à la figure 4-9, l'affichage des résultats dans la ListBox est incorrect.

En fait, l'affichage fonctionne correctement, mais, par défaut, le moteur WPF appelle, pour chaque objet, la méthode ToString afin d'être en mesure de proposer une représentation textuelle de l'objet.

Pour changer cela, il existe deux moyens mis à disposition par WPF :

- redéfinir la méthode `ToString` de l'objet métier ;
- utiliser des `DataTemplates`.

La notion de `DataTemplate` sera abordée au chapitre 5, nous allons donc voir ici comment redéfinir la méthode d'affichage des objets.

Pour cela, il suffit de surcharger la méthode `ToString` de l'objet métier affiché dans la `ListBox`. Il serait tout à fait envisageable, par exemple, de disposer d'un tel code :

```
public override string ToString()
{
    return string.Concat(this.Nom, " ", this.Prenom);
}
```

À l'exécution, le moteur WPF appelle toujours la méthode `ToString` de l'objet mais, de part le fait que cette méthode a été redéfinie, le moteur appelle la surcharge de la méthode. Ainsi, l'affichage est, à présent, beaucoup plus clair et compréhensible, comme le montre la figure 4-10.

Figure 4-10

Résultat de la surcharge de la méthode ToString lors d'une liaison à l'interface graphique

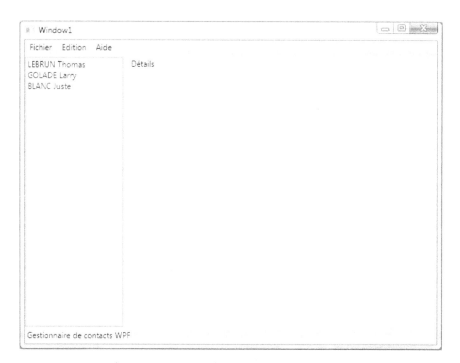

Cet affichage reste très sommaire et limité comparé aux puissantes fonctionnalités offertes par WPF : nous verrons au chapitre 5 comment il est possible d'aller encore plus loin en personnalisant entièrement la manière dont chacun des éléments de la `ListBox` est affiché.

Convertisseurs

Les convertisseurs sont utilisés, lors de la liaison de données, pour convertir un type de données vers un autre, par exemple un type `String` vers `Uri`. Nous allons voir qu'il existe deux types de convertisseurs : à valeur unique et à valeurs multiples.

Principe des convertisseurs

Si l'on observe le code de l'application de gestion de contacts, on remarque que la liaison s'effectue parfaitement et que, la plupart du temps, il est inutile d'effectuer des conversions de type :

```
<ListBox x:Name="lbContactsList"
            Grid.Column="0"
            Grid.Row="1"
            IsSynchronizedWithCurrentItem="True"
            ItemsSource="{Binding}" />

    <GroupBox x:Name="gb"
            Grid.Column="1"
            Grid.Row="1"
            Header="Détails"
            Margin="3,0,3,0"
            DataContext="{Binding ElementName=lbContactsList,
            ➥Path=SelectedItem}">

        <Canvas>
            <Image x:Name="imgSelectedUser"
                    Source="{Binding Photo}"
                Width="100"
                Canvas.Top="10"
                Canvas.Left="10" />

            <TextBlock Text="Nom: "
                    Canvas.Top="10"
                    Canvas.Left="150" />

            <TextBlock x:Name="tbLastName"
                    Text="{Binding Nom}"
                    Canvas.Top="10"
                    Canvas.Left="220" />

            <TextBlock Text="Prénom: "
                    Canvas.Top="30"
                    Canvas.Left="150" />

            <TextBlock x:Name="tbFirstName"
                    Text="{Binding Prenom}"
```

```
                                    Canvas.Top="30"
                                    Canvas.Left="220" />

                    <TextBlock Text="Société: "
                                    Canvas.Top="50"
                                    Canvas.Left="150" />

                    <TextBlock x:Name="tbFirm"
                                    Text="{Binding Societe}"
                                    Canvas.Top="50"
                                    Canvas.Left="220" />

                    <TextBlock Text="Email: "
                                    Canvas.Top="70"
                                    Canvas.Left="150" />

                    <TextBlock x:Name="tbEmail"
                                    Text="{Binding Email}"
                                    Canvas.Top="70"
                                    Canvas.Left="220" />

                    <TextBlock Text="Téléphone: "
                                    Canvas.Top="90"
                                    Canvas.Left="150" />

                    <TextBlock x:Name="tbPhone"
                                    Text="{Binding Telephone}"
                                    Canvas.Top="90"
                                    Canvas.Left="220" />
            </Canvas>

        </GroupBox>
```

Lorsque cela s'avère nécessaire, le moteur WPF est capable de faire lui-même la conversion d'un type vers un autre. Cependant, il peut arriver qu'il ne soit pas en mesure d'y parvenir comme, par exemple, sur le binding de la photo. La console de Visual Studio remonte l'erreur suivante :

```
System.Windows.Data Error: 18 : Cannot convert 'System.Byte[]' from type 'Byte[]' to
type 'System.Windows.Media.ImageSource' for 'en-US' culture with default conversions;
consider using Converter property of Binding. NotSupportedException:'System.NotSupported
Exception: No imaging component suitable to complete this operation was found. --->
System.Runtime.InteropServices.COMException (0x88982F50): Exception from HRESULT:
0x88982F50
```

En effet, la propriété Photo de notre objet Contact est un tableau d'octets et la propriété Source de l'objet Image de WPF est de type ImageSource : le moteur WPF est incapable de faire la conversion de tableau d'octets vers ImageSource de lui-même.

Convertisseurs à valeur unique

Heureusement, il est possible « d'aider » le moteur de liaison WPF en développant des convertisseurs (*converters*). Chaque convertisseur est une classe qui implémente l'interface IValueConverter et dont le but est de prendre une donnée d'un certain type et de renvoyer un objet d'un autre type (le type attendu).

Les convertisseurs sont implémentés au travers des méthodes Convert et ConvertBack, qui se chargent de la conversion des types. Dans le cas du gestionnaire de contacts, le convertisseur doit se charger de convertir un tableau d'octets en un objet de type ImageSource.

Ainsi, le convertisseur ressemble à ceci :

```
[ValueConversion(typeof(byte[]), typeof(ImageSource))]
public class ByteArrayToImageSource : IValueConverter
{
    #region Implementation of IValueConverter

    public object Convert(object value, Type targetType, object parameter, CultureInfo
    ➥culture)
    {
        var byteArrayImage = value as byte[];

         if(byteArrayImage != null && byteArrayImage.Length > 0)
        {
            var ms = new MemoryStream(byteArrayImage);

            var bitmapImg = new BitmapImage();

            bitmapImg.BeginInit();
            bitmapImg.StreamSource = ms;
            bitmapImg.EndInit();

            return bitmapImg;
        }

        return null;
    }

    public object ConvertBack(object value, Type targetType, object parameter,
    ➥CultureInfo culture)
    {
        return null;
    }

    #endregion
}
```

Les méthodes `Convert` et `ConvertBack` prennent quatre paramètres :

- `value` : représente l'objet source, qui doit être converti en un autre type ;

- `targetType` : symbolise le type cible. C'est de ce type que le convertisseur doit renvoyer un objet pour que le moteur de liaison de WPF puisse fonctionner correctement ;

- `parameter` : cet objet représente un paramètre facultatif, qu'il est possible d'indiquer lors de l'utilisation du convertisseur ;

- `culture` : les convertisseurs de type sont sensibles à la culture courante. Le paramètre culture fournit des informations sur la culture courante. Si la conversion de type n'est pas dépendante de la culture, alors ce paramètre peut aisément être ignoré.

Le convertisseur (`ByteArrayToImageSource`) est décoré de l'attribut `ValueConversion`. Cet attribut est utilisé pour aider le moteur de WPF à faire la conversion d'un type vers un autre.

En effet, étant donné que les méthodes `Convert` et `ConvertBack` manipulent des objets de type `object` pour les valeurs d'entrée et de sortie, l'attribut `ValueConversion` permet de spécifier le type que l'on attend en entrée, ainsi que le type nécessaire en sortie.

Une fois le convertisseur développé, il ne reste plus qu'à l'utiliser dans le code XAML, en effet, la liaison sur l'image est réalisée dans le code. La première chose à faire est d'ajouter un espace de noms XML, afin de pouvoir utiliser le type que l'on vient de créer :

```
xmlns:Converters="clr-namespace:ContactManager.Tools.Converters;assembly=
ContactManager.Tools"
```

Ensuite, afin de pouvoir réutiliser notre convertisseur, nous allons écrire une instance dans les ressources de l'application, puis nous ferons appel à cette ressource lorsque nous devrons effectuer la liaison :

```
<Window.Resources>
        <Converters:ByteArrayToImageSource x:Key="ImgConverter" />
</Window.Resources>
```

Enfin, pour faire appel à cette ressource, il faut, lors du binding, utiliser la `Markup-Extension` (*extension du langage à balises*) suivante : `{StaticResource}`. Cette syntaxe permet de signifier, au moteur WPF, que l'on souhaite faire appel à une ressource de notre application :

```
<Image x:Name="imgSelectedUser"
  Source="{Binding Photo, Converter={StaticResource ImgConverter}}"
  Width="100" Canvas.Top="10"
  Canvas.Left="10" />
```

Comme le montre le code précédent, le type `Binding` possède une propriété `Converter` qui est utilisée pour référencer un convertisseur, autrement dit une classe implémentant l'interface `IValueConverter`.

À l'exécution, le convertisseur est correctement appelé et l'application est en mesure de récupérer l'image, encodée en base 64, et de la décoder pour l'afficher *via* le convertisseur, comme le montre la figure 4-11.

Figure 4-11

Résultat de l'utilisation d'un convertisseur de type

Il existe plusieurs scénarios dans lesquels cela peut avoir du sens d'implémenter un convertisseur de type :

- les données doivent être affichées différemment, en fonction de la culture ;

- les types d'entrée et de sortie de la liaison sont différents et le moteur WPF n'est pas capable de gérer de lui-même la conversion ;

- si plusieurs contrôles ou propriétés sont liés à la même donnée. Dans ce cas, le binding principal affichera le texte, tandis que les autres binding se chargeront du rendu des autres types d'informations, tout en gardant la même source de liaison.

Convertisseurs à valeurs multiples

La plupart des convertisseurs que l'on est amené à développer sont à « valeur unique » : c'est-à-dire que les méthodes Convert et ConvertBack n'acceptent qu'un seul objet en paramètre d'entrée.

Cependant, il peut être nécessaire de vouloir passer une collection de paramètres à ces méthodes : par exemple, on désire créer un convertisseur qui va accepter en entrée trois couleurs (rouge, vert et bleu) et donner, en sortie, une couleur représentant la combinaison des trois premières.

Afin de mettre en œuvre ce type de scénario, il est possible d'utiliser l'interface IMulti-ValueConverter, qui demande l'implémentation des méthodes Convert et ConvertBack. La différence avec l'interface IValueConverter se situe dans le premier paramètre des méthodes de conversion. Là où il était nécessaire d'employer un objet avec IValueConverter, il faut maintenant, dans le cas de l'interface IMultiValueConverter, recourir à un tableau d'objets :

```
public class MultipleParameterConverterClass : IMultiValueConverter
{
    #region Implementation of IMultiValueConverter

    public object Convert(object[] values, Type targetType, object parameter,
    ➦CultureInfo culture)
    {
        throw new System.NotImplementedException();
    }

    public object[] ConvertBack(object value, Type[] targetTypes, object parameter,
    ➦CultureInfo culture)
    {
        throw new System.NotImplementedException();
    }

    #endregion
}
```

Pour appeler ce convertisseur, il suffit d'utiliser dans votre code XAML l'élément Multi-Binding :

```
<TextBlock Name="textBox2" DataContext="{StaticResource NameListData}">
  <TextBlock.Text>
    <MultiBinding Converter="{StaticResource myNameConverter}">
      <Binding Path="FirstName"/>
      <Binding Path="LastName"/>
    </MultiBinding>
  </TextBlock.Text>
</TextBlock>
```

Notification à l'interface des changements

La liaison entre la liste de contacts et la ListBox fonctionne à présent correctement. Mais que se passerait-il si l'on changeait l'un des éléments de la ListBox, et que l'on modifiait, par exemple, ses noms et prénoms, avec ce bout de code :

```
((Contact)this.lbContactsList.Items[0]).Nom = "GATES";
((Contact)this.lbContactsList.Items[0]).Prenom = "Bill";
```

Si l'on exécute ce code sur le clic d'un bouton, on s'attend tout simplement à ce que les propriétés Nom et Prenom du premier élément de la ListBox soient modifiées.

Seulement, à l'exécution de ce code, on voit vite que les changements semblent ne pas avoir été pris en compte. Je dis bien « semblent » car, en effet, si l'on observe les propriétés de l'élément avec le débogueur de Visual Studio, on s'aperçoit qu'elles ont été correctement modifiées en mémoire, comme le montre la figure 4-12.

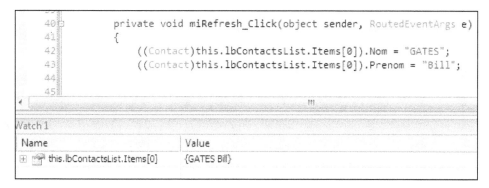

Figure 4-12

Modifications en mémoire des propriétés Nom et Prenom

Seulement, au niveau de l'interface graphique, rien n'a changé, comme le confirme la figure 4-13.

Figure 4-13

Aucun changement n'est répercuté sur l'interface graphique suite à la modification des propriétés d'un contact.

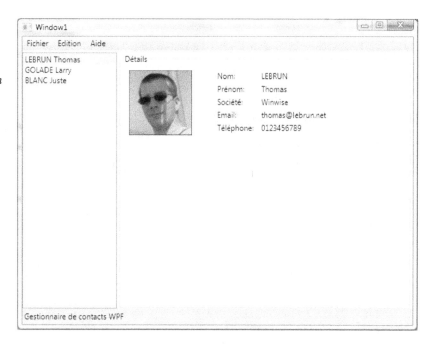

Pour comprendre ce qui se passe, il faut se rappeler ce qui a été vu à propos des Dependency Properties : ce sont les seules propriétés qui peuvent notifier le système graphique qu'elles ont été mises à jour.

Or, la déclaration de la classe Contact utilise des propriétés CLR classiques :

```
public class Contact
{
    #region Properties

    private int m_Id;
    public int Id
    {
        get
        {
            return m_Id;
        }
        set
        {
            m_Id = value;
        }
    }

    private string m_Nom;
    public string Nom
    {
        get
        {
            return m_Nom;
        }
        set
        {
            m_Nom = value;
        }
    }

    private string m_Prenom;
    public string Prenom
    {
        get
        {
            return m_Prenom;
        }
        set
        {
            m_Prenom = value;
        }
    }
}
```

Ainsi, si l'on souhaite que la classe `Contact` puisse notifier l'interface utilisateur qu'une des propriétés a été mise à jour, il faut utiliser des `Dependency Properties` et non des propriétés CLR classiques.

L'inconvénient de cette technique est que la classe doit absolument hériter de `Dependency-Object` et cela n'est pas forcément toujours possible pour de multiples raisons (héritage déjà existant, envie de référencer le minimum d'assemblys sur son projet d'objet métier, etc.).

Heureusement, une autre technique est disponible depuis le framework .NET 2.0 : l'implémentation de l'interface `INotifyPropertyChanged`. Cette interface met à disposition l'événement `PropertyChanged` qu'il faut déclencher chaque fois qu'une propriété est modifiée :

```
#region INotifyPropertyChanged Members

        public event PropertyChangedEventHandler PropertyChanged;

        public void OnPropertyChanged(string propertyName)
        {
            if (PropertyChanged != null)
            {
                PropertyChanged(this, new PropertyChangedEventArgs(propertyName));
            }
        }

#endregion
```

Il ne reste plus qu'à modifier le code des propriétés de la classe `Contact`, pour utiliser la méthode `OnPropertyChanged` à chaque fois qu'une propriété est modifiée. Voici le code complet de la classe `Contact`. Cette classe définit un ensemble de propriétés et implémente l'interface `INotifyPropertyChanged`, qui permet de déclarer et d'employer l'événement `PropertyChanged`, notifiant l'interface utilisateur de la modification d'une propriété :

```
public class Contact : INotifyPropertyChanged
{
    #region Properties

    private int m_Id;
    public int Id
    {
        get
        {
            return m_Id;
        }
        set
        {
            m_Id = value;
            OnPropertyChanged("Id");
        }
    }

    private string m_Nom;
```

```csharp
public string Nom
{
    get
    {
        return m_Nom;
    }
    set
    {
        m_Nom = value;
        OnPropertyChanged("Nom");
    }
}

private string m_Prenom;
public string Prenom
{
    get
    {
        return m_Prenom;
    }
    set
    {
        m_Prenom = value;
        OnPropertyChanged("Prenom");
    }
}

private string m_Societe;
public string Societe
{
    get
    {
        return m_Societe;
    }
    set
    {
        m_Societe = value;
        OnPropertyChanged("Societe");
    }
}

private string m_Email;
public string Email
{
    get
    {
        return m_Email;
    }
```

```csharp
        set
        {
            m_Email = value;
            OnPropertyChanged("Email");
        }
    }

    private string m_Telephone;
    public string Telephone
    {
        get
        {
            return m_Telephone;
        }
        set
        {
            m_Telephone = value;
            OnPropertyChanged("Telephone");
        }
    }

    private string m_Mobile;
    public string Mobile
    {
        get
        {
            return m_Mobile;
        }
        set
        {
            m_Mobile = value;
            OnPropertyChanged("Mobile");
        }
    }

    private byte[] m_Photo;
    public byte[] Photo
    {
        get
        {
            return m_Photo;
        }
        set
        {
            m_Photo = value;
            OnPropertyChanged("Photo");
        }
    }

    #endregion
```

```
            #region INotifyPropertyChanged Members

            public event PropertyChangedEventHandler PropertyChanged;

            public void OnPropertyChanged(string propertyName)
            {
                if (PropertyChanged != null)
                {
                    PropertyChanged(this, new PropertyChangedEventArgs(propertyName));
                }
            }

            #endregion

            public override string ToString()
            {
                return string.Concat(this.Nom, " ", this.Prenom);
            }
        }
```

Dès lors, l'interface graphique sera en mesure d'être notifiée en cas de changement de valeur d'une des propriétés. Pour en être certain, il suffit de simplement relancer l'application et de cliquer à nouveau sur le bouton chargé de modifier la valeur des propriétés du premier élément de la ListBox. Cette fois-ci, l'interface est correctement mise à jour, en même temps que l'objet en mémoire (figure 4-14).

Figure 4-14

Mise à jour de l'interface graphique suite à l'implémentation de l'interface INotify-PropertyChanged

Résumé

La liaison de données est un concept puissant qui a été beaucoup amélioré avec WPF. Il est à présent possible de se lier à n'importe quelle source de données, de n'importe quel type, et cela avec un minimum d'efforts. De plus, cette liaison peut être codée en XAML tout autant qu'en .NET. Le moteur WPF prend en charge les différentes conversions qui peuvent être nécessaires à la réussite de la liaison de l'interface utilisateur à des données métier. Cependant, si la conversion n'est pas réalisable automatiquement, vous avez la possibilité d'écrire le convertisseur qui effectuera le travail.

Bien sûr, il est nécessaire de garder à l'esprit que la liaison ne peut fonctionner que si les propriétés cibles sont des propriétés de type `DependencyProperty` qui, avec les `Attached-Property`, représentent l'une des nouveautés de WPF. Ces dernières autorisent les animations, les transformations, etc.

Bien qu'elles obligent les objets qui les manipulent à hériter de `DependencyObject`, il s'agit de l'une des grandes forces de WPF et il est recommandé de les utiliser dès qu'il s'avère nécessaire d'écrire une propriété qui aura besoin, à un moment ou à un autre, d'interagir, de quelque manière que ce soit, avec l'interface utilisateur.

La mise en forme des éléments demeure le seul obstacle gênant dans le cadre de la liaison de données. Nous avons déjà vu qu'il était possible, *via* une surcharge de la méthode `ToString`, de formater l'affichage pour le rendre compréhensible.

Nous allons à présent étudier les `DataTemplates` et découvrir comment ils vont permettre de personnaliser entièrement l'affichage de chacun des éléments de la `ListBox`.

Partie II

Développement d'une application

La première partie a permis de comprendre la technologie WPF et le langage de description d'interfaces qui lui est associé. Il a également été expliqué comment développer une première application, très sobre mais fonctionnelle.

Dans cette deuxième partie, nous allons découvrir comment améliorer l'expérience utilisateur offerte par nos applications, au moyen de techniques simples mais importantes. Ainsi, le chapitre 5 détaillera le rôle des modèles de données et pourquoi il peut être intéressant de les utiliser si l'on souhaite enrichir son application.

Le chapitre 6 abordera la notion de validation de données. Nous verrons qu'il s'agit d'un concept crucial qu'il est bien souvent nécessaire d'implémenter pour prévenir tous les risques pouvant survenir lorsque l'utilisateur a la charge de saisir des informations qui seront ensuite utilisées par l'application.

Enfin, le chapitre 7 mettra en avant l'existence des styles, premier élément mis à la disposition des designers pour tout ce qui concerne la modification de l'interface graphique des applications.

5

Les modèles de données

Ce chapitre introduit la notion de modèles de données (DataTemplate) et leur utilisation pour personnaliser l'affichage des contrôles de type ListBox, ComboBox, etc.

Nous découvrirons également quels sont les mécanismes qui permettent à ces modèles d'être mis à jour automatiquement en fonction de la valeur de certaines propriétés. Enfin, nous aurons l'occasion de découvrir que certains contrôles présentent la particularité de pouvoir choisir, dynamiquement, un modèle de données. Nous verrons donc quelle est la technique qu'il est nécessaire d'utiliser pour pouvoir profiter de cette fonctionnalité.

Intérêt des modèles de données

Au chapitre 4, il a été démontré que surcharger la méthode ToString de l'objet métier lié à la ListBox permettait d'offrir une vue compréhensible de chacun des éléments.

En effet, la ListBox est liée à la collection entière d'objets (ou, plus spécifiquement, à la vue sur cette collection d'objet). Sans instructions spécifiques quant à la manière d'afficher la collection de données, la ListBox affiche (*via* la méthode ToString) une représentation, sous forme de chaîne de caractères, de chaque objet de la collection sous-jacente.

Grâce aux modèles de données, chaque élément de la ListBox peut être personnalisé et ainsi vous pouvez donner une représentation graphique à des objets métier. La technologie WPF vous permet alors de représenter graphiquement un objet Contact, Produit, Facture, etc.

L'utilisation des modèles de données est très importante car se cantonner simplement à surcharger la méthode ToString est limité et peu souple. De plus, dans le cas où une liaison serait faite entre l'interface utilisateur et des données XML, il est impossible de redéfinir cette méthode.

D'une manière générale, il est important de garder en tête que les modèles de données sont appliqués à chacun des éléments d'une ListBox, ComboBox, etc. Le modèle de données est utilisé uniquement pour s'occuper de la partie présentation et apparence des objets métier. Dans la plupart des cas, tous les autres aspects de la présentation, comme l'apparence d'un élément lorsqu'il est sélectionné ou la manière dont une ListBox affiche ses éléments, n'appartiennent pas à la définition du modèle de données.

Personnalisation des éléments

Il est possible de définir les modèles de données de deux façons différentes :

- en ligne ;
- dans les ressources.

Dans le premier cas, il suffit d'indiquer, sous la propriété ItemTemplate, le modèle que doivent avoir les objets métier. Ce qui sera défini dans le modèle de données deviendra la structure graphique de votre objet :

```
<ListBox x:Name="lbContactsList"
        Grid.Column="0"
        Grid.Row="1"
        IsSynchronizedWithCurrentItem="True"
        ItemsSource="{Binding}">
    <ListBox.ItemTemplate>
        <DataTemplate>
            <Grid>
                <Grid.ColumnDefinitions>
                    <ColumnDefinition Width="50" />
                    <ColumnDefinition />
                </Grid.ColumnDefinitions>

                <Image Source="{Binding Photo, Converter={StaticResource ImgConverter}}"
                        Grid.Column="0"  />

                <TextBlock Text="{Binding Nom}"
                        Grid.Column="1"
                        Margin="2,5,0,0" />

                <TextBlock Text="{Binding Prenom}"
                        Grid.Column="1"
                        Margin="2,20,0,0" />
            </Grid>
        </DataTemplate>
    </ListBox.ItemTemplate>
</ListBox>
```

Dans cet exemple, nous définissons un modèle (*template*) qui sera composé d'une grille avec deux colonnes : dans la première colonne, l'image du contact sera affichée (toujours *via* l'utilisation du convertisseur) et dans la deuxième seront situés deux TextBlock dont le texte sera lié au nom et prénom de l'objet en cours.

Le résultat de l'application de ce modèle peut être visualisé à la figure 5-1.

Figure 5-1

Utilisation du DataTemplate

Bien que fonctionnelle, cette méthode n'est que très peu utilisée. Il est, en effet, beaucoup plus commun de définir le modèle dans les ressources de l'application. De cette façon, cela devient un objet réutilisable à volonté, de la même manière que l'instance du convertisseur qui a été définie dans les ressources, lors du chapitre précédent.

Pour cela, il suffit de déplacer le modèle dans la balise Resource de l'élément qui nous intéresse, en pensant bien à l'identifier avec une clé (en effet, toutes les ressources étant fusionnées dans un seul et même dictionnaire lors de la compilation, elles doivent absolument posséder une clé unique) :

```
<Window.Resources>
    <DataTemplate x:Key="ContactItemTemplate">
        <Grid>
            <Grid.ColumnDefinitions>
                <ColumnDefinition Width="50" />
                <ColumnDefinition />
            </Grid.ColumnDefinitions>

            <Image Source="{Binding Photo, Converter={StaticResource ImgConverter}}"
                        Grid.Column="0"  />
```

```
                <TextBlock Text="{Binding Nom}"
                                Grid.Column="1"
                                Margin="2,5,0,0" />

                    <TextBlock Text="{Binding Prenom}"
                                Grid.Column="1"
                                Margin="2,20,0,0" />
                </Grid>
        </DataTemplate>
    </Window.Resources>
```

Ensuite, il ne reste plus qu'à faire appel à cette ressource, sur la propriété `ItemTemplate` (modèle d'élément) :

```
<ListBox x:Name="lbContactsList"
        Grid.Column="0"
        Grid.Row="1"
        IsSynchronizedWithCurrentItem="True"
        ItemsSource="{Binding}"
        ItemTemplate="{StaticResource ContactItemTemplate}" />
```

La classe `DataTemplate` possède également une propriété nommée `DataType`, qui est très similaire à la propriété `TargetType` de la classe `Style` (que nous couvrirons par la suite). Cette propriété permet de faire en sorte que tous les objets d'un type particulier se voient appliquer le modèle spécifié :

```
<DataTemplate DataType="{x:Type Types:Contact}">
    <Grid>
        <Grid.ColumnDefinitions>
            <ColumnDefinition Width="50" />
            <ColumnDefinition />
        </Grid.ColumnDefinitions>

        <Image Source="{Binding Photo, Converter={StaticResource ImgConverter}}"
                    Grid.Column="0"  />

        <TextBlock Text="{Binding Nom}"
                        Grid.Column="1"
                        Margin="2,5,0,0" />

        <TextBlock Text="{Binding Prenom}"
                        Grid.Column="1"
                        Margin="2,20,0,0" />

    </Grid>
</DataTemplate>
```

Où `Types` est défini de la façon suivante :

```
xmlns:Types="clr-namespace:ContactManager.BusinessObjects;assembly=
➥ContactManager.BusinessObjects"
```

Il est à noter que dans ce cas précis, la clé (x:Key) n'est pas obligatoire car elle est assignée implicitement. Ainsi, il n'est plus nécessaire de spécifier la propriété Item-Template de la ListBox : grâce à la propriété TargetType, tous les objets de type Contact se verront appliquer le DataTemplate indiqué. Attention donc à ne pas spécifier de valeur pour la clé car cela aurait pour conséquence de surcharger la clé assignée implicitement et donc de ne pas assigner automatiquement le modèle de données aux objets adéquats.

La propriété DataType est très utile dans des scénarios où l'on dispose de collections composites autrement dit de collections composées de plusieurs types différents.

Utilisation des déclencheurs

Les modèles de données offrent la possibilité d'utiliser des déclencheurs (*triggers*) dont le but est de permettre la modification de l'un des éléments du modèle selon une valeur précise.

Chaque modèle de données possède une collection nommée DataTriggers, dans laquelle il est possible de définir des déclencheurs. Ces derniers utilisent des Setter pour assigner une valeur à une propriété, comme le montre l'exemple suivant :

```
<DataTemplate.Triggers>
    <DataTrigger Binding="{Binding Nom}" Value="LEBRUN">
        <Setter TargetName="tbTemplateName" Property="Foreground" Value="Red" />
    </DataTrigger>
</DataTemplate.Triggers>
```

Dans cet exemple, le trigger vérifie si la propriété Nom de l'objet courant (de type Contact) a bien pour valeur LEBRUN. Si tel est le cas, alors le contrôle nommé tbTemplateName (il s'agit du TextBlock dans lequel se trouve le nom du contact) verra sa propriété Foreground devenir rouge.

Note

Il est nécessaire d'utiliser le binding pour connaître la propriété dont on veut comparer la valeur.

La classe Setter possède trois propriétés particulières qui permettent de définir :

- le contrôle qui va être modifié (TargetName) ;

- la propriété à modifier sur ce contrôle (Property) ;

- la valeur qui sera assignée à cette propriété (Value).

De plus, cette classe se voit décorée des propriétés EnterActions et ExitActions qui permettent de démarrer un ensemble d'actions, telles que des animations, des transformations, etc.

Les `DataTriggers` autorisent seulement la comparaison entre une propriété et une seule et unique valeur. Mais il est possible d'utiliser des `MultiDataTriggers` qui permettent de tester plusieurs propriétés avant de modifier un contrôle :

```
<DataTemplate.Triggers>
    <MultiDataTrigger>
        <MultiDataTrigger.Conditions>
            <Condition Binding="{Binding Nom}" Value="LEBRUN" />
            <Condition Binding="{Binding Prenom}" Value="Thomas" />
        </MultiDataTrigger.Conditions>

        <Setter TargetName="tbTemplateName" Property="Foreground" Value="Red" />

    </MultiDataTrigger>
</DataTemplate.Triggers>
```

Lors de l'utilisation de `DataTriggers` ou `MultiDataTriggers`, une condition est vérifiée si, et uniquement si, la valeur de la propriété de l'élément indiqué correspond à la valeur spécifiée.

Sélection d'un modèle de données

Lorsque nous avons abordé la propriété `DataType`, nous avons vu qu'il était possible de définir différents modèles de données pour différents objets métier. Dans le cas où l'on possède une collection d'objets du même type, il est possible d'utiliser les déclencheurs pour appliquer des changements basés sur les valeurs des propriétés de chaque objet. Les déclencheurs sont très pratiques, mais ils ne permettent pas de modifier la structure graphique de vos objets métier.

Or, dans certains scénarios, comme l'affichage d'une liste d'objets métier en fonction de la valeur d'une de leur propriété, il est parfois nécessaire de créer ou d'employer un autre modèle de données pour des objets du même type, mais qui possèdent des propriétés différentes.

Prenons l'exemple de notre liste de contacts. Actuellement, chaque contact est affiché de la même façon, mais imaginez que l'on souhaite rendre un modèle différent pour tous les contacts dont l'identifiant est supérieur (ou égal) à 2. Il est impossible d'utiliser les déclencheurs car ils ne permettent pas de modifier entièrement un modèle, mais uniquement un contrôle présent dans ce modèle. Quant à la propriété `DataType`, elle agit sur tous les objets du même type et non pas en fonction de la valeur d'une des propriétés de ce type.

Pour implémenter le mécanisme permettant de sélectionner le modèle de données adéquat en fonction de la valeur d'une propriété d'un objet, il est nécessaire de définir tout d'abord, dans les ressources de l'application, les différents modèles qui seront utilisés :

```
<Window.Resources>
    <!-- 1er modèle, avec les images -->
    <DataTemplate x:Key="ContactItemTemplate">
        <Grid>
            <Grid.ColumnDefinitions>
```

```
                    <ColumnDefinition Width="50" />
                    <ColumnDefinition />
                </Grid.ColumnDefinitions>

            <Image Source="{Binding Photo, Converter={StaticResource ImgConverter}}"
                        Grid.Column="0"  />

            <TextBlock Text="{Binding Nom}" x:Name="tbTemplateName"
                            Grid.Column="1"
                            Margin="2,5,0,0" />

            <TextBlock Text="{Binding Prenom}"
                            Grid.Column="1"
                            Margin="2,20,0,0" />
                </Grid>
        </DataTemplate>

        <!-- 2e modèle, sans les images -->
        <DataTemplate x:Key="ContactItemTemplateWithoutImage">
            <StackPanel Orientation="Horizontal">
                <TextBlock x:Name="tbTemplateLastName"
                        Text="{Binding Nom}" />
                <TextBlock x:Name="tbTemplateFirstName"
                        Text="{Binding Prenom}"
                        Margin="10,0,0,0"/>
            </StackPanel>
        </DataTemplate>
    </Window.Resources>
```

Ensuite, il faut créer une classe qui hérite de `DataTemplateSelector` et surcharger sa méthode `SelectTemplate`. La logique permettant de sélectionner le modèle désiré sera implémentée dans le corps de cette méthode :

```
public class ContactTemplateSelector : DataTemplateSelector
{
    public override DataTemplate SelectTemplate(object item, DependencyObject container)
    {
        if(item != null && item is Contact)
        {
            var contact = item as Contact;
            var window = Application.Current.MainWindow;

            if(contact.Id < 2)
            {
                return window.FindResource("ContactItemTemplate") as DataTemplate;
            }

            return window.FindResource("ContactItemTemplateWithoutImage") as DataTemplate;
        }

        return null;
    }
}
```

Il ne reste plus qu'à créer une instance de cette classe, toujours dans les ressources de l'application :

```
<Selector:ContactTemplateSelector x:Key="contactSelector" />
```

Le préfixe `Selector` est défini de la manière suivante :

```
xmlns:Selector="clr-namespace:ContactManager.Tools.TemplateSelector;assembly=
ContactManager.Tools"
```

Pour finir, il est nécessaire de faire appel à cette ressource dans la déclaration de la List-Box, au moyen de la propriété `ItemTemplateSelector` :

```
<ListBox x:Name="lbContactsList"
        Grid.Column="0"
        Grid.Row="1"
        IsSynchronizedWithCurrentItem="True"
        ItemsSource="{Binding}"
        ItemTemplateSelector="{StaticResource contactSelector}" />
```

Lors de l'exécution de l'application, la `ListBox` appellera la méthode `SelectTemplate` de la classe `ContactTemplateSelector` pour chacun des éléments de la collection sous-jacente. L'appel de la méthode utilisera l'objet métier de type `Contact` comme étant le paramètre `item` de la méthode. Le `DataTemplate` qui est retourné par la méthode est ensuite appliqué à l'objet métier, comme le montre la figure 5-2.

Figure 5-2

Utilisation de la classe Contact-TemplateSelector

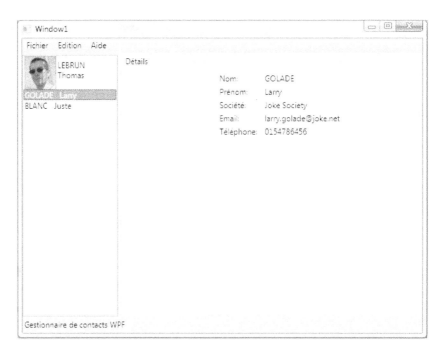

Résumé

Les modèles de données représentent l'une des modifications de l'interface graphique les plus fréquemment mises en place dans le cadre de développements WPF. Utilisés conjointement avec la liaison de données, ils permettent de modifier entièrement l'affichage des objets métier, afin de fournir la meilleure expérience utilisateur possible.

Il reste cependant un point très important à ne pas négliger : toutes les informations pouvant être saisies par l'utilisateur doivent être vérifiées afin d'être certain que l'utilisateur ne saisit pas d'informations erronées. WPF fournit un mécanisme très puissant de validation de données, comme nous allons le voir au chapitre 6.

6

Validation de données

Ce chapitre vise à expliquer comment il est possible avec WPF de valider les données saisies par l'utilisateur en utilisant les règles de validation disponibles avec le framework ou bien en créant vos propres règles.

Ainsi, nous commencerons par découvrir les règles de validations proposées par WPF. Ensuite, nous verrons comment il est possible d'informer l'utilisateur qu'une règle de validation n'a pas été respectée. Puis, afin d'étoffer les règles disponibles à l'heure actuelle, nous apprendrons à créer nos propres règles de validation, tout en étudiant le processus utilisé par WPF pour effectuer la validation de données. Pour finir, nous aborderons une nouveauté du framework .NET 3.5 qui concerne la validation de données.

Règles de validation standards

La majorité des applications qui nécessitent une saisie d'informations de la part des utilisateurs se doit de disposer d'une logique de validation pour s'assurer que les entrées renseignées au clavier correspondent bien à l'information nécessaire.

WPF dispose d'un ensemble de règles de validation comme `DataErrorValidationRule`, `ExceptionValidationRule`, etc. Le moteur WPF permet également la création de règles personnalisées, pouvant correspondre à des règles métier.

Pour utiliser l'une de ces règles de validation, il est nécessaire de passer par la propriété ValidationRules de la classe Binding. Cette propriété est une collection d'objets de type ValidationRule :

```
<TextBox x:Name="tbLastName"
         Width="120"
         HorizontalAlignment="Left"
         VerticalAlignment="Center"
         Grid.Column="1"
         Grid.Row="0">
    <TextBox.Text>
        <Binding Path="Nom" UpdateSourceTrigger="LostFocus">
            <Binding.ValidationRules>
                <ExceptionValidationRule />
            </Binding.ValidationRules>
        </Binding>
    </TextBox.Text>
</TextBox>
```

Dans cet exemple, situé sur le formulaire d'ajout et d'édition de contacts de l'application de gestion de contacts, nous disposons d'une TextBox qui est liée à la propriété Nom de l'objet spécifié sur la propriété DataContext de la fenêtre courante.

Une règle de validation a également été mise en place : l'ExceptionValidationRule. Il s'agit d'une règle de validation qui vérifie si des exceptions sont déclenchées lors de la mise à jour de la propriété source de la liaison de données.

Il ne reste plus qu'à déclencher une exception sur notre objet métier, en transformant la propriété Nom de l'objet Contact de la sorte :

```
private string m_Nom;
public string Nom
{
    get
    {
        return m_Nom;
    }
    set
    {
        m_Nom = value;

        if (String.IsNullOrEmpty(value))
        {
            throw new ApplicationException("Le nom du contact est obligatoire !");
        }

        OnPropertyChanged("Nom");
    }
}
```

Il suffit d'exécuter l'application et de ne rien taper dans la zone de saisie réservée au nom pour que, lors du changement de focus, une bordure rouge apparaisse autour de la TextBox, indiquant qu'une erreur s'est produite, comme le souligne la figure 6-1.

Figure 6-1

Apparition d'une bordure autour du champ de saisie indiquant qu'une exception a été levée

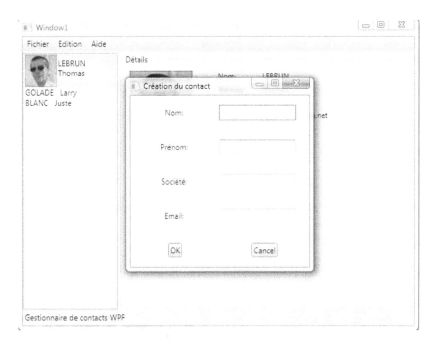

Visualisation des erreurs de validation

Dans l'exemple précédent, le moteur de liaison de WPF était en mesure d'afficher qu'il y avait une erreur de validation mais ne permettait pas de visualiser le message d'erreur complet.

Heureusement, la classe Validation, que l'on retrouve dans l'espace de noms System.Windows.Controls, possède certaines propriétés de dépendance applicables à n'importe quel contrôle. Les plus importantes sont :

- Errors : contient la liste des messages d'erreurs qui s'appliquent aux liaisons de ce contrôle ;

- HasError : indique s'il y a la moindre erreur dans la propriété Errors ;

- ErrorTemplate : définit le ControlTemplate (autrement dit la façon d'afficher le contrôle) que l'on peut appliquer s'il y a une erreur.

Par défaut, la classe Validation utilise, pour la propriété ErrorTemplate, une bordure rouge autour du contrôle (cette fameuse bordure dont il a été question juste auparavant).

Il est possible de personnaliser ce modèle afin de redéfinir la manière dont la visualisation des erreurs est affichée. Pour cela, il est nécessaire de définir, un à un, les différents contrôles qui seront utilisés pour afficher l'erreur :

```
<Window.Resources>
    <ControlTemplate x:Key="TextBoxNameErrorTemplate">
        <DockPanel LastChildFill="True">
            <TextBlock DockPanel.Dock="Right"
                       Foreground="Red"
                       FontSize="12pt"
                       Text="Erreur !"
                       Margin="5,0,0,0"/>

            <Border BorderBrush="Red"
                    BorderThickness="1">
                <AdornedElementPlaceholder />
            </Border>
        </DockPanel>
    </ControlTemplate>
</Window.Resources>
```

La classe `AdornedElementPlaceholder` spécifie la place du contrôle qui va être orné et décoré d'une bordure.

Pour utiliser ce nouveau modèle de contrôle, il ne reste qu'à assigner la valeur de la propriété attachée, nommée `Validation.ErrorTemplate` :

```
<TextBox x:Name="tbLastName"
         Width="120"
         HorizontalAlignment="Left"
         VerticalAlignment="Center"
         Grid.Column="1"
         Grid.Row="0"
         Validation.ErrorTemplate="{StaticResource TextBoxNameErrorTemplate}">
    <TextBox.Text>
        <Binding Path="Nom" UpdateSourceTrigger="LostFocus">
            <Binding.ValidationRules>
                <ExceptionValidationRule />
            </Binding.ValidationRules>
        </Binding>
    </TextBox.Text>
</TextBox>
```

Lors de l'exécution de l'application, dans le cas où la propriété Nom n'est pas renseignée, l'exception est déclenchée par le système et le modèle associé est utilisé pour signaler qu'une règle de validation a été enfreinte, comme il est possible de le constater à la figure 6-2.

Figure 6-2

Un modèle personnalisé notifiant la violation d'une règle de validation

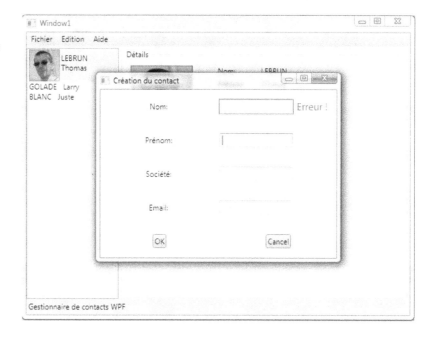

L'affichage d'un message d'erreur standard est utile, mais il n'indique pas aux utilisateurs quelles sont les erreurs. Étant donné que le message d'erreur a été inclus dans l'exception qui est déclenchée, si aucune valeur n'est saisie pour la propriété Nom de l'objet Contact, il est tout à fait possible d'employer la propriété attachée Validation.Errors pour récupérer cette valeur et l'afficher avec ToolTip (une infobulle), de cette façon :

```
<ControlTemplate x:Key="TextBoxNameErrorTemplate">
    <DockPanel LastChildFill="True">
        <TextBlock x:Name="tbError"
                   DockPanel.Dock="Right"
                   Foreground="Red"
                   FontSize="12pt"
                   Text="Erreur !"
                   Margin="5,0,0,0"/>

        <Border BorderBrush="Red"
                BorderThickness="1">
            <AdornedElementPlaceholder x:Name="adornedElement" />
        </Border>
    </DockPanel>
    <ControlTemplate.Triggers>
        <Trigger Property="Validation.HasError" Value="True">
            <Setter Property="ToolTip" Value="{Binding ElementName=adornedElement,
            ➥Path=AdornedElement.(Validation.Errors)[0].ErrorContent}"/>
        </Trigger>
    </ControlTemplate.Triggers>
</ControlTemplate>
```

Grâce à ce code, un déclencheur vérifie si des erreurs existent et, si oui, récupère la première de ces erreurs et affiche son contenu dans une infobulle, comme le montre la figure 6-3.

Figure 6-3

Récupération du message d'erreur et affichage dans une infobulle

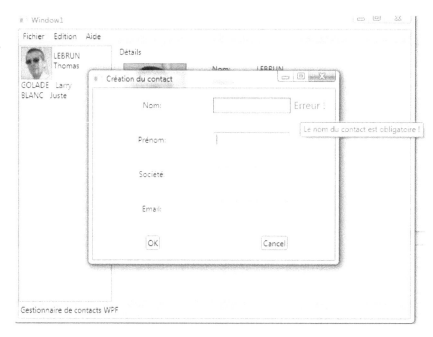

Bien sûr, il n'est pas obligatoire de se limiter aux règles de validation disponible avec WPF : vous pouvez tout à fait créer vos propres règles, comme nous allons le voir.

Création d'une règle de validation

Il ne serait pas surprenant, en relisant le code qui a été écrit précédemment, que vous vous demandiez s'il est nécessaire de déclencher des exceptions pour afficher des erreurs, en utilisant un objet de type ExceptionValidationRule. Ce n'est, sans aucun doute, pas la meilleure manière d'indiquer qu'il y a des erreurs suite à la saisie d'un utilisateur.

Pour obtenir le code le plus optimisé répondant à cette demande, il est recommandé de créer sa propre règle de validation. Pour cela, il faut créer une classe qui hérite de Validation-Rule et qui surcharge la méthode Validate :

```
public class StringOnlyValidationRule : ValidationRule
{
    public string ErrorMessage { get; set; }

    public override ValidationResult Validate(object value, CultureInfo cultureInfo)
    {
        var result = new ValidationResult(true, null);
```

```
        var name = Convert.ToString(value);

        foreach(var c in name)
        {
            if(Char.IsDigit(c))
            {
                result = new ValidationResult(false, this.ErrorMessage);

                return result;
            }
        }

        return result;
    }
}
```

La méthode Validate reçoit, *via* le paramètre value, la propriété qui sera analysée par le reste de la méthode. Cette méthode se doit de renvoyer un objet de type ValidationResult autrement dit, le résultat de la validation effectuée par la méthode.

La classe ValidationResult possède deux propriétés particulières, qui sont initialisées dans le constructeur :

- IsValid qui indique si la validation a échoué ou bien si elle s'est déroulée avec succès ;

- ErrorContent qui contient le message d'erreur à afficher suite à l'échec de la validation.

Une fois la règle de validation personnalisée écrite, il ne reste plus qu'à l'utiliser au sein de l'application. Pour cela, il convient de réitérer l'opération qui a été faite lors de l'utilisation de la règle de type ExceptionValidationRule, à savoir ajouter la règle de validation à la propriété ValidationRules de l'objet de type Binding qui est appliqué sur la TextBox :

```xml
<TextBox x:Name="tbLastName" Width="120"
                HorizontalAlignment="Left"
                VerticalAlignment="Center"
                Grid.Column="1"
                Grid.Row="0"
                Validation.ErrorTemplate="{StaticResource TextBoxNameErrorTemplate}">
    <TextBox.Text>
        <Binding Path="Nom" UpdateSourceTrigger="PropertyChanged">
            <Binding.ValidationRules>
                <Rules:StringOnlyValidationRule ErrorMessage=
                ➡"Lettres uniquement !" />
            </Binding.ValidationRules>
        </Binding>
    </TextBox.Text>
</TextBox>
```

Le préfixe Rules est déclaré de la manière suivante :

```xml
xmlns:Rules="clr-namespace:ContactManager.Tools.Rules;assembly=ContactManager.Tools"
```

Le modèle utilisé pour la propriété `ErrorTemplate` doit être légèrement modifié pour que l'on puisse voir le message d'erreur indiqué dans la propriété `ErrorMessage` :

```
<ControlTemplate x:Key="TextBoxNameErrorTemplate">

    <DockPanel LastChildFill="True">
        <TextBlock x:Name="tbError"
                   DockPanel.Dock="Right"
                   Foreground="Red"
                   FontSize="12pt"
                   Text="{Binding ElementName=adornedElement,
                   ➥Path=AdornedElement.(Validation.Errors)[0].ErrorContent}"
                   Margin="5,0,0,0"/>

        <Border BorderBrush="Red"
                BorderThickness="1">
            <AdornedElementPlaceholder x:Name="adornedElement" />
        </Border>
    </DockPanel>
</ControlTemplate>
```

Ainsi, lors de l'exécution du programme, si un utilisateur remplit la zone de texte avec autre chose que du texte, la règle de validation sera enfreinte et le contenu de la propriété `ErrorMessage` sera affiché pour notifier l'utilisateur qu'une erreur s'est produite, comme on l'observe à la figure 6-4.

Figure 6-4

Violation d'une règle de validation personnalisée

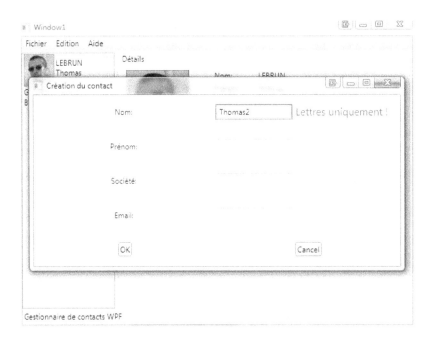

Processus de validation

Le processus de validation des liaisons WPF est unidirectionnel, allant de la cible vers la source. À ce titre, il ne s'applique qu'aux liaisons dont le mode est positionné à *TwoWay* ou *OneWayToSource*.

La validation survient chaque fois qu'une valeur saisie par l'utilisateur est transférée à la propriété source du binding. La figure 6-5 fournit une représentation visuelle du moment auquel intervient la validation dans le processus de liaison des données.

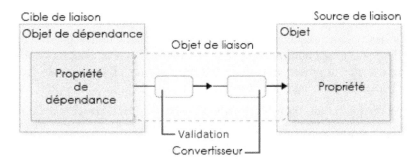

Figure 6-5

Mise en évidence de la validation lors du processus de data binding

Comme le met en évidence la figure 6-5, la validation intervient lors du transfert de la valeur de la propriété, de la cible vers la source, avant que le convertisseur ne soit appelé. De plus, le processus de validation peut être défini en cinq étapes :

- lorsqu'une valeur est modifiée, le moteur de liaison commence par supprimer tous les objets de type `ValidationError` qui auraient pu être ajoutés à l'élément lié, *via* la propriété attachée `Validation.Errors`. Il vérifie ensuite s'il existe des règles de validation personnalisées définies pour le `Binding` courant et, dans ce cas, il fait un appel à la méthode `Validate` sur chacune de ces règles jusqu'à ce que l'une d'entre elles remonte une erreur ou bien jusqu'à ce qu'elles s'exécutent toutes sans aucun souci ;

- si une règle personnalisée ne s'exécute pas correctement, le moteur de liaison crée un objet de type `ValidationError` et l'ajoute, sur l'objet lié, à la collection nommée `Validation.Errors`. Lorsque cette collection n'est pas vide, la propriété attachée `Validation.HasError` prend la valeur `True` (vrai) ;

- si toutes les règles ont été exécutées avec succès, le moteur de liaison appelle le convertisseur, si celui-ci existe ou a été défini ;

- une fois le travail du convertisseur terminé, le moteur de liaison fait appel à l'accesseur `Set` de la propriété `Source` :

- si un objet de type `ExceptionValidationRule` est associé à la liaison et qu'une exception est déclenchée à l'étape précédente, le moteur de binding vérifie si la propriété `UpdateSourceExceptionFilter`, qui est utilisée pour référencer une méthode personnelle de gestion des exceptions, est renseignée. Si ce n'est pas le cas, le moteur WPF crée, à partir de l'exception, un objet `ValidationError` et l'ajoute à la collection `Validation.Errors` de l'élément lié.

Validation avec le framework .NET 3.5

Avec le framework .NET 3.5, le moteur de binding ajoute le support de la validation de la couche métier grâce à l'utilisation de l'interface `IDataErrorInfo`.

Cette interface existe depuis longtemps : son apparition remonte au framework .NET 1.1. Elle a été conçue pour permettre aux contrôles de l'interface utilisateur de reporter les erreurs des objets auxquels ils sont liés. En programmation WindowsForms, il s'agit d'une interface très connue et exploitée : les contrôles `DataGrid` et `DataGridView` sont capables de détecter la présence de cette interface sur les objets auxquels ils sont liés, et d'afficher les erreurs sans aucun travail.

Avec la version 3.0 du framework .NET, l'interface `IDataErrorInfo` a été mise de côté : plus aucun contrôle WPF ne l'utilise ou en tire parti. Mais le framework .NET 3.5 réintroduit l'utilisation de cette interface pour la validation de la couche métier.

Pour employer cette interface, il convient de l'implémenter sur l'objet métier :

```
public class Contact : INotifyPropertyChanged, IDataErrorInfo
{
    #region Implementation of IDataErrorInfo

    public string this[string columnName]
    {
        get
        {
            string result = null;

            if(columnName == "Nom")
            {
                if(string.IsNullOrEmpty(this.Nom))
                {
                    result = "Nom obligatoire !";
                }
                else
                {
                    foreach(var c in this.Nom)
                    {
                        if(Char.IsDigit(c))
                        {
                            result = "Pas de chiffres !";

                            return result;
                        }
                    }
                }
```

```
                        }
                    }

                    return result;
                }
            }

            public string Error
            {
                get
                {
                    return this[string.Empty];
                }
            }

            #endregion

    }
```

Comme on le constate dans ce code, lorsque le moteur WPF tente d'accéder à la colonne Nom de l'objet Contact, si la valeur de cette colonne est une chaîne vide ou contient un chiffre, alors un message d'erreur est retourné.

Pour afficher le message d'erreur qui est renvoyé, il faut ajouter une instance de la classe DataErrorValidateRule à la collection ValidationRules de l'objet Binding spécifié sur la TextBox :

```
<TextBox x:Name="tbLastName"
      Width="120"
      HorizontalAlignment="Left"
      VerticalAlignment="Center"
      Grid.Column="1"
      Grid.Row="0"
      Validation.ErrorTemplate="{StaticResource TextBoxNameErrorTemplate}">
       <TextBox.Text>
          <Binding Path="Nom" UpdateSourceTrigger="PropertyChanged">
                 <Binding.ValidationRules>
                        <DataErrorValidationRule/>
                 </Binding.ValidationRules>
          </Binding>
       </TextBox.Text>
</TextBox>
```

Il est également possible d'utiliser une autre syntaxe, plus courte, pour déclarer des objets de type DataErrorValidateRule et ExceptionValidateRule. Il est en effet possible d'utiliser les propriétés ValidatesOnDataErrors et ValidatesOnExceptions :

```
<TextBox x:Name="tbLastName"
        Width="120"
        HorizontalAlignment="Left"
        VerticalAlignment="Center"
```

```
                    Grid.Column="1"
                    Grid.Row="0"
                    Validation.ErrorTemplate="{StaticResource TextBoxNameErrorTemplate}">
                    <TextBox.Text>
                        <Binding Path="Nom"
                                UpdateSourceTrigger="PropertyChanged"
                                ValidatesOnDataErrors="True">
                        </Binding>
                    </TextBox.Text>
        </TextBox>
```

À l'exécution, si les règles de validation ne sont pas respectées, le message d'erreur adéquat est retourné, puis affiché dans la fenêtre, toujours grâce au même modèle, comme le montre la figure 6-6.

Figure 6-6

Remontée d'erreurs grâce à l'interface IDataErrorInfo

Comme il est possible de le constater, il existe deux techniques principales pour implémenter la validation de données :

- la création de règles de validation (ValidationRule) personnalisées ;
- l'utilisation de l'interface IDataErrorInfo.

Le choix de l'une ou l'autre de ces techniques dépend, en grande partie, de votre scénario.

Si la logique de validation est faiblement couplée à la source de données ou bien qu'elle doit être réutilisée entre plusieurs contrôles, alors l'emploi de règles de validation est à préconiser. De même, dans le cas où l'on dispose d'une source de données servant à plusieurs applications et que l'on souhaite exploiter une logique de validation différente par application, les ValidationRules sont, une nouvelle fois, à préférer.

Cependant, si la logique de validation est fortement couplée à la source de données, ou si la migration d'une application WindowsForms vers WPF est en prévision, il est alors conseillé de recourir l'interface IDataErrorInfo.

Résumé

L'absence de validation des données saisies par les utilisateurs représente l'une des premières causes de déclenchement d'erreurs dans les applications. Grâce à WPF, il est possible de guider l'utilisateur pour faire en sorte que les champs d'un formulaire soient correctement remplis.

De plus, le moteur de liaison est extrêmement puissant et permet de détecter les erreurs de validation avec un minimum d'efforts, tout en laissant la possibilité aux développeurs et aux designers de choisir la manière d'afficher les messages d'erreurs qui pourraient survenir.

Il est à présent temps de découvrir, grâce au chapitre 7, comment personnaliser l'interface graphique en utilisant les styles, éléments de base indispensables à la modification de l'aspect visuel de vos composants WPF.

7

Les styles

Ce chapitre mettra en évidence l'importance des styles WPF, équivalent des feuilles de style CSS (*Cascading Style Sheet*), et expliquera également comment créer, mettre à jour et interagir avec des styles personnalisés.

Intérêt des styles

Si l'on regarde de plus prêt le code XAML qui a été écrit à plusieurs reprises, on peut vite se rendre compte que nous réécrivons souvent la même chose :

```
<TextBlock Text="Nom: "
           HorizontalAlignment="Center"
           VerticalAlignment="Center"
           Grid.Column="0"
           Grid.Row="0"/>

<TextBlock Text="Prénom: "
           HorizontalAlignment="Center"
           VerticalAlignment="Center"
           Grid.Column="0"
           Grid.Row="1"/>
```

Dans le cas d'un code comme celui-ci, on remarque que si l'on doit, par exemple, modifier la propriété VerticalAlignment, il sera nécessaire de le faire autant de fois qu'il y a d'instances de la classe TextBlock.

C'est là que les styles prennent tout leur intérêt. En effet, ils définissent les propriétés basiques d'un contrôle :

- la taille de la police ;
- la hauteur du contrôle ;
- la largeur du contrôle ;
- la couleur de la police ;
- la couleur d'arrière-plan.

Les styles permettent donc de factoriser l'ensemble des propriétés communes à plusieurs contrôles, afin de simplifier une éventuelle mise à jour. Si le développement web ne vous est pas étranger, vous avez déjà eu l'occasion de manipuler les feuilles de styles CSS). Ils servent à externaliser, dans un fichier séparé, les styles d'une page web. Les styles WPF sont similaires aux styles CSS : il s'agit d'un ensemble de propriétés s'appliquant à un contrôle.

Cependant, les styles WPF offrent plus de possibilités que les styles CSS. En fonction du contenu ou de l'interaction avec l'utilisateur, ils peuvent modifier l'apparence d'un contrôle ou bien le faire réagir différemment, grâce à l'utilisation des déclencheurs.

De plus, à l'égal des CSS, les styles WPF tendent à donner aux applications une apparence unifiée, facilement maintenable de part le fait que les propriétés ne doivent être changées qu'à un seul endroit.

Création et personnalisation d'un style

Création du style

Il est possible de réécrire en un style le code XAML défini plus haut. Les styles peuvent être ajoutés aux ressources de la fenêtre, de l'application, etc., grâce à la syntaxe XAML suivante :

```
<UserControl.Resources>
    <Style x:Key="TextBoxGridBase">
        <!-- Insérez ici le contenu du style -->
    </Style>
</UserControl.Resources>
```

Le choix de l'élément devant contenir les ressources dépend de la visibilité que vous voulez donner au style : le définir au niveau de l'application le rendra accessible depuis n'importe quelle fenêtre, tandis que s'il se trouve dans une fenêtre particulière, il ne sera utilisable qu'à l'intérieur de la fenêtre en question.

Pour définir un style, il est nécessaire d'utiliser la classe Setter. Cette classe possède les propriétés Property et Value qui sont utilisées, respectivement, pour définir la propriété à modifier et la valeur à lui assigner :

```
<Style x:Key="TextBoxNomStyle">
    <Setter Property="Control.HorizontalAlignment" Value="Center" />
    <Setter Property="Control.VerticalAlignment" Value="Center" />
    <Setter Property="Grid.Row" Value="0" />
    <Setter Property="Grid.Column" Value="0" />
</Style>

<Style x:Key="TextBoxPrenomStyle">
    <Setter Property="Control.HorizontalAlignment" Value="Center" />
    <Setter Property="Control.VerticalAlignment" Value="Center" />
    <Setter Property="Grid.Row" Value="1" />
    <Setter Property="Grid.Column" Value="0" />
</Style>
```

Pour utiliser ces styles, lors de la déclaration des éléments XAML, vous devez les appeler par leur nom au niveau de la propriété Style :

```
<TextBlock Text="Nom: "
           Style="{StaticResource TextBoxNomStyle}" />
<TextBlock Text="Prénom: "
           Style="{StaticResource TextBoxPrenomStyle}"/>
```

À l'exécution, le résultat sera exactement le même. Il est important de noter l'utilisation de l'extension du langage (MarkupExtension) nommée StaticResource.

Elle sert à faire référence à des ressources qui ne sont lues qu'une seule fois, au chargement de l'application. Dans le cas où la ressource serait amenée à changer, il est recommandé d'employer à la place DynamicResource.

Ce type de style est appelé « style nommé » car, pour qu'un contrôle se voie appliquer le style défini, il est nécessaire que le développeur indique quel style doit être assigné à quel contrôle.

Il est cependant possible de définir automatiquement un style pour tous les contrôles d'un même type. À cette fin, il est nécessaire d'indiquer avec la propriété TargetType la valeur du type des contrôles auxquels on veut donner un style :

```
<Style TargetType="{x:Type TextBox}">
    <Style.Triggers>
        <Trigger Property="Validation.HasError" Value="true">
            <Setter Property="ToolTip"
                    Value="{Binding RelativeSource={x:Static RelativeSource.Self},
                    ➥Path=(Validation.Errors)[0].ErrorContent}"/>
        </Trigger>
    </Style.Triggers>
</Style>
```

Attention, dans ce cas, il ne faut pas donner de nom (clé) au style car sinon vous devrez réutiliser cet identifiant, sur chacun des contrôles souhaités, pour que le style apparaisse.

À l'utilisation, le passage par la propriété `Style` s'avère inutile car le style est automatiquement appliqué à tous les contrôles dont le type correspond à celui assigné à la propriété `TargetType`, comme le confirme la figure 7-1.

Figure 7-1

Un style commun à un type de contrôle

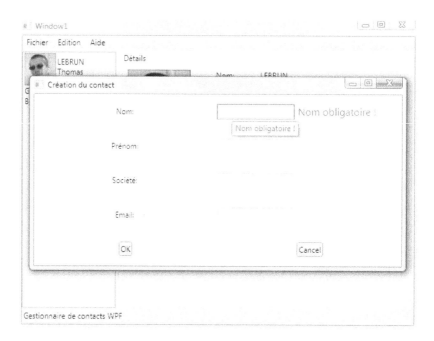

Il faut savoir que, à l'égal des classes, les styles peuvent hériter d'autres styles. De cette façon, il est possible de créer un style de base qui sera spécialisé et personnalisé en style dérivé. Dans ces styles hérités, vous pouvez ajouter des propriétés supplémentaires et, lorsqu'un style dérivé est appliqué à un contrôle, les propriétés du style de base et du style dérivé sont employées.

Personnalisation du style

Dans l'exemple précédent, on remarque que deux propriétés sont identiques sur chacun des styles : il est donc possible de créer un style de base qui possède ces propriétés et à partir duquel on bâtit deux styles spécifiques :

```
<Style x:Key="TextBoxGridBase">
   <Setter Property="Control.HorizontalAlignment" Value="Center" />
   <Setter Property="Control.VerticalAlignment" Value="Center" />
</Style>

<Style x:Key="TextBoxNomStyle" BasedOn="{StaticResource TextBoxGridBase}">
   <Setter Property="Grid.Row" Value="0" />
   <Setter Property="Grid.Column" Value="0" />
```

```
    </Style>

    <Style x:Key="TextBoxPrenomStyle" BasedOn="{StaticResource TextBoxGridBase}">
        <Setter Property="Grid.Row" Value="1" />
        <Setter Property="Grid.Column" Value="0" />
    </Style>
```

Comme le montre cet exemple, il est très simple de mettre en place des styles qui héritent d'autres styles. L'attribut BasedOn indique, en effet, le style de base. Il faut tout de même noter qu'il est impératif de déclarer les styles de base avant les styles dérivés pour éviter des erreurs de compilation indiquant que le style ne peut pas être localisé.

S'il devient nécessaire d'ajouter des propriétés, il suffit de le faire de la même manière que précédemment : en utilisant la classe Setter :

```
    <Style x:Key="TextBoxPrenomStyle" BasedOn="{StaticResource TextBoxGridBase}">
        <Setter Property="Grid.Row" Value="1" />
        <Setter Property="Grid.Column" Value="0" />
        <Setter Property="TextBlock.Foreground" Value="Red" />
        <Setter Property="TextBlock.FontSize" Value="20" />
    </Style>
```

La figure 7-2 met en évidence le bon fonctionnement de propriétés supplémentaires, à savoir Grid.Row, Grid.Column, TextBlock.Foreground et TextBlock.FontSize.

Figure 7-2

Des propriétés supplémentaires dans le cadre d'un héritage de style

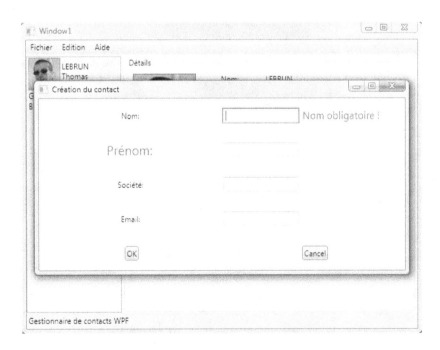

Il est également possible, lorsque l'on fait de l'héritage de style, de surcharger une propriété, tout comme on surcharge une méthode ou une propriété dans la programmation orientée objet. Pour cela, il suffit de réécrire, dans le style hérité, le Setter de la propriété située dans la classe de base :

```
<Style x:Key="TextBoxGridBase">
   <Setter Property="Control.HorizontalAlignment" Value="Center" />
   <Setter Property="Control.VerticalAlignment" Value="Center" />
</Style>

<Style x:Key="TextBoxNomStyle" BasedOn="{StaticResource TextBoxGridBase}">
   <Setter Property="Grid.Row" Value="0" />
   <Setter Property="Grid.Column" Value="0" />
   <Setter Property="Control.VerticalAlignment" Value="Top" />
</Style>
```

Dans cet exemple, la propriété Control.VerticalAlignment est définie dans le style de base (TextBoxGridBase) mais elle est également redéfinie dans le style hérité (TextBoxNomStyle) : c'est donc la valeur de la propriété surchargée qui sera assignée au contrôle sur lequel le style est appliqué.

Avec le framework .NET 3.0, de nombreuses fonctionnalités de personnalisation ont été ajoutées. Il est en effet possible, par exemple, de charger un thème différent en fonction de l'utilisateur qui est connecté à l'application. Avec WPF, il est aussi possible de changer le style d'un contrôle depuis le code : dès qu'un style est déclaré en XAML, il est également accessible par le code.

Pour modifier le style d'un contrôle par programmation, il est nécessaire d'accéder au nouveau style défini dans les ressources de l'application, puis de l'assigner à la propriété Style du contrôle :

```
private void Page_Load(object sender, RoutedEventArgs e)
{
  if(NeedToChange)
  {
    tbLastName.Style = (Style)FindResource("NeedToChangeStyle");
  }
  else
  {
    tbLastName.Style = (Style)FindResource("NoNeedToChangeStyle");
  }
}
```

La méthode FindResource est utilisée pour rechercher, dans les ressources de l'application, celle dont l'identifiant est passé en paramètre. Attention, la méthode FindResource renvoie un objet de type object ; c'est pourquoi vous devez convertir cet objet dans le type attendu.

Mise à jour du style

Lorsqu'un style est appliqué à un contrôle, toutes les propriétés définies sont automatiquement prises en compte par le contrôle. S'il est nécessaire que les propriétés ne soient affectées qu'en fonction de conditions particulières, on recourt aux déclencheurs.

Les déclencheurs (triggers) permettent de définir différents éléments Setter dans un style. Mais, contrairement à la situation précédente, toutes les propriétés ne seront pas appliquées lors de l'utilisation du style. En effet, les déclencheurs utilisent une condition et, quand cette condition est évaluée comme vraie, alors les Setters définis dans les déclencheurs sont appliqués. Lorsque la condition est considérée comme fausse, les Setters sont ignorés.

WPF propose trois principaux types de déclencheurs :

- les PropertyTriggers ;
- les DataTriggers ;
- les EventTriggers.

La grande majorité des applications disponibles à l'heure actuelle fait un usage très intensif d'éléments interactifs, au niveau de l'interface utilisateur : changement de couleur d'un bouton lorsque la souris est au-dessus, changement d'image au passage de la souris, etc. La plupart du temps, tous ces effets sont réalisés grâce au code du développeur.

Avec WPF, il n'est plus nécessaire d'écrire du code pour parvenir au même résultat. Les PropertyTriggers donnent les mêmes effets. Ces déclencheurs particuliers sont, comme tous les autres, placés à l'intérieur d'un Style, mais ils ne se déclenchent que lorsqu'une propriété, spécifiée au moyen de l'attribut Property, est modifiée :

```
<Style x:Key="TextBoxNomStyle" BasedOn="{StaticResource TextBoxGridBase}">
    <Setter Property="Grid.Row" Value="0" />
    <Setter Property="Grid.Column" Value="0" />
      <Style.Triggers>
         <Trigger Property="Control.IsMouseOver" Value="True">
           <Setter Property="TextBlock.FontSize" Value="5" />
            <Setter Property="TextBlock.Foreground" Value="Blue" />
         </Trigger>
      </Style.Triggers>
</Style>
```

Dans cet exemple de code, qui représente un Style, un élément Style.Triggers a été ajouté. Cet élément, qui n'est rien d'autre qu'une collection, contient un élément Setter qui n'est pas appliqué par défaut au contrôle. Lorsque la propriété utilisée comme condition, IsMouseOver, est évaluée comme vrai, le trigger se déclenche et les modifications de propriétés définies dans les Setter sont prises en compte. Dans le cas précédent, il s'agit de changer la taille et la couleur de la police lorsque la souris est placée au-dessus du contrôle, comme il est possible de le voir à la figure 7-3.

Figure 7-3

Un PropertyTrigger est déclenché lorsque la souris est située au-dessus du contrôle

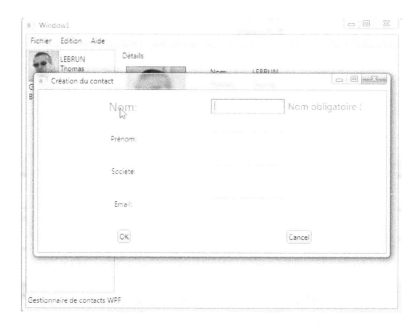

Deux points importants sont à noter dans ce code :

- aucun code n'a été écrit pour déclencher le Setter : le moteur WPF s'est chargé de tout ;

- aucun Setter inverse n'a été défini pour inverser les effets du premier. En effet, lorsque la condition du déclencheur n'est plus évaluée comme vrai, le moteur WPF restaure le contrôle dans son état précédent.

La propriété Style.Triggers étant une collection, il est tout à fait possible d'utiliser autant de déclencheurs qu'on le désire, chacun possédant son propre nombre de Setter :

```
<Style x:Key="TextBoxNomStyle" BasedOn="{StaticResource TextBoxGridBase}">
    <Setter Property="Grid.Row" Value="0" />
    <Setter Property="Grid.Column" Value="0" />
    <Style.Triggers>
        <Trigger Property="Grid.Row" Value="0">
            <Setter Property="TextBlock.FontSize" Value="20" />
            <Setter Property="TextBlock.Foreground" Value="Red" />
        </Trigger>
        <Trigger Property="Control.IsMouseOver" Value="True">
            <Setter Property="TextBlock.FontSize" Value="5" />
            <Setter Property="TextBlock.Foreground" Value="Blue" />
        </Trigger>
    </Style.Triggers>
</Style>
```

Comme nous venons de le voir, les PropertyTriggers permettent de vérifier la valeur de certaines propriétés. Toutes ces propriétés doivent être des DependencyProperty pour que les PropertyTriggers puissent fonctionner.

Cependant, il peut arriver que l'on ait besoin de vérifier la valeur de certaines propriétés d'objet métier afin de modifier l'interface graphique en conséquence. Dans le cas d'une liste de personnes, on peut souhaiter changer le style de la police, la couleur ou tout simplement l'image associée en fonction du sexe de la personne. Or, les propriétés des objets métier ne sont pas obligatoirement des `DependencyProperty`. Pour être en mesure d'utiliser des triggers sur ce type de propriétés, il est nécessaire d'utiliser les `Data Triggers`.

L'utilisation des `DataTriggers` est semblable à l'utilisation des `PropertyTriggers`. La différence principale réside dans la classe utilisée pour implémenter le déclencheur (`DataTrigger` à la palce de `Trigger`), ainsi que dans la propriété utilisée pour servir de condition (`Binding` au lieu de `Property`) :

```
<Style x:Key="TextBoxNomStyle" BasedOn="{StaticResource TextBoxGridBase}">
    <Setter Property="Grid.Row" Value="0" />
    <Setter Property="Grid.Column" Value="0" />
    <Style.Triggers>
        <DataTrigger Binding="{Binding Path=Nom}" Value="LEBRUN">
            <Setter Property="TextBlock.FontSize" Value="50" />
            <Setter Property="TextBlock.Foreground" Value="Green" />
        </DataTrigger>
    </Style.Triggers>
</Style>
```

Dans cet exemple, la condition pour que le trigger soit déclenché est liée à la valeur de la propriété `Nom` de l'objet (de type `Contact`) utilisée comme source de donnée : si la propriété possède la valeur « LEBRUN », alors la condition du trigger devient vraie et les valeurs des propriétés, déclarées dans les `Setter`, sont appliquées. La figure 7-4 en est l'illustration.

Figure 7-4

Un DataTrigger qui ne se déclenche que si la valeur de la propriété Nom vaut « LEBRUN »

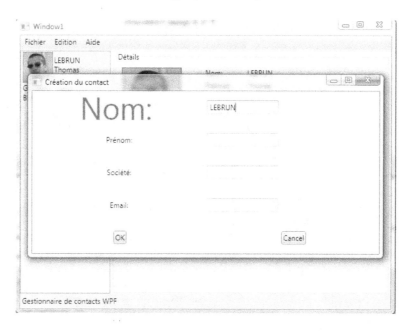

WPF permet également l'utilisation des EventTriggers pour surveiller les événements qui surviennent, comme le clic de la souris ou l'appui sur les touches du clavier.

Les EventTriggers sont utilisés conjointement avec les animations (qui seront couvertes en détail au chapitre 12) : lorsque l'événement est déclenché, le trigger l'est également et démarre l'animation :

```
<Style x:Key="TextBoxNomStyle" BasedOn="{StaticResource TextBoxGridBase}">
    <Setter Property="Grid.Row" Value="0" />
    <Setter Property="Grid.Column" Value="0" />
      <Style.Triggers>
        <EventTrigger RoutedEvent="Control.MouseEnter">
          <EventTrigger.Actions>
            <BeginStoryboard>
              <Storyboard>
                <DoubleAnimation To="50"
                        Duration="0:0:3"
                          Storyboard.TargetProperty="FontSize" />
              </Storyboard>
            </BeginStoryboard>
          </EventTrigger.Actions>
        </EventTrigger>
        <EventTrigger RoutedEvent="Control.MouseLeave">
          <EventTrigger.Actions>
            <BeginStoryboard>
              <Storyboard>
                <DoubleAnimation To="12"
                        Duration="0:0:3"
                          Storyboard.TargetProperty="FontSize" />
              </Storyboard>
            </BeginStoryboard>
          </EventTrigger.Actions>
        </EventTrigger>
      </Style.Triggers>
</Style>
```

Le style inclut à présent deux déclencheurs : le premier sera déclenché lorsque la souris sera située au-dessus du contrôle, tandis que le deuxième sera activé quand la souris ne sera plus située sur le contrôle.

Un autre type de déclencheur est souvent utilisé dans un développement WPF : les Multi-Triggers. Ils permettent d'assigner la valeur de propriétés en fonction de multiples conditions.

Dans les exemples précédents, tous les déclencheurs ne réagissaient qu'au changement de valeur d'une seule propriété. Si, d'une manière ou d'une autre, une valeur spécifique est assignée à cette propriété, alors l'interface graphique est modifiée en conséquence. Grâce aux MultiTriggers, on peut préciser que l'interface graphique ne doit être modifiée que si une ou plusieurs conditions sont vérifiées. Il est ainsi possible, par exemple, de changer la couleur d'arrière-plan d'un contrôle lorsque la souris est positionnée au-dessus de celui-ci et que le contrôle en question se trouve sur la première ligne d'une grille :

```
<Style x:Key="TextBoxNomStyle" BasedOn="{StaticResource TextBoxGridBase}">
  <Setter Property="Grid.Row" Value="0" />
  <Setter Property="Grid.Column" Value="0" />
  <Style.Triggers>
    <MultiTrigger>
      <MultiTrigger.Conditions>
        <Condition Property="Grid.Row" Value="0" />
        <Condition Property="Control.IsMouseOver" Value="True" />
      </MultiTrigger.Conditions>
      <Setter Property="TextBlock.FontSize" Value="50" />
    </MultiTrigger>
  </Style.Triggers>
</Style>
```

Dans cet exemple, pour que le trigger se déclenche, les deux conditions indiquées (contrôle situé sur la première ligne d'une grille et souris positionnée au-dessus) doivent être correctement remplies.

Bien entendu, il est possible d'utiliser les MultiDataTrigger si les propriétés des conditions sont liées, par liaison de données, à un objet métier. Ainsi, le code suivant permet de changer la visibilité d'un contrôle de type StackPanel si la propriété Nom possède la valeur « LEBRUN » et si la propriété Prenom a comme valeur « Thomas » :

```
<StackPanel Orientation="Horizontal" Margin="30,0,0,0">
  <StackPanel.Resources>
    <Style TargetType="StackPanel">
      <Style.Triggers>
        <MultiDataTrigger>
          <MultiDataTrigger.Conditions>
            <Condition Binding="{Binding Path=Nom}" Value="LEBRUN"/>
            <Condition Binding="{Binding Path=Prenom}" Value="Thomas"/>
          </MultiDataTrigger.Conditions>
          <Setter Property="Visibility" Value="Collapsed"/>
        </MultiDataTrigger>
      </Style.Triggers>
    </Style>
  </StackPanel.Resources>
</StackPanel>
```

Résumé

Les styles sont les premiers éléments indispensables des designers pour personnaliser l'application et enrichir l'expérience utilisateur. Grâce à eux, n'importe quelle propriété d'un contrôle est modifiable. De plus, la possibilité de faire de l'héritage rend leur utilisation encore plus agréable et simple à mettre en œuvre.

Employés conjointement avec les styles, les déclencheurs fournissent une interaction importante avec l'utilisateur et cela sans demander de code supplémentaire : tout est effectué par le designer avec les outils qu'il a l'habitude de manipuler.

Bien sûr, le développeur n'est pas en reste. S'il est nécessaire de changer dynamiquement le style d'un contrôle (ou d'une application en entier), alors il pourra l'effectuer en un minimum de temps. En effet, en tant que ressources, les styles sont manipulables directement depuis le code C# de votre application !

L'ensemble des fonctionnalités évoquées jusqu'à maintenant a permis de donner les bases du développement d'applications WPF. Il est à présent temps de découvrir certaines fonctionnalités avancées, qui offrent la possibilité de créer des interfaces utilisateurs plus ergonomiques et plus réactives.

Partie III

Fonctionnalités avancées de WPF

Cette partie traite de concepts plus avancés de Windows Presentation Foundation, permettant de développer des applications plus complexes.

Le chapitre 8 détaillera la conception de contrôles personnalisés : vous y découvrirez qu'il existe deux possibilités pour créer un nouveau contrôle, chacune possédant des points forts et des points faibles.

Le chapitre 9 mettra en avant le système d'événements disponible avec WPF. Ainsi, vous apprendrez que les événements ne sont plus des événements classiques comme ceux que l'on retrouve dans la programmation .NET, mais des événements qui possèdent la particularité d'être routés, autrement dit de pouvoir traverser la hiérarchie des éléments qui composent l'interface graphique. De plus, ce chapitre introduira la notion de commandes WPF. Vous y apprendrez ce qu'est une commande, comment les utiliser dans vos applications et enfin comment créer les vôtres.

Le chapitre 10 abordera la notion de modèles de contrôle. Dans le chapitre 5, nous avions introduit les modèles de données et avions expliqué qu'il s'agissait d'un mécanisme permettant de représenter visuellement des objets métier. Les modèles de contrôle sont similaires aux modèles de données dans le sens où ils permettent de fournir une nouvelle représentation graphique à des contrôles utilisateur. Nous verrons donc comment les mettre en place dans un projet WPF, et découvrirons la manière de les rendre plus dynamiques et attractifs, grâce aux styles et aux déclencheurs.

Pour finir, le chapitre 11 sera consacré au texte et aux documents. WPF propose des services d'annotation et d'affichage que les développeurs peuvent utiliser pour développer des applications proposant une interface utilisateur évoluée.

8

Création de contrôles

WPF propose aux développeurs deux solutions pour créer leur propre contrôle. Le but de ce chapitre est de vous expliquer les différences entre ces deux techniques, mais également de montrer leurs avantages et leurs inconvénients. Pour chacune de ces méthodes, nous développerons un exemple vous permettant de vous rendre compte de la simplicité d'implémentation.

Contrôles utilisateur

Le premier choix offert aux développeurs WPF pour créer des contrôles est de recourir aux UserControls (contrôles utilisateur). Si vous êtes développeurs web ou Windows, cette notion ne doit pas vous être étrangère car il s'agit d'un mécanisme très fréquemment utilisé.

En effet, les UserControls ont pour objectif de permettre le développement d'un contrôle qui sera réutilisé autant de fois qu'on le désire. Si l'on prend le cas d'un formulaire de connexion, on se rend rapidement compte qu'il pourrait être réutilisé dans de nombreuses applications. Plutôt que de réécrire le formulaire à chaque fois, il est plus intéressant d'utiliser un UserControl afin de gagner le maximum de temps dans le développement.

Créer un UserControl offre un grand nombre d'avantages. Parmi les plus importants, on peut noter :

- le support des contenus riches. Autrement dit, vous avez la possibilité de créer votre UserControl en utilisant autant de contrôles que vous souhaitez ;

- le support des styles et des déclencheurs, pour personnaliser l'application.

Pour savoir s'il faut créer un `UserControl`, il suffit de répondre à un petit test, composé de deux questions :

- le contrôle à créer est-il composé d'autres contrôles ?
- souhaite-t-on interdire l'utilisation des modèles de contrôle (que nous aborderons au chapitre 10) sur ce contrôle ?

Si la réponse à ces questions est « Oui », alors il ne fait aucun doute qu'il est nécessaire, pour la création de votre contrôle, d'utiliser un `UserControl`. Dans le cas contraire, la création d'un contrôle personnalisé est à envisager.

Dans le cadre de notre exemple de gestionnaire de contacts, il serait intéressant de créer un `UserControl` pour la fenêtre d'ajout et d'édition de contacts. À cette fin, il est simplement nécessaire de déplacer le code qui se trouve dans la fenêtre d'édition et de le mettre dans un contrôle utilisateur, ajouté dans l'application avec un clic droit sur l'Explorateur de solutions de Visual Studio, comme le montre la figure 8-1.

Figure 8-1

*Ajout d'un UserControl
dans Visual Studio*

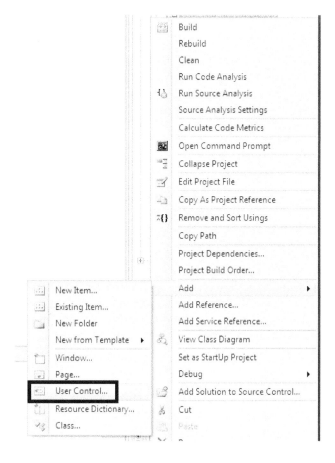

Pour ajouter à l'application ce contrôle nouvellement créé, on procède comme pour un contrôle classique :

```
<Grid>
    <Controls:EditContact x:Name="editForm" />
</Grid>
```

L'espace de noms XML appelé `Controls` est défini tout simplement comme ceci :

```
xmlns:Controls="clr-namespace:ContactManager.Controls;assembly=
ContactManager.Controls"
```

Au niveau du code-behind, associé à la fenêtre, il est nécessaire de changer la propriété `DataContext` utilisée pour le binding. En effet, précédemment, la propriété `DataContext` de la fenêtre était assignée, dans le cas présent, le binding n'est plus effectué au niveau de la fenêtre mais au niveau du contrôle. Il est donc nécessaire d'assigner sa propriété `DataContext` :

```
public CreateOrEditContact(bool editMode, Contact contact) : this()
{
    this.editForm.DataContext = contact ?? new Contact();
}
```

La création de contrôle utilisateur est donc extrêmement simple et rapide. Cette technique ne permet, cependant, pas de créer un contrôle dont on pourrait changer entièrement l'apparence, comme il est possible de le faire avec les contrôles personnalisés.

Contrôles personnalisés

Lorsque l'on développe un `CustomControl` (contrôle personnalisé), il est possible d'en définir l'apparence, autrement dit la façon dont il sera affiché à l'écran. Cette technique présente un avantage non négligeable : elle sépare la logique associée au contrôle et sa représentation graphique.

Il est important de noter que cette séparation entre interface graphique et logique est propre aux contrôles personnalisés : les contrôles utilisateur étant une simple agrégation de contrôles standards, il est impossible d'en modifier l'apparence.

Bien que développer un `CustomControl` ne soit pas aussi simple que de développer un `UserControl`, cela permet de gagner en souplesse. Ainsi, il est possible de définir entièrement la logique « événementielle » associée au contrôle, sa logique de représentation graphique, les différentes propriétés, commandes et événements exposés par le contrôle, etc.

Pour créer un CustomControl, il est nécessaire de créer une classe qui hérite d'un contrôle de plus haut niveau dans la hiérarchie des classes WPF (figure 8-2).

Figure 8-2

Aperçu de la hiérarchie des contrôles WPF

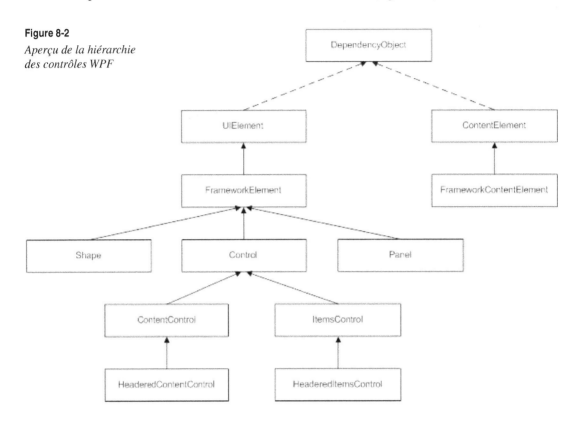

Imaginons que l'on souhaite créer un contrôle qui, ressemblant à une ComboBox, permette d'établir une liste par des cases à cocher (CheckBox). Il ne serait pas possible d'utiliser un UserControl car il est nécessaire de pouvoir modifier la ComboBox pour y intégrer des Check-Box : l'utilisation d'un CustomControl est donc une obligation.

Mise en place du contrôle

La création d'un CustomControl avec Visual Studio entraîne immédiatement celle :

- d'un répertoire Themes, possédant un fichier nommé Generic.xaml. Le code permettant de représenter le contrôle y sera placé ;

- d'un fichier de code, contenant la logique du contrôle.

La première étape consiste à indiquer que l'on souhaite hériter d'une ComboBox. En effet, par défaut, le modèle de Visual Studio créé une classe qui hérite de Control :

```
public class CheckedComboBox : ComboBox
```

Ensuite, il est nécessaire que le moteur WPF soit en mesure de savoir comment devrait s'afficher le contrôle. Pour cela, dans le constructeur statique de la classe, il convient d'ajouter cette ligne (si elle n'a pas été automatiquement ajoutée) :

```
static CheckedComboBox()
{
    DefaultStyleKeyProperty.OverrideMetadata(typeof(CheckedComboBox),
    ➥new FrameworkPropertyMetadata(typeof(CheckedComboBox)));
}
```

Cette ligne permet d'indiquer que la propriété `Style` du contrôle doit être surchargée par le style qui sera défini dans le fichier `Generic.xaml`. Il faut alors remplacer le contenu de l'élément `Style` contenu dans ce fichier par ce code :

```
<Style x:Key="{x:Type Controls:CheckedComboBox}" TargetType=
➥"{x:Type Controls:CheckedComboBox}" BasedOn="{StaticResource {x:Type ComboBox}}">
 <Setter Property="ItemContainerStyle">
    <Setter.Value>
     <Style TargetType="{x:Type ComboBoxItem}" >
        <Setter Property="Margin" Value="2,2,2,0" />
        <Setter Property="Template">
         <Setter.Value>
           <ControlTemplate TargetType="{x:Type ComboBoxItem}">
            <Border Background="Transparent" x:Name="borderSelect">
            <CheckBox Content="{TemplateBinding Content}" x:Name="chkSelect" />
            </Border>
           </ControlTemplate>
         </Setter.Value>
        </Setter>
     </Style>
    </Setter.Value>
 </Setter>
</Style>
```

Ce style, qui s'appliquera à tous les contrôles de type `CheckedComboBox`, est basé sur le style de la `ComboBox`. Il est utilisé pour redéfinir certaines propriétés des `ComboBoxItem` contenues dans le contrôle et, plus particulièrement, leur manière de s'afficher à l'écran. Ainsi, chaque élément du contrôle sera composé d'une bordure contenant une case à cocher.

Il faut maintenant modifier le constructeur du contrôle pour spécifier qu'à chaque clic sur une `CheckBox`, une méthode particulière doit être appelée :

```
public CheckedComboBox()
    : base()
{
    this.AddHandler(CheckBox.ClickEvent, new RoutedEventHandler(chkSelect_Click));
}
```

Ce code fait appel à la méthode `AddHandler`, très utilisée avec WPF pour s'abonner à un événement. Cette méthode prend en paramètre le nom de l'événement à intercepter, suivi de la méthode qui sera utilisée pour gérer l'événement et qui, dans le cas précédent, est définie comme ceci :

```
private void chkSelect_Click(object sender, RoutedEventArgs e)
{
    var TextToDisplay = string.Empty;

    foreach (ComboBoxItem item in this.Items)
    {
        var borderSelect = item.Template.FindName("borderSelect", item) as Border;

        if (borderSelect != null)
        {
            var chkSelect = borderSelect.FindName("chkSelect") as CheckBox;

            if (chkSelect != null)
            {
                if (chkSelect.IsChecked.GetValueOrDefault())
                {
                    if (!string.IsNullOrEmpty(TextToDisplay))
                    {
                        TextToDisplay += ", ";
                    }

                        TextToDisplay += chkSelect.Content;
                }
            }
        }
    }

    if (!string.IsNullOrEmpty(TextToDisplay))
    {
        // Suppression de l'élément de la liste
        if (ItemToDisplay != null)
        {
            if (this.Items.Contains(ItemToDisplay))
            {
                this.Items.Remove(ItemToDisplay);
            }
        }

        // Ajout de l'élément à la liste pour afficher le texte
        ItemToDisplay = new ComboBoxItem();
        ItemToDisplay.Content = TextToDisplay;
        ItemToDisplay.Visibility = Visibility.Collapsed;

        this.Items.Add(ItemToDisplay);

        this.SelectedItem = ItemToDisplay;
    }
}

private ComboBoxItem ItemToDisplay = null;
```

Cette méthode peut sans doute paraître compliquée, à première vue mais pourtant, il n'en est rien. En effet, le code utilisé concatène, dans la variable TextToDisplay, le texte associé à chacun des éléments sur lesquels l'utilisateur a cliqué. Il y a donc une boucle qui parcourt l'ensemble des éléments de la ComboBox puis qui, pour chaque ligne, vérifie si l'élément en cours est sélectionné ou non. Enfin, afin d'afficher le résultat dans la Combo-Box, on ajoute dynamiquement un nouvel élément contenant la valeur de cette variable.

Utilisation du contrôle

Mettre en place ce contrôle sur une application WPF revient à manipuler un contrôle standard :

```
<Controls:CheckedComboBox x:Name="cbloisirs"
                          Width="Auto"
                          MinWidth="120"
                          Height="25"
                          HorizontalAlignment="left"
                          VerticalAlignment="center"
                          Grid.Column="1"
                          Grid.Row="4">
        <ComboBoxItem>Cinéma</ComboBoxItem>
        <ComboBoxItem>Lecture</ComboBoxItem>
        <ComboBoxItem>Sport</ComboBoxItem>
        <ComboBoxItem>Télévision</ComboBoxItem>
        <ComboBoxItem>Sorties</ComboBoxItem>
</Controls:CheckedComboBox>
```

À l'exécution, le contrôle est correctement affiché sous forme de ComboBox, mais chacun des éléments est bien représenté sous forme de case à cocher, comme le confirme la figure 8-3.

Figure 8-3

Résultat de l'utilisation du contrôle CheckedComboBox

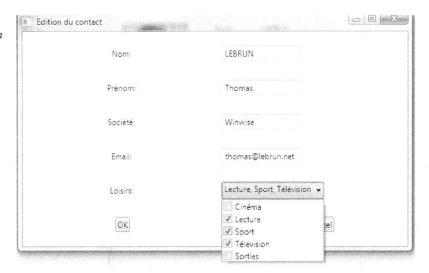

La création de contrôles personnalisés nécessite le recours à quelques bonnes pratiques qu'il est important de connaître.

Ainsi, il est recommandé d'utiliser des DependencyProperty pour chacune des propriétés du CustomControl. Pour rappel, dans WPF, les DependencyProperty sont les seules propriétés, qui supportent l'utilisation des styles, peuvent se lier à des sources de données, être animées, etc.

Pour découpler au maximum l'interface utilisateur de la logique du contrôle, il est recommandé d'utiliser la liaison de données. En effet, on élimine ainsi la nécessité de faire référence à des parties spécifiques de l'interface utilisateur depuis le code.

Le code suivant définit une bordure contenant un TextBlock :

```
<Border BorderThickness="1"
        BorderBrush="Gray" Margin="2"
        Grid.RowSpan="2" VerticalAlignment="Center"
        HorizontalAlignment="Stretch">
            <TextBlock Name="valueText"
              Width="60"
              TextAlignment="Right"
              Padding="5"/>
</Border>
```

Si l'on souhaite que le contenu de ce TextBlock soit mis à jour en fonction du contenu d'une TextBox, il serait tout à fait possible d'appeler ce code :

```
private void UpdateTextBlock()
{
    valueText.Text = theTextBox.ToString();
}
```

Cependant, nous sommes obligés d'utiliser les éléments de la partie graphique directement depuis le code. Bien qu'acceptable, cette solution est à éviter lorsque l'on développe des CustomControl, l'utilisation de liaison est préférable :

```
<Border BorderThickness="1"
        BorderBrush="Gray" Margin="2"
        Grid.RowSpan="2" VerticalAlignment="Center"
        HorizontalAlignment="Stretch">

    <!--Liaison de la propriété Text -->
    <TextBlock
        Width="60"
        TextAlignment="Right" Padding="5"
         Text="{Binding RelativeSource={RelativeSource FindAncestor,
         ➥AncestorType={x:Type TextBox}}, Path=Text}"/>

</Border>
```

Le code XAML présenté ici permet d'effectuer une liaison entre la propriété Text du contrôle TextBlock et la propriété Text de la TextBox. Cependant, étant donné que ce code est utilisé pour donner une représentation visuelle à un contrôle personnalisé, il n'est pas possible d'utiliser directement la propriété `ElementName` du `Binding`: il faut passer par la propriété `RelativeSource` qui permet d'indiquer par rapport à quel contrôle parent il faut se lier (le type de cet élément parent est déterminé grâce à la propriété `AncestorType`).

Résumé

La création de contrôles utilisateur ou de contrôles personnalisés est simple à mettre en œuvre. Tout en gardant à l'esprit les différentes forces et faiblesses des techniques permettant la création de contrôle, il est aisé de faire le bon choix lorsque le besoin de développement d'un contrôle non standard est inévitable si le contrôle à créer est composé d'autres composants et qu'il ne doit pas supporter l'utilisation des modèles, alors les contrôles utilisateur sont ce que vous devez utiliser. Dans le cas contraire, il faut vous tourner vers les contrôles personnalisés.

Cependant, n'oubliez pas qu'il existe un grand nombre de contrôles disponibles avec WPF (de base ou bien téléchargeable sur Internet) et qu'avant de se lancer dans la création de son propre contrôle, il est toujours intéressant de se renseigner pour être sûr de ne pas refaire le travail que quelqu'un aurait pu déjà faire. C'est ainsi que vous pourrez découvrir des contrôles développés notamment par Kevin Moore (comme cela a déjà été évoqué à la fin du chapitre 3).

Gestion des événements et des commandes

WPF dispose d'un mécanisme de gestion des événements différent de ce que les développeurs .NET connaissent déjà. Les événements routés possèdent en effet la particularité de pouvoir traverser l'ensemble des contrôles utilisateur présent sur votre interface graphique, jusqu'à ce qu'un contrôle le marque comme étant traité. Dans ce chapitre, vous découvrirez comment fonctionnent ces événements et comment les mettre en place. Vous apprendrez également comment mettre en place, dans votre application, la notion de commandes WPF. Il s'agit d'un mécanisme de WPF qui permet de gérer un ensemble d'actions qui seront déclenchées par un ou plusieurs éléments, tout en distinguant l'action du contrôle qui la déclenche. Nous apprendrons donc comment utiliser les commandes mais nous verrons aussi comment et pourquoi mettre en place des commandes personnalisées.

Événements routés

Comme toutes les technologies d'affichage, WPF dispose d'un système de gestion des événements. WPF étant basé sur le framework .NET, il serait tout à fait logique de penser qu'il s'agit du même mécanisme d'événements, mais il n'en est rien. En fait, WPF utilise une version améliorée de ce système d'événements : les événements routés (*Routed Events*).

Avant d'en aborder les détails, il est important d'expliciter le concept d'arbre visuel (*visual tree*). Une interface WPF est habituellement composée de plusieurs contrôles, chacun pouvant avoir zéro ou plusieurs éléments fils. Cette hiérarchie représente un ensemble de couches, connu sous le nom de d'arbre visuel (*visual tree*).

Les événements routés constituent une nouvelle infrastructure, fournie par WPF, qui permet aux événements de voyager tout au long de cet arbre. Lorsqu'un événement est déclenché, il parcourt, de haut en bas ou de bas en haut, l'ensemble des éléments qui composent l'interface et déclenche chacune des méthodes des éléments qui se sont abonnés à cet événement (voir figure 9-1) :

Figure 9-1

Parcours de l'arbre composant l'interface graphique

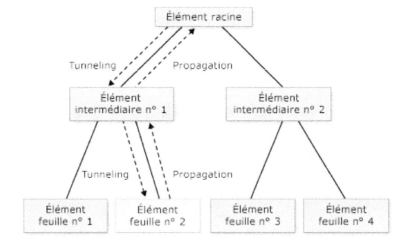

Création d'un événement routé

Pour créer un événement routé, il est obligatoire de l'enregistrer au niveau du gestionnaire d'événement à l'aide de cette commande :

```
public static readonly RoutedEvent CloseWindowEvent = EventManager
    .RegisterRoutedEvent("CloseWindow", RoutingStrategy.Bubble, typeof(RoutedEvent-
    Handler), typeof(EditContact));
```

Les premiers et derniers paramètres correspondent au nom et au type propriétaire de l'événement : ils ne sont employés que lorsque l'événement est utilisé depuis le code XAML. Le troisième paramètre représente le type de gestionnaire de l'événement, tandis que le second indique la stratégie de routage.

Trois stratégies de routage sont disponibles lorsque l'on crée ses propres événements routés :

- *Bubbling* : l'événement remonte de l'élément source jusqu'à la racine, en déclenchant tous les gestionnaires d'événements pour les contrôles qui se sont abonnés à l'événement qui s'est déclenché. La plupart des événements routés disponibles avec les contrôles WPF utilisent cette stratégie de routage ;

- *Direct* : seuls les gestionnaires d'événements sur le contrôle qui est à l'origine de l'événement sont déclenchés. Ce type de stratégie représente le comportement classique des événements que l'on retrouve en programmation WindowsForms ;

- *Tunneling* : l'événement part de l'élément racine puis descend l'arbre qui compose l'interface jusqu'à atteindre le contrôle qui est la source de l'événement routé (le contrôle qui a déclenché l'événement).

Il n'est pas rare qu'un événement routé soit représenté par deux événements : l'un avec la stratégie de routage Tunneling et l'autre avec la stratégie Bubbling.

La convention de nommage pour les événements de type Tunneling est `PreviewXYZ` où `XYZ` est le nom de l'événement. Par exemple, les événements `KeyDown` et `PreviewKeyDown` possèdent exactement les mêmes signatures. Cependant, le premier est déclaré avec la stratégie de routage Bubbling alors que le second utilise la stratégie Tunneling.

L'appel à la méthode `RegisterRoutedEvent` renvoie une variable de type `RoutedEvent` qui, comme pour les `DependencyProperty`, représente une clé, sorte d'identifiant pour l'événement.

En termes de conventions de nommage, il est recommandé d'utiliser la syntaxe suivante pour les événements routés :

```
public static readonly RoutedEvent [NomEvenement]Event;
```

Dès lors que l'événement est déclaré de cette façon, il devient utilisable dans le code. Pour déclencher un événement, il est nécessaire d'employer la méthode `RaiseEvent`, en lui passant en paramètre une instance de la classe `RoutedEventArgs`. Celle-ci permet d'identifier le type d'événement routé à déclencher.

Dans le cadre de notre gestionnaire de contacts, un contrôle utilisateur, possédant des boutons de validation et d'annulation, a été créé. Lors du clic sur le bouton d'annulation, il est nécessaire d'envoyer un événement qui sera intercepté par la fenêtre hébergeant le contrôle. Pour déclencher cet événement, il suffit d'utiliser le code suivant sur le clic du bouton :

```
this.RaiseEvent(new RoutedEventArgs(CloseWindowEvent));
```

Manipulation des événements routés

Une fois l'événement déclenché, il devient nécessaire de s'y abonner (ou de s'y désabonner), comme on a l'habitude de le faire en programmation. Pour cela, il convient d'utiliser les méthodes `AddHandler` (voir le chapitre 8) et `RemoveHandler`.

Dans le code du constructeur de la fenêtre qui héberge le contrôle utilisateur, il faut ajouter cette ligne pour indiquer au moteur WPF que l'on souhaite s'abonner à l'événement spécifié :

```
this.editForm.AddHandler(EditContact.CloseWindowEvent, new RoutedEventHandler
➥(editForm_CloseWindow));
```

S'il était nécessaire de se désabonner de l'événement, il suffirait d'appeler la méthode `RemoveHandler`, en lui passant exactement les mêmes paramètres :

```
this.editForm.RemoveHandler(EditContact.CloseWindowEvent, new RoutedEventHandler
➥(editForm_CloseWindow));
```

Appeler les méthodes `AddHandler` et `RemoveHandler` est une nouveauté de WPF qui peut être assez vite oubliée (n'oublions pas, en effet, qu'il s'agit d'une nouvelle façon de procéder, contrairement à ce que les développeurs ont l'habitude de mettre en place en WindowsForms), au risque de ne pas comprendre pourquoi on ne peut pas s'abonner à l'événement que l'on vient de créer. Pour éviter cela, il est recommandé de définir un événement CLR (*Common Language Runtime*) classique qui se chargera d'appeler les méthodes d'abonnement et de désabonnement :

```
public event RoutedEventHandler CloseWindow
{
    add { AddHandler(EditContact.CloseWindowEvent, value); }
    remove { RemoveHandler(EditContact.CloseWindowEvent, value); }
}
```

De cette façon, il est possible de s'abonner à l'événement que l'on vient de créer en procédant de la même manière qu'auparavant, comme on peut le constater à la figure 9-2.

Figure 9-2

Abonnement à un événement routé depuis un événement CLR classique

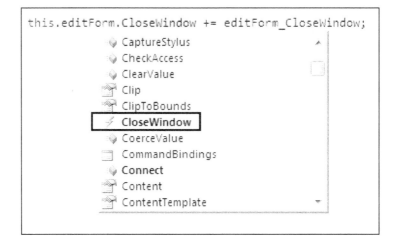

Il est possible de s'abonner à tous les événements routés directement depuis le code XAML. Pour cela, il convient d'utiliser la même syntaxe que lorsqu'il est nécessaire d'assigner une valeur à une propriété :

```
<Grid >
    <Controls:EditContact x:Name="editForm"
                          CloseWindow="editForm_CloseWindow" />
</Grid>
```

Il est à noter que la fonctionnalité de complétion de code proposée par Visual Studio fournit une précieuse aide lorsque l'on travaille avec les événements. En effet, celle-ci est capable d'analyser le code-behind et d'afficher toutes les méthodes dont la signature correspond au délégué de l'événement auquel on veut s'abonner (figure 9-3).

```
<Grid >
    <Controls:EditContact x:Name="editForm" CloseWindow="" />
</Grid>
indow>
```

Figure 9-3

L'auto-complétion de code dans Visual Studio

Gestion de la propagation des événements

Nous avons vu que les événements routés présentent la particularité de parcourir l'arbre des éléments qui composent l'interface graphique. Lorsqu'un développeur s'abonne à un ensemble d'événements routés, les méthodes appelées prennent toutes en paramètre :

- un objet de type object, qui représente le contrôle ayant déclenché l'événement ;

- un objet de type RoutedEventArgs, qui possède plusieurs propriétés telles que le type de l'événement déclenché, la source de l'événement, etc.

La classe RoutedEventArgs possède une propriété Handled (*géré*) de type booléen. Cette dernière permet de stopper la propagation d'un événement routé à travers la hiérarchie des éléments de l'interface graphique.

Si cette propriété est positionnée à True (vrai) dans une méthode qui est appelée lorsque l'événement est déclenché, alors tous les autres gestionnaires d'événements qui devaient se mettre en action ne seront pas appelés. Cela est vrai tant pour les gestionnaires d'événements définis par code que ceux en XAML.

Sachez qu'il n'existe pas de règle absolue pour savoir quand marquer un événement comme étant géré. D'une manière générale, vous pouvez considérer que la propriété Handled peut être positionnée à True si votre code remplit parfaitement son rôle : changement de focus, modification d'une propriété, déclenchement d'un nouvel événement, etc.

Si votre application se sert des styles, il est possible d'inclure des gestionnaires d'événements dans le code XAML par le biais des EventSetter. On ne peut les déclarer que pour des événements routés.

```
<Grid.Resources>
    <Style TargetType="{x:Type Controls:EditContact}">
        <EventSetter Event="CloseWindow"
                     Handler="editForm_CloseWindow" />
    </Style>
</Grid.Resources>
```

Lors de l'utilisation de ce style sur les contrôles de type EditContact, le moteur WPF sera en mesure d'abonner l'application à l'événement CloseWindow et fera en sorte que la méthode editForm_CloseWindow soit appelée correctement.

Cette technique présente l'avantage de pouvoir regrouper un maximum d'informations dans la balise `Style`. De plus, ce mécanisme permet un gain de temps considérable ; il n'est plus nécessaire de s'abonner autant de fois à l'événement que l'on a de contrôle, étant donné que l'abonnement se fait directement dans le style !

Événements attachés

Il existe un autre type d'événements souvent utilisé avec WPF : les événements attachés (`AttachedEvents`).

Lorsque le sujet des `DependencyProperty` a été abordé, il a été dit que les propriétés attachées pouvaient être utilisées sur un élément sans que celui-ci ne définisse directement la propriété.

Les événements attachés utilisent le même concept que les propriétés attachées : ils permettent de s'abonner ou de se désabonner d'un événement particulier d'un contrôle sans que celui-ci ne définisse ou n'hérite de l'événement. Dans ce cas, ni l'objet qui a potentiellement déclenché l'événement, ni l'instance dans laquelle se trouve le code qui va se charger de sa gestion, ne le définissent.

Les événements routés possèdent une syntaxe et une convention de nommage qu'il est important de respecter pour que leur utilisation soit supportée.

Dans la syntaxe XAML, les événements attachés ne sont pas simplement spécifiés par le nom de l'événement, mais ils possèdent la même convention de nommage que les propriétés attachées. L'abonnement à l'événement se fait en précisant le type qui le contient, puis son nom, les deux étant séparés par un point. De par le fait que le nom de l'événement est précédé par le nom du type qui le possède, la syntaxe des événements attachés permet à n'importe lequel de ces événements d'être attaché à tout élément pouvant être instancié.

Ainsi, si l'on souhaite, par exemple, s'abonner à l'événement attaché `CloseWindow`, il est nécessaire d'employer ce code :

```
<Grid Controls:EditContact.CloseWindow="editForm_CloseWindow">
    <Controls:EditContact x:Name="editForm" />
</Grid>
```

Il est important de noter que le préfixe `Controls` est obligatoire dans ce cas précis. En effet, l'événement routé est un événement personnalisé qui provient d'un espace de nom défini de cette façon :

```
xmlns:Controls="clr-namespace:ContactManager.Controls;assembly=
➥ContactManager.Controls"
```

L'implémentation d'un événement attaché est, une nouvelle fois, très similaire à la création d'une propriété attachée.

La première étape consiste à créer un événement routé :

```
public static readonly RoutedEvent CloseWindowEvent = EventManager
➡.RegisterRoutedEvent("CloseWindow", RoutingStrategy.Bubble, typeof
➡(RoutedEventHandler), typeof(EditContact));
```

Ensuite, comme pour les propriétés attachées, il est nécessaire de suivre une convention de nommage pour définir les accesseurs CLR qui permettront l'accès à cet événement.

Cette convention définit le modèle suivant :

- une méthode `Add*Handler` possédant deux paramètres. Le premier correspond à l'élément sur lequel l'événement doit être attaché. Le second paramètre représente le gestionnaire d'événement qui lui est associé. La méthode doit être publique, statique et ne renvoyer aucune valeur ;

- une méthode `Remove*Handler` prenant, elle aussi, deux paramètres identiques à la méthode précédente. Là encore, la méthode doit être publique, statique et ne pas renvoyer de valeur.

Les conventions de nommage, pour ces accesseurs, sont donc bien définies :

```
public static void Add[NomEvenement]Handler(DependencyObject target, [TypeGestionnaire-
➡Evenement] value);
```

```
public static void Remove[NomEvenement]Handler(DependencyObject target, [TypeGestionnaire
➡Evenement] value);
```

Ces méthodes sont chargées d'appeler les méthodes `AddHandler` et `RemoveHandler`, en passant en paramètres l'événement routé auquel le moteur WPF doit s'abonner, ainsi que le gestionnaire d'événement qui lui est associé.

Ainsi, dans le cas de l'événement `CloseWindow`, il convient de définir les accesseurs suivants :

```
public static void AddCloseWindowHandler(DependencyObject obj, RoutedEventHandler handler)
{
    ((UIElement)obj).AddHandler(CloseWindowEvent, handler);
}
```

```
public static void RemoveCloseWindowHandler(DependencyObject obj, RoutedEventHandler
➡handler)
{
    ((UIElement)obj).RemoveHandler(CloseWindowEvent, handler);
}
```

La méthode `AddCloseWindowHandler` permet de faciliter le traitement du XAML lorsque des gestionnaires d'événements, pour des événements attachés, sont déclarés sur des éléments.

Ces méthodes autorisent le code à accéder au gestionnaire d'événement défini pour l'événement attaché spécifié.

Le déclenchement d'un événement attaché repose sur la même technique que dans le cas d'un événement routé classique : en appelant la méthode `RaiseEvent` :

```
this.RaiseEvent(new RoutedEventArgs(CloseWindowEvent));
```

Déclencher un événement routé (qu'il soit attaché ou non) nécessite de déclarer un élément particulier de l'interface graphique comme source de l'événement, autrement dit comme l'objet qui appellera la méthode `RaiseEvent`. Dans notre application de démonstration, le code précédent pourrait très bien avoir sa place dans le gestionnaire d'événement d'un élément du menu ou, tout simplement, sur celui d'un bouton.

Les événements représentent la technique la plus commune pour permettre l'utilisateur d'interagir avec l'interface graphique. Cependant, WPF propose la notion de commandes, que nous allons voir tout de suite et qui permettent une séparation entre l'implémentation et la déclaration.

Système de commandes de WPF

Les commandes représentent une alternative aux événements que l'on connaît en programmation. Grâce à elles, le développeur sera en mesure de spécifier quelle méthode sera appelée lors de son invocation, mais il pourra également définir, *via* un simple objet de type booléen, si la commande est active ou non. De plus, les commandes vous offrent la possibilité de supprimer le lien de dépendance qui existe entre les contrôles et les événements qui leur sont associés. Nous allons donc voir, en détail, comment employer des commandes dans votre application WPF et, si le besoin s'en fait ressentir, comment créer vos propres commandes, utilisables dans toutes les applications WPF.

Le modèle de commandes de WPF peut être divisé en cinq principes :

- la commande : l'action à exécuter ;

- la source : l'objet ayant invoqué la commande ;

- la cible : l'objet sur lequel le résultat de la commande sera appliqué ;

- la liaison : l'objet associant la logique de la commande à la commande en elle-même ;

- le gestionnaire de commande qui se charge de la gestion des commandes.

Commandes

Les commandes de WPF sont créées en développant des classes qui implémentent l'interface `ICommand`. Cette interface expose deux méthodes (`Execute` et `CanExecute`) et un événement `CanExecuteChanged`.

La méthode `Execute` est utilisée pour réaliser les actions qui sont associées à la commande. La méthode `CanExecute`, quant à elle, permet de déterminer si la commande peut être exécutée sur la cible.

L'événement CanExecuteChanged est déclenché si le gestionnaire de commande détecte des modifications sur la source de la commande. Ces changements déterminent, le plus souvent, si la commande doit s'exécuter sur la cible de la commande actuelle.

Dans WPF, deux classes implémentent l'interface ICommand :

- RoutedUICommand qui définit une commande routée destinée à être associée à des éléments visuels ;

- RoutedCommand qui détermine une commande routée destinée à être associée à des éléments non visuels.

La méthode Execute d'une instance de la classe RoutedCommand déclenche, sur la cible, les événements PreviewExecuted et Excecuted. La méthode CanExecute, quant à elle, déclenche les événements PreviewCanExecuted et CanExcecuted. Ces différents événements sont routés, c'est-à-dire qu'ils traversent l'arbre des éléments jusqu'à rencontrer un objet lié à cette commande.

Pour comprendre cette notion de « routage », observez le code suivant (ne vous attardez pas sur la syntaxe, nous la couvrirons en détail un peu plus loin) :

```
<Window.CommandBindings>
        <CommandBinding Command="{x:Static ApplicationCommands.Close}"
        ➥CanExecute="CommandBinding_CanExecute" />
    </Window.CommandBindings>
```

Ce code permet d'instancier une commande qui sera active seulement si, dans la hiérarchie des éléments de l'interface graphique, l'un d'entre eux y est lié. Pour cela, il est nécessaire que les événements qu'elle utilise puissent descendre et remonter l'arbre des éléments (autrement dit que ce soit des événements routés) afin de déterminer si, oui ou non, un contrôle y fera appel.

Sources

Les sources sont les objets qui ont été invoqués par la commande. Voici une liste, non exhaustive, des différentes sources de commandes que l'on retrouve dans WPF :

- les boutons ;

- les éléments de menu ;

- les combinaisons de touches (par l'intermédiaire de la classe KeyGesture).

Les sources de commandes implémentent, généralement, l'interface ICommandSource, qui propose les propriétés suivantes :

- Command : la commande à exécuter lorsque la commande de la source est invoquée :

- CommandTarget : représente l'objet sur lequel la commande sera exécutée. Si cette propriété n'est pas assignée, le contrôle qui aura le focus sera considéré comme la cible ;

- CommandParameter : une information définie par l'utilisateur et qui permet de passer des informations aux gestionnaires d'événements de la commande.

Les classes qui implémentent l'interface ICommandSource (ButtonBase, MenuItem, Hyperlink, etc.) invoquent une commande lorsque l'événement Click est déclenché. De son côté, la classe InputBinding déclenche une commande lorsqu'une combinaison de touches est exécutée. C'est grâce à cette logique que l'exécution des commandes est possible.

Pour comprendre comment utiliser un bouton comme contrôle source de la commande Quitter, observez le code suivant :

```
<Button x:Name="btn"
        HorizontalAlignment="Center"
        VerticalAlignment="Center"
        Command="ApplicationCommands.Close"
        Content="Quitter" />
```

Le code C#, équivalent à celui-ci, serait :

```
Button btn = new Button();
btn.Content = "Quitter";
btn.HorizontalAlignment = HorizontalAlignment.Center;
btn.VerticalAlignment = VerticalAlignment.Center;
btn.Command = ApplicationCommands.Close;


this.LayoutRoot.Children(btn);
```

Les sources des commandes sont abonnées à l'événement CanExecuteChanged, qui les informe que la possibilité d'exécution de la commande a changé. Les sources peuvent alors demander le statut de la commande, en utilisant la méthode CanExecute, pour se désactiver d'elle-même si la commande ne peut pas s'exécuter. Dans l'exemple précédent, cela se symbolise par le fait que le bouton est désactivé : il est impossible de le cliquer.

Une combinaison de touches ou l'utilisation conjointe du clavier et de la souris peuvent également servir de source de la commande. Dans le premier cas, on manipule un objet de type KeyGesture, qui peut correspondre à un raccourci clavier tel que CTRL+X, CTRL+V, etc. Dans le second cas, ce sont les objets de type MouseGesture qui sont mis en œuvre.

Ces deux classes héritent de la classe InputGesture, qui peut être définie comme étant la source d'une commande. Mais, pour que cela fonctionne, il est nécessaire de l'associer à la commande, grâce à l'utilisation d'un InputBinding :

```
<Window.InputBindings>
    <KeyBinding Key="V"
                Modifiers="Control"
                Command="ApplicationCommands.Open" />
</Window.InputBindings>
```

Le code XAML précédent peut bien sûr être écrit en C# :

```
KeyGesture OpenKeyGesture = new KeyGesture(Key.B, ModifierKeys.Control);

KeyBinding OpenCmdKeybinding = new KeyBinding(ApplicationCommands.Open, OpenKeyGesture);

this.InputBindings.Add(OpenCmdKeybinding);
```

Une autre possibilité est de travailler directement sur la propriété `InputGestures` de l'objet de type `RoutedCommand` qui va être utilisé :

```
KeyGesture OpenCmdKeyGesture = new KeyGesture(Key.B, ModifierKeys.Control);

        ApplicationCommands.Open.InputGestures.Add(OpenCmdKeyGesture);
```

La différence entre les deux techniques réside dans le fait que, dans le premier cas, on travaille au niveau des contrôles pour leur assigner une combinaison de touches qui sera utilisée sur un contrôle. Dans le second cas, on affecte une combinaison de touches à une commande, qui sera affectée à un contrôle.

Cibles

La cible est l'élément sur lequel la commande est exécutée. La source de la commande peut choisir la cible. Si la cible n'est pas définie, alors c'est le contrôle possédant le focus qui sera utilisé comme cible de la commande. Cela offre le grand avantage de pouvoir employer la même source pour appeler une commande sur plusieurs cibles. Imaginez, par exemple, un bouton qui offre la possibilité de désactiver, en un simple clic, plusieurs zones de saisie de l'interface graphique !

Le code suivant définit la cible de la commande :

```
<StackPanel>
  <Menu>
    <MenuItem Command="ApplicationCommands.Paste"
              CommandTarget="{Binding ElementName=mainTextBox}" />
  </Menu>
  <TextBox Name="mainTextBox"/>
</StackPanel>
```

Voici le code C# correspondant au XAML :

```
StackPanel mainStackPanel = new StackPanel();
TextBox pasteTextBox = new TextBox();
Menu stackPanelMenu = new Menu();
MenuItem pasteMenuItem = new MenuItem();

stackPanelMenu.Items.Add(pasteMenuItem);
mainStackPanel.Children.Add(stackPanelMenu);
mainStackPanel.Children.Add(pasteTextBox);

pasteMenuItem.Command = ApplicationCommands.Paste ;
```

À l'exécution, l'application affiche bien un élément dans un menu. Un clic sur cet élément permet d'effectuer une opération de coller sur le contrôle indiqué à la cible, autrement dit sur la TextBox (figure 9-4).

Figure 9-4

Assignation explicite de la cible d'une commande

Utilisation des commandes WPF

WPF propose en standard de nombreuses commandes de base. Comme nous l'avons vu précédemment, il s'agit d'objets de type RoutedUICommand qui implémentent l'interface ICommand. Ces différentes commandes de base sont regroupées dans les classes suivantes :

- ApplicationCommands : contient les commandes de type copier, couper, coller, enregistrer, ouvrir, etc. ;

- ComponentCommands : gère les commandes telles que monter d'une page, retourner au début ;

- NavigationCommands : les commandes de cette classe sont celles que l'on peut retrouver lors de l'utilisation d'un navigateur Internet soit page précédente, page suivante, rafraîchir, rechercher ;

- MediaCommands : ces commandes s'utilisent lorsque l'on désire lancer la lecture, mettre en pause, modifier la balance, manipuler le volume, éteindre le microphone, etc. ;

- EditingCommands : les commandes de cette classe permettent de gérer l'édition de texte. Ainsi, cette classe contient des propriétés permettant de manipuler par exemple l'alignement du texte, la taille de la police, la sélection de texte.

La première étape, pour utiliser une commande est de l'enregistrer auprès du gestionnaire de commande. Ce dernier gère toutes les commandes WPF de l'application. Pour cela, il est nécessaire d'utiliser la classe CommandBinding, qui associe une commande aux gestionnaires d'événements qui implémentent la commande :

```
<Window.CommandBindings>
    <CommandBinding Command="ApplicationCommands.Open"
                    Executed="OpenCmdExecuted"
                    CanExecute="OpenCmdCanExecute"/>
</Window.CommandBindings>
```

Dans ce code, nous indiquons que la méthode `OpenCmdExecuted` doit être exécutée à chaque fois que la commande `Open` (Ouvrir) sera appelée. La méthode `OpenCmdCanExecute` sera appelée par le gestionnaire de commande pour s'assurer que la méthode `OpenCmd-Executed` peut être exécutée :

```
private void OpenCmdCanExecute(object sender, CanExecuteRoutedEventArgs e)
{
    e.CanExecute = true;
}

private void OpenCmdExecuted(object sender, ExecutedRoutedEventArgs e)
{
    MessageBox.Show("La commande Ouvrir a été invoquée");
}
```

Lors de l'appel à `OpenCmdCanExecute` par le gestionnaire de commande, nous indiquons que la commande peut être exécutée. Pour cela, nous assignons la valeur `Vrai` à la propriété `CanExecute`.

Une fois la commande enregistrée auprès du gestionnaire de commande, elle peut être appelée par un contrôle WPF :

```
<StackPanel>
    <Menu>
        <MenuItem Command="ApplicationCommands.Open" />
    </Menu>
</StackPanel>
```

À l'exécution, on s'aperçoit qu'un clic sur le bouton `Open` appelle bien le contenu de la méthode `OpenCmdExecuted`, comme le confirme la figure 9-5.

Figure 09-5

Appel de la commande Ouvrir sur le clic de l'élément du menu

Il est intéressant de remarquer que le texte de l'élément du menu est affecté automatiquement au nom de la commande (la langue dépend de celle du framework .NET). Grâce à la liaison de données, il est possible de récupérer ce texte et de l'afficher, par exemple, sur une infobulle :

```
<StackPanel>
    <Menu>
        <MenuItem Command="ApplicationCommands.Open"
                  ToolTip="{Binding RelativeSource={x:Static RelativeSource.Self},
                  ➥Path=Command.Text}" />
    </Menu>
</StackPanel>
```

La figure 9-6 affiche le résultat de ce code XAML, à savoir une infobulle affichant le texte de la commande.

Figure 9-6

*Affichage du texte
de la commande
sur l'infobulle*

Bien que WPF propose un très grand nombre de commandes standards, il est parfois intéressant (voir nécessaire) de créer ses propres commandes, comme nous allons le voir dans la suite de ce chapitre.

Création de sa propre commande

Avant de chercher à comprendre comment mettre au point ses propres commandes, il convient d'expliquer quels intérêts offre cette technique. Lorsque vous créez des contrôles, il est pour ainsi dire obligatoire de leur associer des événements. Cependant, dans ce cas, on introduit une dépendance entre l'action provoquée lors de l'événement et le contrôle. Afin de briser ce lien (ou tout simplement de ne pas le mettre en place), il est possible d'utiliser les commandes.

Il existe deux techniques permettant de créer sa propre commande WPF. La première consiste à implémenter soi-même l'interface `ICommand`, soit à repartir entièrement du début. L'autre technique (qui s'avère être plus utilisée) nécessite de créer un objet de type `RoutedCommand` ou `RoutedUICommand`.

Dans le cas de notre gestionnaire de contacts, il serait intéressant de disposer d'une commande nous permettant d'ouvrir facilement la fenêtre d'édition d'un contact. Pour cela, il est nécessaire de déclarer la commande à utiliser :

```
public static RoutedCommand EditContactCmd;

static MainWindow()
{
    EditContactCmd = new RoutedCommand("Editer", typeof(MainWindow));
    KeyGesture keyGesture = new KeyGesture(Key.E, ModifierKeys.Control, "CTRL + E");

    EditContactCmd.InputGestures.Add(keyGesture);
}
```

Grâce à ce code, nous déclarons une commande qui se déclenchera lorsque l'utilisateur appuiera sur les touches Contrôle et E. Notez que comme l'objet de type RoutedCommand est un objet statique, il est nécessaire d'utiliser le constructeur statique pour initialiser la commande.

Une fois la déclaration de la commande effectuée, il est possible de l'enregistrer auprès du gestionnaire de commande :

```
<Window.CommandBindings>
    <CommandBinding Command="{x:Static Gui:MainWindow.EditContactCmd}"
    Executed="EditContactCmd_Executed"
    CanExecute="EditContactCmd_CanExecute" />
</Window.CommandBindings>
```

Ensuite, il faut associer la commande que nous venons de créer à un contrôle (un bouton par exemple). Dans le cas de notre application, nous disposons d'un menu, nous allons donc assigner cette commande à un élément de notre menu :

```
<MenuItem x:Name="miEdit"
          Header="Editer Contact"
          Command="{x:Static Gui:MainWindow.EditContactCmd}">
```

Il ne reste plus qu'à écrire le corps des méthodes EditContactCmd_Executed et EditContactCmd_CanExecute :

```
private void EditContactCmd_CanExecute(object sender, CanExecuteRoutedEventArgs e)
{
    var contactToEdit = this.lbContactsList.SelectedItem as Contact;

    if (contactToEdit != null && contactToEdit.Prenom != "Thomas")
    {
        e.CanExecute = true;
    }
    else
    {
        e.CanExecute = false;
    }
}
```

```
private void EditContactCmd_Executed(object sender, ExecutedRoutedEventArgs e)
{
    miEdit_Click(sender, e);
}

private void miEdit_Click(object sender, RoutedEventArgs e)
{
    var contactToEdit = this.lbContactsList.SelectedItem as Contact;

    if (contactToEdit != null)
    {
        var editWindow = new CreateOrEditContact(true, contactToEdit);
        editWindow.ShowDialog();
    }
}
```

La première méthode, `EditContactCmd_CanExecute`, permet au moteur WPF d'activer ou non la commande, en fonction de certains critères (dans le cas qui nous intéresse, on s'assure que le prénom du contact est différent de Thomas pour activer la commande).

La deuxième méthode, `EditContactCmd_Executed`, ne fait qu'appeler une autre méthode (`miEdit_Click`) qui va ouvrir la fenêtre d'édition des contacts, en passant en paramètre le contact sélectionné dans la `ListBox`.

À l'exécution, on voit bien que lorsque les conditions insérées dans la méthode `EditContactCmd_CanExecute` sont remplies, l'élément est activé, comme le montre la figure 9-7.

Figure 9-7

Utilisation possible de la commande sur le clic de l'élément du menu

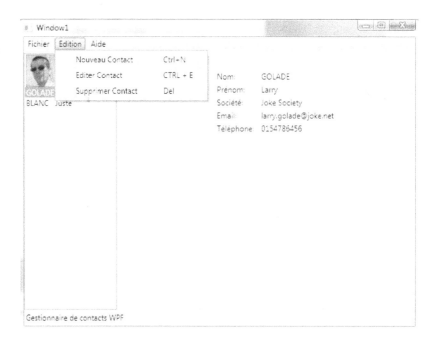

Cependant, dans le cas contraire, l'élément est grisé et il est impossible de le cliquer ou bien d'utiliser le raccourci clavier pour l'activer (figure 9-8).

Figure 9-8

Le clic sur l'élément du menu est désactivé car les conditions d'exécution de la commande ne sont pas remplies.

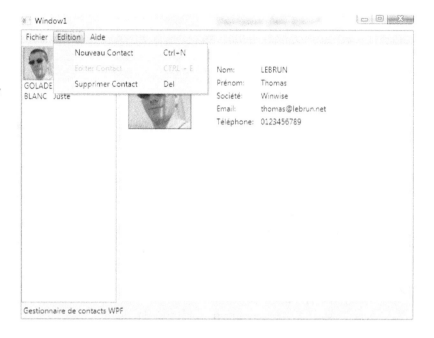

Comme dit précédemment, ce genre d'opération est courant lorsque l'on désire implémenter sa propre commande. Cependant, si vous souhaitez repartir de zéro, il est tout à fait possible de la faire en implémentant directement l'interface ICommand. L'exemple de code suivant est un prototype personnalisé de commande :

```
public class CustomCommand : ICommand
{
    public bool CanExecute(object parameter)
    {
        // Renvoyer vrai ou faux, selon
        // que la commande peut être exécutée ou non
        return true;
    }



    /// <summary>
    /// Notification de l'interface utilisateur
    /// que la possibilité d'exécution de la commande a changé
    /// </summary>
    public event EventHandler CanExecuteChanged
    {
        add { CommandManager.RequerySuggested += value; }
        remove { CommandManager.RequerySuggested -= value; }
    }
```

```
public void Execute(object parameter)
{
    // Écrire le code qui sera appelé
    // lorsque la commande sera invoquée
}
}
```

Résumé

Les événements routés, version améliorée du système d'événements du framework .NET, représentent une nouveauté majeure de WPF.

La capacité de ces événements à pouvoir parcourir les éléments qui composent l'interface graphique, en partant de la source jusqu'à l'élément racine (ou vice-versa) est une nouveauté troublante pour la majorité des développeurs Windows. Mais, une fois le concept maîtrisé, il devient très vite possible de créer ses propres événements routés afin d'enrichir les applications et d'y ajouter des comportements particuliers.

De leur côté, les commandes WPF fournissent un moyen simple et efficace d'implémenter des fonctionnalités de base (couper, copier, coller, etc.) dans une application, sans que le développeur n'ait besoin d'écrire toute la logique nécessaire à l'activation ou la désactivation de la source de la commande. De plus, grâce à cette fonctionnalité, il n'existe plus de dépendance entre un contrôle et la fonctionnalité qu'il est censé mettre à disposition.

Le moteur WPF (et plus précisément le gestionnaire de commande) se charge d'enregistrer et d'exécuter toutes les commandes mises à disposition dans l'application.

Enfin, un grand nombre de commandes sont disponibles avec WPF. Cependant, il est parfois plus simple de vouloir créer les siennes, ceci afin de gagner la plus de temps dans la suite du développement. Heureusement, il est possible de le faire de façon très simple, en créant des objets d'un type déjà existant ou, si nécessaire, en implémentant l'interface adéquate.

Il est maintenant temps de découvrir, dans le chapitre 10, l'une des fonctionnalités parmi les plus importantes de WPF, les modèles de contrôle, dont le rôle est de permettre la modification du rendu visuel des contrôles.

10

Les modèles de contrôle

WPF permet aux designers, grâce aux modèles de contrôle (ControlTemplates), de modifier complètement l'apparence d'un contrôle tout en gardant son comportement. Dans ce chapitre, vous découvrirez ce que sont précisément les modèles de contrôle et quels sont les mécanismes qui permettent leur mise en place. Ensuite, vous apprendrez comment créer, utiliser et enrichir vos propres modèles de contrôle.

Arbre logique ou visuel

Avant de donner plus de détails sur les modèles de contrôle, il est important de comprendre les deux concepts que sont les arbres logiques et l'arbre visuel, que nous avons brièvement abordés au chapitre précédent.

Pour comprendre ce que représente l'arbre logique, il faut observer le code XAML suivant :

```
<ListBox HorizontalAlignment="Center"
         VerticalAlignment="Center">
    <ListBoxItem>Elément 1</ListBoxItem>
    <ListBoxItem>Elément 2</ListBoxItem>
    <ListBoxItem>Elément 3</ListBoxItem>
</ListBox>
```

La structure en forme d'arbre de ces éléments permet de mettre en évidence une hiérarchie XAML identique à celle de la figure 10-1.

Figure 10-1

Hiérarchie XAML de la ListBox

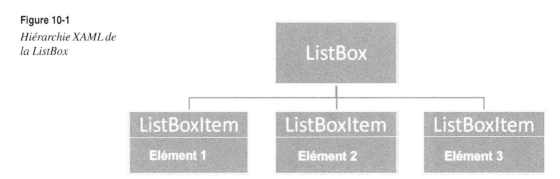

Cette hiérarchie représente ce que l'on appelle l'arbre logique, autrement dit l'organisation des éléments, au niveau de l'interface graphique, telle qu'elle est visible par les utilisateurs et sur laquelle les développeurs manipulent les contrôles.

Cependant, cet arbre logique ne fournit aucune information sur l'interface utilisateur affichée par le contrôle et proposée aux utilisateurs. Le fait que la ListBox s'affiche d'elle-même dans un rectangle possédant une bordure noire est contenu dans ce que l'on appelle l'*arbre visuel* (que nous allons aborder en détail tout de suite).

Dans les technologies telles que MFC, Win32 ou bien WindowsForms, le développeur d'un contrôle était obligé d'implémenter, directement dans le code, l'interface graphique du contrôle. Cette technique, bien que fonctionnelle, ne permettait pas de changer simplement l'apparence du contrôle : il était obligatoire d'hériter du contrôle et de redéfinir, en utilisant les méthodes et propriétés mises à disposition dans le code, la logique nécessaire à l'affichage du contrôle.

Avec WPF, le mécanisme de rendu des contrôles est conçu différemment. Pour comprendre comment il fonctionne, il faut regarder, à nouveau, la hiérarchie des éléments de la ListBox, mais en utilisant un outil particulier : *XamlPad* (qu'il est possible de télécharger dans le kit de développement Windows) ou *XamlPadX* (disponible à l'adresse suivante : *http://blogs.msdn.com/llobo/archive/2007/12/19/xamlpadx-v3-0.aspx*). Ces outils permettent d'afficher l'arbre visuel (*visual tree*) des contrôles, l'arbre complet des éléments utilisés pour implémenter l'interface graphique du contrôle (figure 10-2).

L'arbre visuel d'un contrôle représente donc l'ensemble des éléments qui contribuent à créer son apparence. Ainsi, il est possible de voir qu'une ListBox est en réalité composée d'une bordure contenant un objet de type ScrollViewer, contenant lui-même une Grid, etc. De même, les contrôles de type ListBoxItem sont composés d'une bordure incluant un ContentPresenter hébergeant, lui-même, un TextBlock.

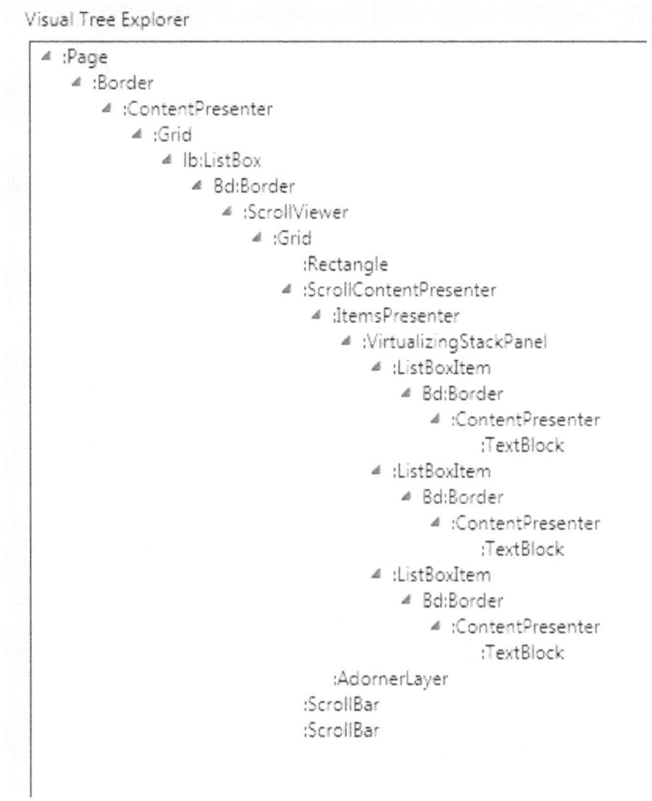

Figure 10-2

*Aperçu du Visual
Tree de la ListBox
avec XamlPadX*

```
Visual Tree Explorer

▲ :Page
   ▲ :Border
      ▲ :ContentPresenter
         ▲ :Grid
            ▲ lb:ListBox
               ▲ Bd:Border
                  ▲ :ScrollViewer
                     ▲ :Grid
                          :Rectangle
                        ▲ :ScrollContentPresenter
                           ▲ :ItemsPresenter
                              ▲ :VirtualizingStackPanel
                                 ▲ :ListBoxItem
                                    ▲ Bd:Border
                                       ▲ :ContentPresenter
                                            :TextBlock
                                 ▲ :ListBoxItem
                                    ▲ Bd:Border
                                       ▲ :ContentPresenter
                                            :TextBlock
                                 ▲ :ListBoxItem
                                    ▲ Bd:Border
                                       ▲ :ContentPresenter
                                            :TextBlock
                          :AdornerLayer
                       :ScrollBar
                       :ScrollBar
```

Il est parfois très pratique d'avoir accès à cette composition entière d'éléments. Par exemple, vous pouvez vouloir accéder à l'un des contrôles particulier qui fait partie de cet ensemble. Cela peut se faire au moyen de la classe VisualTreeHelper :

```
// Énumère l'ensemble des descendants de l'objet racine
static public void EnumVisual(Visual myVisual)
{
    for (int i = 0; i < VisualTreeHelper.GetChildrenCount(myVisual); i++)
    {
        // Accède à l'enfant indiqué à l'index spécifié
        Visual childVisual = (Visual)VisualTreeHelper.GetChild(myVisual, i);

        // C'est là que vous pouvez faire
        // une opération sur l'objet enfant

        // Énumère les enfants de l'enfant en cours
        EnumVisual(childVisual);
    }
}
```

Mais il est beaucoup plus important de comprendre comment cette hiérarchie d'éléments est exploitée par le contrôle pour générer son interface graphique et, plus important encore, comment un développeur et un designer peuvent la changer (figure 10-3).

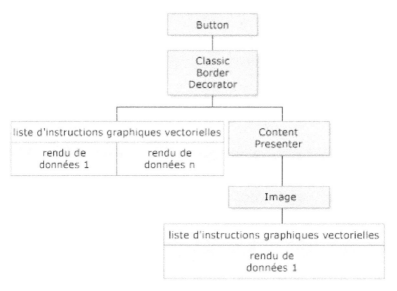

Figure 10-3

Diagramme d'une arborescence d'éléments visuels

Source : http://msdn.microsoft.com/fr-fr/library/ms748373.aspx#visual_tree

Les développeurs de contrôles WPF ont la possibilité de coder en dur cet arbre visuel dans l'implémentation des contrôles. En d'autres termes, après la création du contrôle, il est possible d'instancier l'arbre complet des éléments et de l'utiliser pour afficher l'interface utilisateur.

Ce mécanisme n'est pas mauvais en soi. D'ailleurs, certains contrôles de WPF, tels que la barre de progression (`ProgressBar`), utilise cette approche. Cependant, elle rend complexe la modification de l'interface utilisateur des contrôles.

Les modèles de contrôle (`ControlTemplates`) permettent d'obtenir le même résultat, à savoir la modification de l'apparence des contrôles, mais grâce à une mécanique plus souple et plus adaptable. On entend souvent dire, à raison, que les contrôles WPF sont sans aspect c'est-à-dire que leurs fonctionnalités sont définies sur une interface simple, sommaire, qui peut être complètement remplacée par un designer ou un développeur.

C'est à cela que servent les modèles de contrôle : ils permettent de définir l'arbre visuel d'un contrôle. Les concepteurs de contrôles WPF peuvent les déclarer et les utiliser dans l'implémentation du contrôle, afin d'en définir l'apparence par défaut. Cette technique permet aussi à d'autres intervenants d'un projet de créer de nouveaux modèles qu'ils pourront appliquer au contrôle, par code ou en XAML.

Création d'un ControlTemplate

Développement d'un ControlTemplate

Un modèle de contrôle est déclaré, en XAML, dans une balise <ControlTemplate>. Il est généralement défini dans les ressources de l'application, afin d'être réutilisé à différents endroits. Pour qu'il soit positionné dans les ressources, il est nécessaire de lui assigner un identifiant unique en utilisant l'attribut x:Key :

```xml
<ControlTemplate x:Key="RoundedButtonTemplate"
                 TargetType="{x:Type Button}">
    <Grid Width="200"
          Height="200">
        <Ellipse Stroke="#FF000000"
                             Fill="#FF1C46E7"
                             x:Name="EllipseExterne">
            <Ellipse.BitmapEffect>
                <BevelBitmapEffect BevelWidth="8"
                                   EdgeProfile="BulgedUp"
                                   Smoothness="0.745"/>
            </Ellipse.BitmapEffect>
        </Ellipse>
        <Ellipse Margin="8,8,8,8"
                 x:Name="InnerEllipse">
            <Ellipse.Fill>
                <LinearGradientBrush EndPoint="0.5,1"
                                     StartPoint="0.5,0"
                                     SpreadMethod="Pad">
                    <GradientStop Color="#FF1C46E7"
                                  Offset="0"/>
                    <GradientStop Color="#FFFFFFFF"
                                  Offset="1"/>
                </LinearGradientBrush>
            </Ellipse.Fill>
        </Ellipse>
        <ContentPresenter VerticalAlignment="Center"
                          HorizontalAlignment="Center"
                          Content="{TemplateBinding Content}"/>
    </Grid>
</ControlTemplate>
```

Comme il est possible de le constater à l'exemple de code précédent, le modèle de contrôle peut spécifier à quel type de contrôle il doit s'appliquer, *via* la propriété Target-Type.

Ce modèle de contrôle permet de définir que les objets de type Button seront représentés par deux ellipses, remplies par un dégradé linéaire.

Pour l'utiliser, il convient d'y faire référence, sur la propriété `Template` du contrôle, *via* l'extension du langage (*MarkupExtension*) nommée `StaticResource` :

```
<Button x:Name="btnTemplated"
        Template="{StaticResource RoundedButtonTemplate}"
        Content="Bouton WPF avec un template" />
```

À l'exécution, le modèle est appliqué au contrôle, ce qui lui permet d'être représenté de la façon qui a été définie dans ce modèle (figure 10-4).

Figure 10-4

Résultat de l'application d'un ControlTemplate sur un bouton

Notez que si l'on essaye d'appliquer ce modèle à un contrôle d'un type différent que celui qui a été spécifié dans la propriété `TargetType`, une exception de type `ArgumentException` est remontée par le moteur WPF.

Comme il est possible de le constater, le modèle qui a été défini a complètement remplacé celui par défaut du bouton. Cependant, les fonctionnalités et comportements de base du contrôle (comme l'événement `Click`) sont toujours présents : l'utilisation, en terme de développement, reste la même et seule l'apparence a changé.

Le modèle de contenu de WPF

Parfois, le but premier d'un contrôle consiste simplement à afficher son contenu. Dans le cas d'une `ListBox`, d'une `ComboBox` ou d'un `Treeview`, il s'agit de contrôles qui possèdent une apparence par défaut, facilement personnalisable grâce aux modèles de contrôle, mais dont le but principal est d'afficher un ensemble d'éléments au sein de cette apparence.

Au niveau de l'architecture de WPF, la partie qui spécifie comment les contrôles doivent afficher leur contenu est appelée modèle de contenu (*Content Model*).

Pour bien comprendre cette notion, il est intéressant d'étudier le type `ContentControl`. Il s'agit d'un contrôle très pauvre en termes d'interface utilisateur, mais qui possède une propriété (il s'agit d'une DependencyProperty pour être exact) nommée Content. Cette propriété peut être liée (*via* la liaison de données) ou bien assignée à n'importe quel contenu qui sera aussitôt affiché.

Le ContentControl sert de classe de base pour beaucoup d'autres contrôles de contenu de WPF, tels que les boutons, les étiquettes, etc. Par conséquent, c'est lui qui gère le modèle de contenu de ces contrôles. Pour s'en convaincre, il suffit d'observer les deux exemples de code suivants :

```
<Button x:Name="btnTemplated"
        Template="{StaticResource RoundedButtonTemplate}"
        Content="Bouton WPF avec un template" />
<Button x:Name="btnTemplatedPlus"
        Template="{StaticResource RoundedButtonTemplate}">
    <StackPanel Orientation="Vertical">
        <CheckBox Content="Case à cocher" />
        <RadioButton Content="Bouton Radio" />
    </StackPanel>
</Button>
```

Chacun de ces exemples de code recourt au modèle de contrôle défini précédemment, qui utilise un ContentPresenter (similaire au ContentControl).

Le résultat du premier code est le même que sur la figure 10-4. Quant au résultat du deuxième code, qui définit le contenu du bouton comme étant un StackPanel composé d'une CheckBox et d'un RadioButton, il peut être visualisé à la figure 10-5.

Figure 10-5

*Un StackPanel composé
de contrôles et assigné
au contenu d'un bouton*

Comme nous pouvons le constater, quel que soit le contenu de la propriété Content du bouton, celui-ci est toujours correctement affiché, grâce au ContentPresenter/ContentControl défini dans le ControlTemplate.

Le `ContentControl` représente un modèle de contenu dans lequel lui et ses dérivés affichent un seul élément à la racine. Il peut s'agir d'un arbre d'éléments (comme c'est le cas avec `StackPanel` qui contient d'autres contrôles) mais l'élément racine est toujours un élément unique (`StackPanel`).

Vous pourriez vous demander, et vous auriez raison, pourquoi la compréhension du modèle de contenu de WPF est si importante lorsque l'on aborde le sujet des modèles de contrôle.

La réponse est simple : lorsque l'on conçoit un modèle pour un contrôle, il est nécessaire de connaître le modèle de contenu utilisé par ce contrôle afin de le réemployer dans le modèle personnalisé. En reprenant le code du modèle écrit précédemment, on peut s'attarder quelques instants sur cette ligne :

```
<ContentPresenter VerticalAlignment="Center"
                  HorizontalAlignment="Center"
                  Content="{TemplateBinding Content}"/>
```

Le contrôle `ContentPresenter` est une sorte d'espace réservé qui se lie au contenu de la propriété `Content` des contrôles auquel le modèle est appliqué. Sans connaître ce contrôle, il aurait été impossible de comprendre pourquoi le contenu de la propriété `Content` du bouton ne s'affichait pas sur l'interface graphique.

Bien sûr, il existe d'autres modèles de contenu supportés par WPF, comme ceux utilisés pour afficher une liste d'éléments. On retrouve ainsi d'autres classes de base, telles que les classes `HeaderedContentControl`, `ItemsControl`, etc., dont le but est de faciliter l'implémentation de ces différents modèles de contenu.

Prenons le cas du contrôle `ListBox`, qui possède un `ItemsControl` en tant qu'élément parent du Visual Tree. S'il s'avère nécessaire d'écrire un modèle pour ce contrôle, il pourrait ressembler à ceci :

```
<ControlTemplate x:Key="ListBoxTemplated"
                 TargetType="{x:Type ListBox}">
    <Border BorderBrush="#FFE62121"
            BorderThickness="4,4,4,4"
            CornerRadius="3,3,3,3" >
        <Border.Background>
            <LinearGradientBrush EndPoint="0.5,1"
                                 StartPoint="0.5,0">
                <GradientStop Color="#FFBCDEDC"
                              Offset="0"/>
                <GradientStop Color="#FFFFFFFF"
                              Offset="1"/>
            </LinearGradientBrush>
        </Border.Background>
        <ItemsPresenter/>
    </Border>
</ControlTemplate>
```

Notez l'utilisation du contrôle ItemsPresenter dans le modèle. C'est ce contrôle qui permet de conserver le modèle de contenu à plusieurs éléments, tel qu'il est nécessaire pour l'ItemsControl, et qui se lie et affiche automatiquement le contenu dans la collection d'éléments (nommée Items) de la ListBox. Une fois appliqué à un contrôle ListBox possédant différents éléments, le modèle permet d'obtenir le résultat de la figure 10-6.

Figure 10-6

Application d'un ControlTemplate sur une ListBox

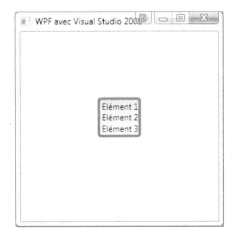

Comme vous pouvez le constater, il est très important de connaître le modèle de contenu du contrôle que vous souhaitez modifier afin de le réutiliser dans le modèle personnalisé.

Réutilisation des valeurs

Le plus souvent, lorsque l'on travaille avec des modèles, il est préférable de ne pas coder les valeurs des propriétés en dur dans le modèle. Il faut laisser l'utilisateur du contrôle saisir et utiliser ces propres valeurs. Cependant, le seul accès qu'il possède est sur le contrôle lui-même : il lui faut un moyen d'assigner des valeurs aux propriétés et que celles-ci soient répercutées sur le modèle. Prenons, par exemple, le modèle de la ListBox, défini précédemment. Un contrôle de type Border est utilisé et la valeur de ses propriétés BorderBrush, BorderThickness et CornerRadius est inscrite dans le code. Cependant, le contrôle ListBox propose les mêmes propriétés. Mais dans le cas où l'on utilise le modèle défini précédemment, le fait de changer les propriétés de la ListBox n'aura aucun impact : le contrôle sera toujours affiché sur un dégradé bleu entouré d'une bordure rouge.

C'est là que l'extension du langage TemplateBinding entre en jeu. TemplateBinding est une sorte de liaison de données spécialisée, qui se charge de lier les valeurs des propriétés du contrôle aux propriétés du contrôle parent. Dans le cas du modèle de notre ListBox, il est donc possible de le modifier de la sorte :

```
<ControlTemplate x:Key="ListBoxTemplated"
                 TargetType="{x:Type ListBox}">
```

```
        <Border BorderBrush="{TemplateBinding BorderBrush}"
                BorderThickness="{TemplateBinding BorderThickness}"
             CornerRadius="3,3,3,3">
          <Border.Background>
            <LinearGradientBrush EndPoint="0.5,1"
                                 StartPoint="0.5,0">
                <GradientStop Color="#FFBCDEDC"
                              Offset="0"/>
                <GradientStop Color="#FFFFFFFF"
                              Offset="1"/>
            </LinearGradientBrush>
          </Border.Background>
          <ItemsPresenter/>
        </Border>
    </ControlTemplate>
```

Dans ce code, nous lions les propriétés BorderBrush et BorderThickness du modèle aux propriétés du même nom sur le contrôle qui est personnalisé avec le modèle.

Pour que les valeurs des propriétés soient assignées, il suffit de les déclarer au niveau du contrôle sur lequel le modèle sera appliqué :

```
<ListBox x:Name="lb"
         BorderBrush="Black"
         BorderThickness="10"
         Template="{StaticResource ListBoxTemplated}"
         HorizontalAlignment="Center"
         VerticalAlignment="Center">
    <ListBoxItem>Elément 1</ListBoxItem>
    <ListBoxItem>Elément 2</ListBoxItem>
    <ListBoxItem>Elément 3</ListBoxItem>
</ListBox>
```

À l'exécution, les valeurs des propriétés assignées sur la ListBox sont appliquées au modèle, comme le démontre la figure 10-7.

Figure 10-7

Liaison entre les propriétés du modèle et celles du contrôle parent avec TemplateBinding

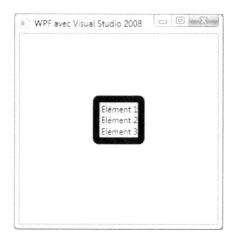

Comme vous pouvez l'imaginer, le contrôle parent n'est rien d'autre que le contrôle sur lequel vous allez appliquer le modèle. C'est sur ce contrôle qu'il est nécessaire de définir les propriétés qui seront employées dans le modèle.

Il est également intéressant de noter que si une propriété du contrôle n'est pas réutilisée dans le modèle, elle n'aura aucun impact sur le rendu de l'interface

Comme pour les modèles de données, il est possible de se servir des styles et des déclencheurs afin de dynamiser le rendu du modèle de contrôle. Nous allons donc voir comment mettre ceci en place dans vos applications.

Utilisation des déclencheurs et des styles

Le modèle du contrôle Button qui a été développé précédemment possède un inconvénient : il est inerte, ce qui signifie que lorsqu'il est appliqué, il n'est pas possible de voir les animations classiques d'un bouton qui ont lieu lorsque l'on passe la souris au-dessus, lorsque le bouton est cliqué, etc.

Pour réimplémenter ce comportement dans le modèle, il est nécessaire d'utiliser un déclencheur :

```
<ControlTemplate x:Key="RoundedButtonTemplate"
                 TargetType="{x:Type Button}">
    <ControlTemplate.Triggers>
        <Trigger Property="IsMouseOver" Value="True">
            <Setter Property="BitmapEffect"
                    TargetName="EllipseExterne">
                <Setter.Value>
                    <BitmapEffectGroup>
                        <OuterGlowBitmapEffect GlowColor="#FFFF2300" GlowSize=
                        ➥"17" Noise="0"/>
                        <BevelBitmapEffect BevelWidth="8" EdgeProfile="BulgedUp"
                        ➥Smoothness="0.7"/>
                    </BitmapEffectGroup>
                </Setter.Value>
            </Setter>
        </Trigger>
    </ControlTemplate.Triggers>
</ControlTemplate>
```

Nous les avons déjà étudiés, les déclencheurs sont des éléments de WPF qui permettent d'effectuer des changements de valeurs de propriétés lorsqu'une condition est évaluée à vraie. Dans l'exemple précédent, le déclencheur est utilisé pour changer la propriété BitmapEffect de l'élément nommé EllipseExterne lorsque la souris est sur le contrôle.

L'avantage, par rapport aux gestionnaires d'événements classiques, réside dans le fait qu'il n'est pas nécessaire d'implémenter la logique inverse pour que le contrôle revienne à son état initial. La figure 10-8 affiche le résultat de l'utilisation du déclencheur dans le modèle de contrôle.

Figure 10-8

Utilisation d'un trigger dans un ControlTemplate

Nous avons vu, au chapitre 7, que les styles étaient un moyen simple et pratique de regrouper plusieurs modificateurs de propriétés, permettant de les appliquer à plus d'un contrôle à la fois. Étant donné que les modèles sont affectés à un contrôle grâce à la propriété Template, il est donc tout à fait possible d'utiliser un style pour les appliquer sur chaque instance de contrôle dont on souhaite modifier l'apparence, plutôt que de passer par cette propriété. Ainsi, le code suivant défini un style qui, en faisant appel au modèle de contrôle qui a été écrit précédemment, modifiera la propriété Template des objets de type Button :

```
<Style x:Key="StyledButton" TargetType="{x:Type Button}">
    <Setter Property="Template"
            Value="{DynamicResource RoundedButtonTemplate}"/>
</Style>
```

Attention à bien prendre garde au fait qu'il est nécessaire de déclarer l'ensemble des ressources (styles, modèles, etc.) avant de les utiliser.

Résumé

Grâce à la notion de modèle de contenu, qui permet d'indiquer comment un contrôle doit afficher son contenu, les modèles de contrôle sont l'un des points forts de WPF. Ils permettent en effet de modifier complètement le rendu, l'apparence d'un contrôle tout en faisant en sorte qu'il conserve son comportement habituel. Dans WPF, les contrôles ne sont, en réalité, qu'un ensemble de comportement regroupé dans un modèle par défaut.

Grâce à ces fameux modèles de contrôle, il devient possible de redéfinir ce modèle par défaut, afin de personnaliser le contrôle.

Autre point non négligeable, ils offrent la possibilité aux designers, en charge de la personnalisation de l'interface graphique, de laisser libre cours à leur imagination pour développer la nouvelle apparence d'un contrôle, tout cela dans le but d'améliorer l'expérience utilisateur offerte à ceux qui manipuleront l'application : le développeur définit la logique du contrôle, le designer se charge de son apparence. De plus, l'utilisation des styles et des déclencheurs offre un plus non négligeable pour affiner le rendu du contrôle.

Il est à présent temps, grâce au chapitre 11, d'étudier quelles sont les possibilités offertes par WPF lorsque l'on parle de textes et documents. Vous découvrirez ainsi qu'il existe un certain nombre de contrôles pour afficher et saisir du texte, mais également un mécanisme permettant de proposer à l'utilisateur un système d'annotations.

11

Gestion du texte
et des documents

WPF est certes une technologie de présentation, mais elle ne s'arrête pas là. En effet, comme vous allez le découvrir dans ce chapitre, elle offre tout un ensemble de contrôles pour la saisie de texte et la visualisation de document, point intéressant lorsque l'on garde à l'esprit l'aspect vectoriel de cette technologie. Vous apprendrez également qu'il est possible, *via* une technique simple, d'annoter les documents, de la même manière que vous annotez des documents papier en les surlignant.

Saisie de texte

Le contrôle le plus commun, pour la saisie de caractères dans une application (qu'elle soit WPF ou non) est la TextBox (zone de texte). Pour déclarer une zone de texte avec WPF, rien de plus simple puisqu'il suffit d'instancier la classe correspondante :

```
<TextBox x:Name="tb"
         Text="Ma zone de texte"
         Height="25"
         Width="100" />
```

L'utilisation de la propriété `Text` permet d'assigner (ou de récupérer) le contenu du contrôle, comme le souligne la figure 11-1.

Figure 11-1

Instanciation d'une zone de texte sur une fenêtre WPF

Bien évidemment, comme la majorité des contrôles disponibles, vous avez la possibilité d'instancier cette zone de texte au moyen de code C# ou VB.NET :

```
TextBox tb = new TextBox();
tb.Name = "tb";
tb.Text = "Ma zone de texte";
tb.Width = 100;
tb.Height = 25;
```

Extrêmement simple, ce contrôle est l'un des plus utilisés dans les développements actuels car il permet de récupérer simplement les informations saisies par l'utilisateur.

Bien sûr, ce n'est pas le seul contrôle disponible permettant la saisie de texte. Il est en effet possible d'employer le contrôle `RichTextBox` qui, comme son nom l'indique, n'est rien d'autre qu'une zone de saisie enrichie :

```
<RichTextBox x:Name="rtb"
             MinHeight="100"
             MinWidth="100" />
```

Visuellement, le contrôle ressemble trait pour trait à une zone de texte classique (comme il est possible de le constater à la figure 11-2). Cependant, il offre les fonctionnalités standards que l'on retrouve sur la majorité des éditeurs de texte, comme par exemple :

- la mise en gras du texte sélectionné ;

- la mise en italique ;

- le soulignement de texte ;

- le changement de l'alignement.

Figure 11-2

*Aperçu d'une zone
de saisie enrichie*

La première étape, lorsque l'on dispose d'un contrôle de ce type, consiste à y charger du texte. Pour cela, il est nécessaire de récupérer, *via* les propriétés ContentStart et ContentEnd, la zone de contenu, de type TextRange, du contrôle :

```
private void LoadTextDocument(string fileName)
{
    TextRange range;

    System.IO.FileStream fStream;

    if (System.IO.File.Exists(fileName))
    {
        range = new TextRange(rtb.Document.ContentStart, rtb.Document.ContentEnd);

        fStream = new System.IO.FileStream(fileName, System.IO.FileMode.OpenOrCreate);

        range.Load(fStream, System.Windows.DataFormats.Text);

        fStream.Close();
    }
}
```

Comme vous pouvez le constater, la méthode Load permet d'insérer le texte dans le contrôle, en indiquant en deuxième paramètre le format des données que l'on insère (grâce à un membre de l'énumération System.Windows.DataFormats).

Une fois le contrôle chargé, il est possible d'utiliser des commandes WPF pour indiquer l'action que l'on souhaite effectuer sur le contenu. La classe EditingCommands contient l'ensemble des commandes que vous pourrez employer avec la zone de saisie enrichie. Pour cela, il est nécessaire d'appeler la commande adéquate et d'indiquer, *via* la propriété CommandTarget, la cible sur laquelle la commande devra s'exécuter :

```
<ToolBar>
    <ToggleButton MinWidth="40"
                  Command="EditingCommands.ToggleBold"
                  CommandTarget="{Binding ElementName=rtb}"
                  TextBlock.FontWeight="Bold" Content="Gras" />
    <ToggleButton MinWidth="40"
                  Command="EditingCommands.ToggleItalic"
                  CommandTarget="{Binding ElementName=rtb}"
                  TextBlock.FontStyle="Italic" Content="Italique" />
    <ToggleButton MinWidth="40"
                  Command="EditingCommands.ToggleUnderline"
                  CommandTarget="{Binding ElementName=rtb}">
        <TextBlock TextDecorations="Underline">Souligné</TextBlock>
    </ToggleButton>
</ToolBar>
```

Le code précédent permet de définir une barre d'outils qui sera composée de trois objets de type TooggleButton (il s'agit simplement de boutons qui ont des états activé et désactivé). À chaque bouton est associée une commande, qui désigne toujours la même cible : la zone de texte enrichie. Ainsi, à l'exécution, le moteur WPF se chargera d'appliquer la commande au contenu de la zone de texte, si du texte est surligné dans le contrôle (comme le montre la figure 11-3). Dans le cas contraire, il ne se passera rien.

Figure 11-3

Résultat de l'appel des commandes sur la zone de texte enrichie

Dans certains scénarios, il peut également s'avérer utile (voire nécessaire) d'accéder au contenu qui est inséré dans la zone de texte pour, par exemple, le renvoyer à l'utilisateur afin qu'il confirme que la saisie est correcte. Pour cela, il faut une nouvelle fois accéder au contenu du contrôle, *via* la propriété Text de la classe TextRange :

```
string GetText(RichTextBox richBox)
{
    TextRange textRange = new TextRange(rtb.Document.ContentStart,
    ➥rtb.Document.ContentEnd);
```

```
    return textRange.Text;
}
```

Il existe une fonctionnalité, applicable à la zone de saisie simple tout comme à la zone de saisie enrichie, qui devrait ravir une grande partie d'entre vous. Il s'agit de la mise à disposition, nativement, d'un correcteur orthographique.

En effet, sur les contrôles de saisie de texte, vous avez la possibilité de mettre à True la propriété SpellCheck.IsEnabled, qui permet d'activer le correcteur d'orthographe :

```
<RichTextBox x:Name="rtb"
             SpellCheck.IsEnabled="True"
             MinHeight="100"
             MinWidth="100" />
```

Une fois l'option activée, les utilisateurs n'ont qu'à saisir un mot qui n'est pas reconnu pour que celui-ci soit souligné en rouge et que, d'un clic droit, une liste de suggestion apparaisse, comme le montre la figure 11-4.

Figure 11-4

Le correcteur
orthographique
avec WPF

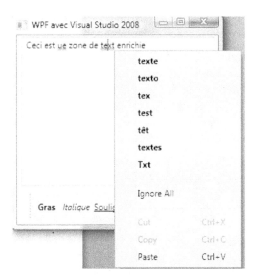

Il faut savoir que WPF dispose de quatre dictionnaires de langues (Anglais, Espagnol, Allemand et Français) et que vous avez la possibilité de changer la langue du dictionnaire qui est utilisé pour vérifier les erreurs. Pour cela, il est nécessaire d'utiliser la propriété Language et de lui passer en paramètre la langue à utiliser (au format xx-XX) :

```
<RichTextBox x:Name="rtb"
             Language="en-US"
             SpellCheck.IsEnabled="True"
             MinHeight="100"
             MinWidth="100" />
```

Enfin, vous aurez beau avoir le dictionnaire le plus important qui soit, il y a peu de chances que celui-ci arrive à être complet et suffisamment léger pour ne pas impacter les performances de l'application. Heureusement, vous avez la possibilité avec WPF d'intercepter l'ouverture du menu contextuel sur le contrôle de saisie de texte et, dans ce contrôle, de rajouter vos propres éléments.

Le code XAML suivant permet donc de définir une zone de saisie enrichie, sur laquelle on s'abonne à l'événement ContextMenuOpening. Pour que cet événement soit déclenché, il est nécessaire de définir un menu contextuel, *via* la propriété ContextMenu, même si celui-ci est vide (comme dans le cas qui nous intéresse) :

```
<RichTextBox x:Name="rtb"
             ContextMenuOpening="rtb_ContextMenuOpening"
             SpellCheck.IsEnabled="True"
             MinHeight="100"
             MinWidth="100">
    <RichTextBox.ContextMenu>
        <ContextMenu>
            <!-- On définit un menu contextuel vide -->
        </ContextMenu>
    </RichTextBox.ContextMenu>
</RichTextBox>
```

Ensuite, dans le gestionnaire d'événement nommé rtb_ContextMenuOpening, on appelle la méthode GetSpellingError (en lui passant en paramètre la position du curseur, récupérée au moyen de la propriété CaretPosition). Ceci nous permet d'être en mesure de récupérer l'erreur identifiée par le correcteur d'orthographe. Si une erreur est bien détectée, on récupère la liste des suggestions (renvoyées par la propriété Suggestions), que l'on ajoute au menu contextuel, en même temps que deux entrées supplémentaires :

```
private void rtb_ContextMenuOpening(object sender, ContextMenuEventArgs e)
{
    SpellingError error = this.rtb.GetSpellingError(this.rtb.CaretPosition);

    int idx = 0;

    if (error != null)
    {
        // Ici, on ajoute les suggestions issues du dictionnaire
        foreach (string suggestion in error.Suggestions)
        {
            MenuItem mi = new MenuItem();
            mi.Header = suggestion;
            mi.FontWeight = FontWeights.Bold;
            mi.Command = EditingCommands.CorrectSpellingError;
            mi.CommandParameter = suggestion;
            mi.CommandTarget = rtb;
            rtb.ContextMenu.Items.Insert(idx, mi);

            idx++;
        }
```

```
                // Ici, on ajoute ses propres suggestions
                MenuItem miHello = new MenuItem();
                miHello.Header = "Bonjour tout le monde";
                miHello.FontWeight = FontWeights.Bold;
                miHello.Command = EditingCommands.CorrectSpellingError;
                miHello.CommandParameter = "Bonjour tout le monde";
                miHello.CommandTarget = rtb;
                rtb.ContextMenu.Items.Insert(idx, miHello);

                idx++;

                MenuItem miMyself = new MenuItem();
                miMyself.Header = "Thomas Lebrun";
                miMyself.FontWeight = FontWeights.Bold;
                miMyself.Command = EditingCommands.CorrectSpellingError;
                miMyself.CommandParameter = "Thomas Lebrun";
                miMyself.CommandTarget = rtb;
                rtb.ContextMenu.Items.Insert(idx, miMyself);
            }
    }
```

Vous pouvez également constater que, pour chacune des suggestions, on fait appel à la commande CorrectSpellingError, en lui indiquant comme paramètre la suggestion en cours, ainsi que le contrôle de saisie de texte en tant que cible. Avec cette opération, il n'est pas nécessaire de gérer soi-même le fait de devoir sélectionner le texte pour le remplacer avec le contenu de l'élément sélectionné dans le menu contextuel : cela est fait automatiquement. À l'exécution de l'application, si l'utilisateur saisit du texte qui n'est pas reconnu dans le dictionnaire courant, le clic droit activera le menu contextuel qui a été créé et qui se compose des suggestions du dictionnaire, ainsi que des deux éléments que nous avons ajoutés manuellement, comme vous pouvez le voir à la figure 11-5.

Figure 11-5

Visualisation de l'ajout d'entrées personnalisées dans la liste des suggestions proposées par le dictionnaire

Ces contrôles de saisie de texte ne seraient rien sans leurs opposés, qui permettent, non pas d'écrire du texte, mais d'en afficher, comme nous allons le voir tout de suite.

Visualisation de documents

Pour permettre à vos utilisateurs de visualiser des documents au sein de vos applications, vous avez à votre disposition deux catégories de contrôles : les contrôles de documents fixes (`FixedDocument`) et les contrôles de documents dynamiques (`FlowDocument`).

Contrôles de documents fixes

Avant de parler des contrôles présents dans cette catégorie, il convient de définir ce qu'est un document fixe. Un document fixe est un document prévu pour les applications qui nécessitent une présentation *WYSIWYG* (*What You See Is What You Get*, ce que vous voyez est ce que vous écrivez) très précise et cela quelle que soit la résolution ou le matériel utilisé. Il s'agit de documents principalement employés lorsqu'il est nécessaire de respecter le modèle de la page d'origine.

Il n'existe qu'un seul contrôle capable d'afficher le contenu d'un document fixe : `DocumentViewer`. Il s'agit d'un contrôle très intéressant car il dispose nativement d'un ensemble de fonctionnalités appréciées par les utilisateurs. Ainsi, ce contrôle est en mesure de gérer l'impression, la copie de données dans le presse-papiers, la recherche, le zoom, etc. Ainsi, le simple fait de déclarer un `DocumentViewer`, grâce au code suivant, permet de disposer de toute l'interface graphique correspondante, comme vous pouvez le constater à la figure 11-6.

```
<DocumentViewer x:Name="docViewer">
    <FixedDocument>
        <!-- Insérer ici le contenu du document -->
    </FixedDocument>
</DocumentViewer>
```

Figure 11-6

Aperçu du
DocumentViewer
et de ses fonctionnalités
intégrées

Attention, il est important de noter que le contrôle `DocumentViewer` permet uniquement de visualiser les documents fixes. En aucun cas, il ne peut être utilisé pour modifier ce type de document.

Contrôles de documents dynamiques

L'autre catégorie de documents de WPF est relative aux documents dynamiques. À l'inverse des documents fixes, les documents dynamiques sont conçus pour optimiser l'affichage et sont, le plus souvent, utilisés lorsqu'il est nécessaire de disposer d'un document dont le contenu pourra s'adapter à la taille de la fenêtre, à la résolution ou à n'importe quel autre paramètre ayant une influence sur lui.

À l'heure actuelle, trois contrôles sont capables d'afficher des documents dynamiques. Le premier, nommé FlowDocumentReader, est celui que l'on manipule lorsqu'il est permis à l'utilisateur de choisir le mode d'affichage. En effet, ce contrôle est en mesure de spécifier, grâce à la propriété ViewingMode, si le document peut être affiché page par page, deux pages à la fois ou encore sur une seule page que l'on fera défiler avec la souris. Pour instancier ce contrôle, là encore, c'est extrêmement simple, comme le démontre le code suivant :

```
<FlowDocumentReader x:Name="fdr"
                    ViewingMode="Page" />
```

À l'exécution, dont le résultat est illustré à la figure 11-7, on s'aperçoit que le contrôle dispose des fonctionnalités nécessaires à la mise en pages, mais également au zoom :

Figure 11-7

Visualisation du contrôle de type FlowDocumentReader

Si vous n'avez pas besoin de changer dynamiquement le mode de mise en pages des documents, vous pouvez employer le contrôle FlowDocumentPageViewer, qui correspond au mode d'affichage page par page, ou bien FlowDocumentScrollViewer, qui représente le mode de défilement en continu. Une nouvelle fois, leur utilisation se révèle des plus simples à mettre en œuvre, aussi bien pour le contrôle d'affichage page par page :

```
<FlowDocumentPageViewer x:Name="fdpv" />
```

Il en va de même pour le contrôle permettant le défilement en continu du contenu du document :

```
<FlowDocumentScrollViewer x:Name="fdsv" />
```

On constate que l'interface utilisateur présente, une nouvelle fois, l'ensemble des fonctionnalités nécessaires à l'utilisation des fonctionnalités de mise en pages (figures 11-8 et 11-9).

Figure 11-8

Utilisation du contrôle de type FlowDocument-PageViewer

Figure 11-9

Aperçu du contrôle de type FlowDocument-ScrollViewer

Annotation des documents WPF

Lorsque l'on prend des notes manuscrites, il arrive fréquemment que l'on écrive, dans les marges ou ailleurs, des petites *annotations* qui jouent un peu le rôle de « pense-bêtes ». De même, on a souvent besoin de surligner du texte afin de le mettre en évidence et en montrer son importance.

Afin de réaliser quelque chose de similaire dans vos applications WPF, Microsoft a développé le **MAF** (*Microsoft Annotations Framework*). Il s'agit d'un ensemble d'API disponibles avec WPF qui permettent aux développeurs de proposer, dans leurs applications, un système d'annotations et de surlignage des documents.

L'objectif de Microsoft, en fournissant ce service, est tout simplement de tenter de fournir une meilleure expérience utilisateur à ceux qui manipuleront votre application. Lorsqu'ils travaillent avec des documents, les utilisateurs peuvent vouloir mettre en surbrillance certains mots-clés afin de mieux se repérer dans le texte, repérer les notions importantes et ainsi faciliter leur travail. De même pour les annotations, quoi de plus agréable que de prendre des notes directement sur son PC (et même directement dans l'application en question) plutôt que d'utiliser un bout de feuille que l'on a toutes les chances d'égarer.

Ce framework de « prise de notes » peut annoter tous les documents qui sont contenus dans les contrôles de documents fixes, mais également dans tous les contrôles de documents dynamiques :

```
<FlowDocumentReader x:Name="fdr">
    <FlowDocument TextAlignment="Justify" ContextMenu="{StaticResource MainMenu}">
        <Paragraph>
            C'est dans ce FlowDocument que je vais mettre du texte auquel j'appliquerais
            ➡des annotations et surlignages.
        </Paragraph>
    </FlowDocument>
</FlowDocumentReader>
```

Pour pouvoir manipuler les annotations, il est nécessaire de commencer par ajouter la référence XML à l'espace de noms dans lequel sont incluses les classes nécessaires :

```
xmlns:Anot="clr-namespace:System.Windows.Annotations;assembly=PresentationFramework"
```

Ensuite, tout comme pour le correcteur orthographique, il va falloir faire appel à certaines commandes WPF bien spécifiques, qui se trouvent dans la classe `AnnotationService` :

- `CreateHighlightCommand` : commande à utiliser pour surligner du texte ;

- `CreateTextStickyNoteCommand` : commande de création d'une nouvelle note ;

- `CreateInkStickyNoteCommand` : commande pour créer une nouvelle note manuscrite (pratique si vous utilisez votre application avec un Tablet PC) ;

- `ClearHighlightsCommand` : si vous voulez supprimer le surlignage ;

- `DeleteStickyNotesCommand` : si vous avez besoin d'effacer une note ;

- `DeleteAnnotationsCommand` : commande qui vous permettra de nettoyer toute l'application des notes et des surlignages qui auront été insérés.

Au niveau du code XAML, cela se traduit tout simplement par l'appel de ces commandes *via* différents contrôles, dans un menu contextuel, par exemple :

```
<Grid.Resources>
    <ContextMenu x:Key="MainMenu">
        <MenuItem Header="Annotations">
            <MenuItem Command="Anot:AnnotationService.CreateHighlightCommand" Header=
            ⇒"Surligner" />
            <MenuItem Command="Anot:AnnotationService.CreateTextStickyNoteCommand"
            ⇒Header="Nouvelle Note" />
            <MenuItem Command="Anot:AnnotationService.CreateInkStickyNoteCommand"
            ⇒Header="Nouvelle note manuscrite" />
            <MenuItem Command="Anot:AnnotationService.ClearHighlightsCommand"
            ⇒Header="Enlever le surlignage" />
            <MenuItem Command="Anot:AnnotationService.DeleteStickyNotesCommand"
            ⇒Header="Effacer les notes" />
            <MenuItem Command="Anot:AnnotationService.DeleteAnnotationsCommand"
            ⇒Header="Effacer notes et surlignages" />
        </MenuItem>
    </ContextMenu>
</Grid.Resources>
```

Si vous exécutez l'application, vous constaterez que celle-ci se lance correctement mais que les éléments disponibles sur le menu contextuel ne sont pas actifs, comme illustré à la figure 11-10.

Figure 11-10

Les éléments du menu contextuels sont désactivés.

En effet, par défaut, le service d'annotations de WPF est désactivé. Il est donc nécessaire de l'activer, au moyen de la méthode `Enable` :

```
AnnotService = new AnnotationService(fdr);
AnnotStream = new FileStream("FichierAnnotations.xml", FileMode.OpenOrCreate,
⇒FileAccess.ReadWrite);
AnnotStore = new XmlStreamStore(AnnotStream);
AnnotService.Enable(AnnotStore);
```

Comme le montre le code ci-dessus, la classe `AnnotationService` représente le service d'annotation. Pour que ce service puisse être démarré, il est nécessaire d'indiquer au moteur WPF où seront stockées les notes et les annotations qui seront saisies par l'utilisateur.

Il reste une dernière chose à faire pour que tout cela fonctionne. Nous devons nous assurer que toutes les données sont bien écrites dans le fichier XML. Pour cela, à la fermeture de l'application, il est nécessaire de purger les différents flux qui ont été ouverts :

```
private void Window_Closing(object sender, CancelEventArgs e)
{
    AnnotStore.Flush();
    AnnotStream.Flush();
    AnnotStream.Close();
}
```

Dès lors, si vous exécutez l'application, vous vous rendrez compte qu'il est possible d'utiliser les éléments du menu contextuel et que certains d'entre eux ne s'activent automatiquement que si du texte est sélectionné, comme le démontre la figure 11-1.

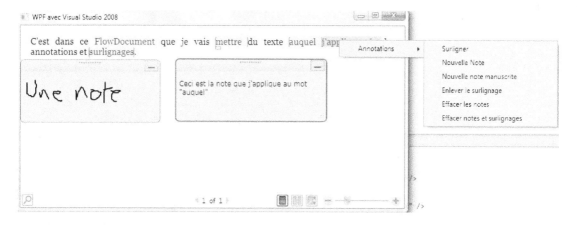

Figure 11-11

Utilisation du service d'annotations de WPF

L'ensemble des notes que vous écrites étant sauvegardées dans un fichier XML, celles-ci seront automatiquement réinsérées dans le document à sa prochaine ouverture.

Si vous le souhaitez, vous avez également la possibilité de modifier, dans une certaine mesure, le style des notes qui sont insérées dans le document. Pour cela, il convient de créer un style qui sera appliqué à tous les contrôles de type `StickyNoteControl` :

```
<Style x:Key="{x:Type StickyNoteControl}" TargetType="{x:Type StickyNoteControl}">
    <Setter Property="Background" Value="Red"/>
</Style>
```

Résumé

Depuis les débuts de la programmation, la notion des textes et des documents a toujours été une valeur importante. Quelle application, à l'heure actuelle, n'affiche pas de texte à l'utilisateur ?

Avec WPF, il devient très simple de créer des applications proposant des zones de saisies plus « intelligentes » car étant en mesure de définir si ce que l'utilisateur a tapé est correct ou non. De plus, les contrôles d'affichage de document offrent une véritable valeur ajoutée à vos développements car ils intègrent déjà toutes les fonctionnalités de base que l'on est censé retrouver dans ce type de contrôles.

Enfin, grâce au framework d'annotations de WPF, il devient de plus en plus simple de développer des applications qui se rapprochent, chaque jour un peu plus, de ce que l'on est en mesure de faire quotidiennement.

Nous avons parcouru les fonctionnalités avancées de WPF ; il est temps de s'attarder, dans la quatrième partie, sur l'utilisation des animations et des transformations. Cette partie abordera également les bases du développement en trois dimensions et l'utilisation du multimédia dans les applications WPF, et expliquera comment réutiliser le travail effectué en WindowsForms pour l'intégrer, grâce à des contrôles d'interopérabilité, dans une application WPF.

Partie IV

Amélioration de l'expérience utilisateur

En tant que nouvelle technologie de développement d'interfaces graphiques, WPF se doit de proposer des fonctionnalités non seulement plus enrichies que celles que l'on retrouve dans les WindowsForms, mais qui permettent aussi d'offrir une expérience utilisateur améliorée.

Au chapitre 12, nous aborderons ce qui touche au graphisme : les transformations, qui avec de simples manipulations de contrôles dynamiseront vos applications, les pinceaux et les objets de dessin.

Le chapitre 13 sera consacré aux animations. Vous y apprendrez comment utiliser les animations standards disponibles avec WPF, mais également comment créer les vôtres. Les bases de la programmation 3D avec WPF seront aussi abordées.

Le chapitre 14 sera l'occasion de découvrir les fonctionnalités offertes par WPF en termes de multimédia. Il sera alors question de lecture de fichiers audio et vidéo ; nous vous livrerons aussi quelques techniques permettant d'enrichir l'expérience offerte par les contrôles MediaElement et MediaPlayer.

Enfin, les chapitres 15 et 16 introduiront deux sujets peu abordés, lorsque l'on parle de WPF. Le premier vous expliquera ce que sont les applications navigateurs et quels sont leurs avantages. Enfin, le dernier chapitre vous détaillera quelles sont les techniques que vous pourrez utiliser, dans vos développements, pour interopérer avec des technologies autres que le framework .NET.

12

Le graphisme

Après avoir couvert les fonctionnalités avancées de WPF, il est temps de se concentrer sur différentes techniques qui donneront plus de dynamisme à vos applications. Dans ce chapitre, vous découvrirez que WPF offre de nombreuses possibilités en matière de graphisme.

Les transformations constituent un élément majeur permettant aux applications de fournir la meilleure expérience utilisateur. Nous découvrirons ainsi quels sont les différents types de transformations utilisables dans vos développements. Nous verrons que les transformations WPF peuvent intervenir à deux moments du rendu de l'interface graphique. Nous finirons enfin par découvrir quels sont les différents pinceaux que vous pouvez utiliser dans vos applications, de même que nous reviendrons, plus en détail, sur les formes de base, dont nous avons déjà discuté au chapitre 3.

Présentation des transformations

Avant de se concentrer sur la manière de mettre en œuvre une transformation, il convient de définir son rôle. Attention, nous n'aborderons ici que les transformations en 2D étant donné que la 3D sera abordée au chapitre 13.

Une *transformation* est utilisée pour établir une correspondance ou transformer les points d'un espace de coordonnées vers un autre espace de coordonnées. Une matrice de transformation est alors utilisée. Il ne s'agit de rien de plus qu'un ensemble de trois colonnes et trois lignes.

Le tableau 12-1 fournit un aperçu de la structure des matrices WPF :

La matrice de transformation WPF

M11	M12	0.0
M21	M22	0.0
OffsetX	OffsetY	1.0

En manipulant les valeurs de cette matrice, il est possible de pivoter, d'agrandir, de réduire, de déplacer, etc., un élément d'une interface graphique réalisée avec WPF. Par exemple, si l'on remplace par 150 la valeur de la troisième ligne de la première colonne (OffsetX), cela aura pour effet de déplacer l'objet de 150 pixels sur l'axe des X. De même, si la valeur de la seconde colonne de la deuxième ligne (M22) est remplacée par 5, cela aura pour conséquence d'étirer de cinq fois la hauteur de l'objet.

Support des transformations affines

WPF supporte uniquement les transformations affines (c'est-à-dire des transformations préservant l'alignement des points). C'est pourquoi il est impossible de modifier les valeurs de la troisième colonne : celles-ci restent toujours 0, 0, 1.

Bien qu'il soit possible de manipuler directement les valeurs de la matrice de transformation, WPF fournit un ensemble de classes qui permettent de transformer un objet sans avoir à connaître la configuration de la structure matricielle.

Types de transformation

WPF fournit les classes suivantes, pour les opérations courantes de transformations :

- `RotateTransform` : pivote un élément en fonction de la propriété `Angle` indiquée ;
- `ScaleTransform` : met à l'échelle (agrandissement ou réduction) un contrôle WPF ;
- `SkewTransform` : incline un composant de l'interface graphique ;
- `TranslateTransform` : déplace (effectue une translation) d'un élément.

Pour bien visualiser le résultat de ces différentes transformations, observez la figure 12-1 qui représente l'objet qui sera transformé tout au long de ce chapitre.

Le code XAML associé à cette figure est le suivant (très simple comme vous pouvez le constater) :

```
<Rectangle x:Name="rect"
           Fill="Black"
           Height="100"
           Width="200">
</Rectangle>
```

Figure 12-1

*Figure de référence
pour les transformations*

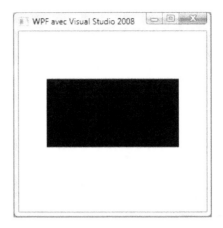

À présent, détaillons l'ensemble des transformations.

Rotation

Pour appliquer une rotation, il convient d'utiliser la classe RotateTransform et d'assigner sa propriété Angle :

```
<Rectangle x:Name="rect"
           Fill="Black"
           Height="100"
           Width="200">
    <Rectangle.RenderTransform>
        <RotateTransform Angle="45" />
    </Rectangle.RenderTransform>
</Rectangle>
```

Le résultat de cette transformation peut être visualisé à la figure 12-2.

Figure 12-2

*La classe
RotateTransform*

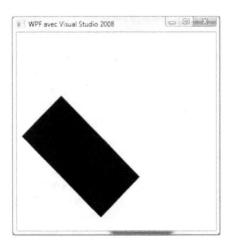

Bien sûr, comme pour toutes les autres opérations effectuées en XAML, il est possible d'appliquer une transformation directement avec du code .NET, soit :

```
RotateTransform transform = new RotateTransform();
transform.Angle = 45;

Rectangle rect = new Rectangle();
rect.Width = 200;
rect.Height = 100;
rect.Fill = new SolidColorBrush(Colors.Black);
rect.RenderTransform = transform;

this.LayoutRoot.Children.Add(rect);
```

De plus, vous pouvez manipuler les propriétés CenterX et CenterY pour spécifier le point qui servira de centre à la rotation :

```
<Rectangle x:Name="rect"
           Fill="Black"
           Height="100"
           Width="200">
           <Rectangle.RenderTransform>
               <RotateTransform Angle="45"
                                CenterX="100"
                                CenterY="50" />
           </Rectangle.RenderTransform>
</Rectangle>
```

Par défaut, les coordonnées de ce point sont (0,0), ce qui correspond au coin supérieur gauche de l'objet qui se verra appliquer la transformation.

Mise à l'échelle

La mise à l'échelle est sans doute l'une des transformations les plus courantes parmi celles que propose WPF.

Pour agrandir ou réduire un contrôle, il suffit d'utiliser les propriétés ScaleX et ScaleY de la classe ScaleTransform. Ces propriétés permettent le redimensionnement d'un élément par le facteur spécifié. Par exemple, si la valeur 1.5 est assignée à la propriété ScaleX, l'élément sera étiré de 150 % de sa largeur d'origine :

```
<Rectangle x:Name="rect"
           Fill="Black"
           Height="100"
           Width="200">
           <Rectangle.RenderTransform>
               <ScaleTransform ScaleX="1.5"
                               ScaleY="1" />
           </Rectangle.RenderTransform>
</Rectangle>
```

Comme précédemment, il est possible d'utiliser les propriétés CenterX et CenterY pour définir le point de centrage de l'opération de mise à l'échelle.

La figure 12-3 affiche le résultat de deux mises à l'échelle, mais avec des points de centrage différents.

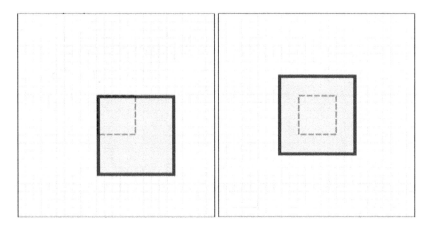

Figure 12-3

Deux utilisations de la classe ScaleTransform, avec des centres différents

Source : http://msdn.microsoft.com/en-us/library/default.aspx

Inclinaison

L'inclinaison est une transformation particulière qui occupe l'espace de coordonnées d'une manière non uniforme.

Il arrive souvent que l'on se demande quel est l'intérêt d'une telle transformation. Un cas type de son utilisation est le besoin de simuler des objets en trois dimensions dans une scène en deux dimensions.

Pour définir le point de centrage de la transformation, il faut toujours utiliser les propriétés CenterX et CenterY. Cependant, pour spécifier les angles d'inclinaison sur les axes X et Y, vous devez employer les propriétés AngleX et AngleY de la classe SkewTransform :

```
<Rectangle x:Name="rect"
           Fill="Black"
           Height="100"
           Width="200">
        <Rectangle.RenderTransform>
            <SkewTransform AngleX="45"
                           AngleY="0" />
        </Rectangle.RenderTransform>
</Rectangle>
```

Le résultat de cette transformation peut être visualisé à la figure 12-4.

Figure 12-4

Application de la classe SkewTransform avec une inclinaison de 30 degrés sur l'axe des X

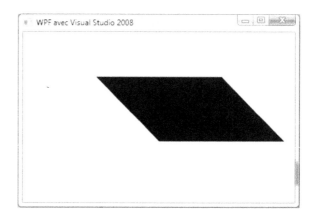

Voici un autre exemple de l'utilisation de cette transformation, avec une valeur assignée à la propriété `CenterY` :

```
<Rectangle x:Name="rect"
           Fill="Black"
           Height="100"
           Width="200">
        <Rectangle.RenderTransform>
            <SkewTransform AngleX="25"
                           AngleY="25"
                           CenterX="0"
                           CenterY="45"/>
        </Rectangle.RenderTransform>
</Rectangle>
```

Le résultat peut être observé à la figure 12-5.

Figure 12-5

Second exemple de l'utilisation de la classe SkewTransform

Translation

La translation est un type de transformation classique où les éléments sont déplacés dans des panneaux ne supportant pas le positionnement absolu.

Par exemple, en appliquant une instance de la classe `TranslateTransform` à la propriété `RenderTransform` d'un élément, il est possible de déplacer des éléments dans un `StackPanel` ou un `DockPanel`, comme le démontre le code suivant, illustré à la figure 12-6.

```
<StackPanel Height="100" Orientation="Horizontal">
    <StackPanel.RenderTransform>
        <TranslateTransform X="50" />
    </StackPanel.RenderTransform>
    <Rectangle Fill="Black" Height="50" Width="50" />
    <Rectangle Fill="Black" Height="50" Width="50" />
    <Rectangle Fill="Black" Height="50" Width="50" />
    <Rectangle Fill="Black" Height="50" Width="50" />
</StackPanel>
```

Figure 12-6

Application d'une translation sur un groupe de contrôles

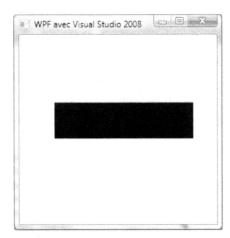

Pour déplacer d'un nombre déterminé de pixels un contrôle sur l'axe des X, il faut utiliser la propriété X. Selon le même principe, la propriété Y déplace un contrôle sur l'axe des Y d'un nombre donné de pixels :

```
<Rectangle x:Name="rect"
           Fill="Black"
           Height="100"
           Width="200">
           <Rectangle.RenderTransform>
               <TranslateTransform X="50"
                                    Y="20" />
           </Rectangle.RenderTransform>
</Rectangle>
```

Pour visualiser le résultat de cette translation, reportez-vous à la figure 12-7, qui affiche le rectangle de base ainsi que le rectangle ayant subi la translation.

Figure 12-7

Emploi de la classe TranslateTransform pour effectuer une translation

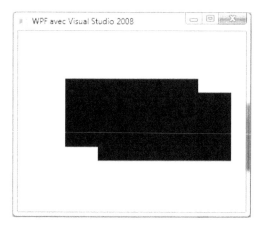

Regroupements

Toutes les transformations que nous avons abordées pour le moment sont certes très pratiques, mais elles présentent un inconvénient majeur : il est impossible d'en appliquer plusieurs à la fois.

C'est sans compter sur l'utilisation des TransformGroups qui permettent de regrouper plusieurs transformations et de les appliquer simultanément à un objet :

```
<Rectangle x:Name="rect"
           Fill="Black"
           Height="100"
           Width="200">
        <Rectangle.RenderTransform>
            <TransformGroup>
                <TranslateTransform X="-50"
                                    Y="-20" />
<-- Ici on applique un agrandissement de 150% ..... -->
                <ScaleTransform ScaleX="1.5"
                                ScaleY="1.5" />
<- - Ici on bascule le contrôle et on le fait pivoter de 25 degrés -- >
                <SkewTransform AngleX="45"
                               AngleY="15"
                               CenterX="0"
                               CenterY="65"/>
                <RotateTransform Angle="25"
                                 CenterX="10"
                                 CenterY="90" />
            </TransformGroup>
        </Rectangle.RenderTransform>
</Rectangle>
```

Dans ce code, un groupe de transformations est appliqué à un objet de type `Rectangle`. Ce groupe de transformations est composé d'une translation, d'un agrandissement, d'une inclinaison et d'une rotation. Le résultat peut être observé à la figure 12-8.

Figure 12-8

Un TransformGroup regroupant plusieurs transformations

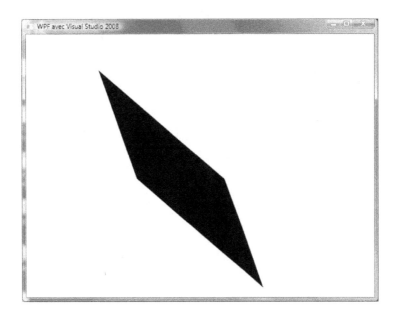

RenderTransform versus LayoutTransform

Si vous avez été attentif au code que nous avons écrit jusqu'à présent, vous avez sans doute remarqué que chacune des transformations est appliquée à la propriété `Render-Transform` des objets de type `FrameworkElement`.

Effectivement, une transformation peut être appliquée à deux moments :

- lors du rendu (`RenderTransform`) : la transformation modifie alors l'apparence d'un élément, mais n'est appliquée qu'après la phase de mise en pages ; elle n'a donc d'effet que sur le contrôle. Utiliser la propriété `RenderTransform` permet, de plus, d'améliorer les performances ;

- avant la mise en pages (`LayoutTransform`) : la transformation s'exécute avant la phase de mise en pages. Une fois la transformation appliquée, elle joue sur le calcul de la position des contrôles entre eux ; leur placement est alors susceptible d'être modifié.

Pour bien comprendre la différence (et les impacts) entre ces deux propriétés, observons le code suivant où une transformation est effectuée au niveau du rendu :

```
<Border Margin="30"
        HorizontalAlignment="Left"
        VerticalAlignment="Top"
        BorderBrush="Black"
```

```
            BorderThickness="1" >
            <StackPanel Orientation="Vertical">
                <Button Content="Un Button" Opacity="1" />
                <Button Content="Button Pivoté">
                    <Button.RenderTransform>
                        <RotateTransform Angle="45" />
                    </Button.RenderTransform>
                </Button>
                <Button Content="Un Button" Opacity="1" />
            </StackPanel>
        </Border>
```

Le résultat de cette opération peut être observé à la figure 12-9.

Figure 12-9

Une transformation appliquée à la propriété RenderTransform

Maintenant, observons le même code, mais appliqué à la propriété LayoutTransform :

```
<Border Margin="30"
        HorizontalAlignment="Left"
        VerticalAlignment="Top"
        BorderBrush="Black"
        BorderThickness="1" >
        <StackPanel Orientation="Vertical">
            <Button Content="Un Button" Opacity="1" />
            <Button Content="Button Pivoté">
                <Button.LayoutTransform>
                    <RotateTransform Angle="45" />
                </Button.LayoutTransform>
            </Button>
            <Button Content="Un Button" Opacity="1" />
        </StackPanel>
</Border>
```

Le résultat est visible à la figure 12-10.

Figure 12-10

Une transformation appliquée à la propriété LayoutTransform

Comme on peut le constater, l'utilisation de la propriété `LayoutTransform` joue sur la disposition des contrôles alors que la propriété `RenderTransform` n'influence que le contrôle sur lequel la transformation est appliquée.

Cas pratique

Il est à présent temps de mettre en pratique ce que nous venons d'étudier au cours de ce chapitre.

Au niveau de l'application de gestion de contacts, les transformations peuvent être utilisées afin d'offrir la possibilité de zoomer sur l'interface utilisateur. Pour cela, un contrôle de type `Slider` est nécessaire :

```
<StatusBarItem>
    <Slider x:Name="SliderZoom"
            Minimum="0.7"
            Maximum="2.0"
            Value="1.0"
            Width="120"
            Margin="5,0,5,0"
            VerticalAlignment="Center" />
</StatusBarItem>
```

Puis, grâce à la possibilité de réaliser une liaison entre les éléments de l'interface graphique, il ne reste qu'à lier une instance de la transformation `ScaleTransform` à la valeur du slider :

```
<Grid.LayoutTransform>
    <ScaleTransform ScaleX="{Binding ElementName=SliderZoom, Path=Value}"
                    ScaleY="{Binding ElementName= SliderZoom, Path=Value}" />
</Grid.LayoutTransform>
```

Le résultat de l'application de cette transformation peut être visualisé à la figure 12-11.

Figure 12-11

Transformation appliquée à l'application de gestion de contacts

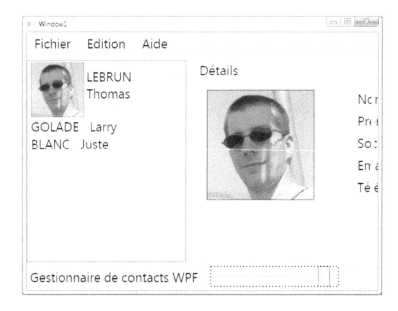

Comme vous pouvez le constater, la liaison est parfaitement exécutée et, grâce aux fonctionnalités vectorielles offertes par la technologie WPF, la qualité d'affichage est irréprochable.

Création d'une transformation

Il est possible de créer ses propres transformations si celles fournies par WPF sont insuffisantes. Vous pourriez être alors tenté de créer vos propres transformations en héritant de la classe abstraite Transform. Cependant, si vous tentez de réaliser cette opération, vous constaterez que cela est impossible.

En effet, la classe Transform n'est pas extensible car elle possède plusieurs méthodes abstraites marquées comme étant internal, ce qui signifie qu'il est impossible de les implémenter.

Les raisons de cette limitation sur la classe Transform (qui existe aussi sur la classe Geometry) sont dues au fait que ces classes interagissent directement avec le composant **MIL** (*Media Integration Layer*) de WPF. MIL, non développé en code .NET, est la partie de WPF chargée de gérer l'affichage de bas niveau. Dans la version actuelle de WPF, il n'existe pas d'API publiques permettant de manipuler MIL.

Si, malgré tout, vous avez besoin de mettre en place une transformation plus complexe que celles proposées de base, vous pouvez faire appel à la classe MatrixTransform, qui permet de définir une transformation utilisant une matrice :

```
<Rectangle x:Name="rect"
           Fill="Black"
           Height="100"
           Width="200">
    <Rectangle.RenderTransform>
        <MatrixTransform x:Name="myMatrixTransform">
            <MatrixTransform.Matrix >
                <Matrix OffsetX="10"
                        OffsetY="100"
                        M11="3"
                        M12="2"/>
            </MatrixTransform.Matrix>
        </MatrixTransform>
    </Rectangle.RenderTransform>
</Rectangle>
```

Le résultat du code précédent est montré à la figure 12-12.

Figure 12-12

Transformation de type MatrixTransform

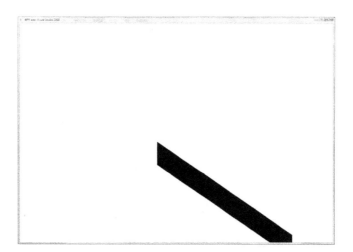

Pinceaux

Pour assigner une couleur à vos contrôles, WPF met à votre disposition plusieurs types de pinceaux, chacun d'entre eux possédant des caractéristiques spécifiques et produisant un résultat différent, comme nous allons le voir.

Couleur unie

Pour définir un pinceau composé d'une couleur unique, il est nécessaire d'utiliser un objet de type SolidColorBrush. La couleur est spécifiée par la propriété Color :

```
<Rectangle x:Name="rect"
           Height="100"
```

```
        Width="150">
          <Rectangle.Fill>
              <SolidColorBrush Color="Red" />
          </Rectangle.Fill>
    </Rectangle>
```

Bien sûr, il est possible de transcrire le code XAML en code C# (ou VB.NET) de la manière suivante :

```
Rectangle rect = new Rectangle();
rect.Name = "rect";
rect.Height = 100;
rect.Width = 150;
rect.Fill = new SolidColorBrush(Colors.Red);
```

À l'exécution, le rectangle défini est correctement rempli par la couleur indiquée *via* la propriété Fill, comme le montre la figure 12-13.

Figure 12-13

Remplir un rectangle avec un pinceau de couleur unie

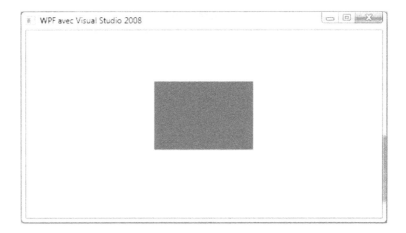

Dégradé linéaire

Vous pouvez également employer un pinceau disposant d'un dégradé linéaire, au moyen de la classe LinearGradientBrush. Pour spécifier les couleurs du dégradé, il est nécessaire de passer par la collection d'objets de type GradientStop. Ainsi, le code suivant est utilisé pour créer un dégradé linéaire de quatre couleurs :

```
<Rectangle x:Name="rect"
           Height="100"
           Width="150">
          <Rectangle.Fill>
              <LinearGradientBrush StartPoint="0,0" EndPoint="1,1">
                  <GradientStop Color="Yellow" Offset="0.0" />
                  <GradientStop Color="Red" Offset="0.25" />
```

```
                    <GradientStop Color="Blue" Offset="0.75" />
                    <GradientStop Color="LimeGreen" Offset="1.0" />
                </LinearGradientBrush>
            </Rectangle.Fill>
        </Rectangle>
```

La figure 12-14 illustre le résultat généré par le code précédent.

Figure 12-14

*Résultat de
l'utilisation d'un
dégradé linéaire*

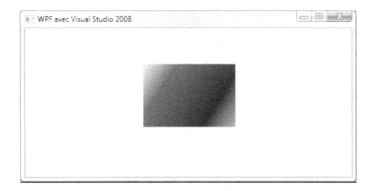

Chaque objet de type `GradientStop` possède les propriétés suivantes :

- `Color` : la couleur du dégradé à la position indiquée ;

- `Offset` : la position de la couleur, sur l'axe du dégradé. Les valeurs de cette propriété, de type `Double`, s'étendent de 0 à 1 : plus la valeur indiquée est proche de 0, plus la couleur du dégradé est proche de celle du début du dégradé. Inversement, plus la valeur est proche de 1, plus la couleur du dégradé sera adjacente de la fin du dégradé.

Afin de bien comprendre ce mécanisme, vous pouvez observer la figure 12-15 qui met en évidence les points de dégradé du code précédent.

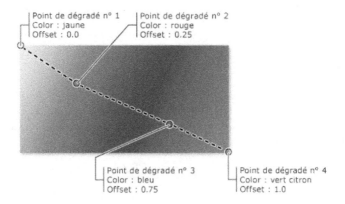

Figure 12-15

Mise en évidence des points du dégradé de la figure 12-14
Source : http://msdn.microsoft.com/fr-fr/library/ms754083.aspx

Vous avez sans doute remarqué que l'axe du dégradé est, par défaut, une diagonale qui part du coin supérieur gauche et qui arrive au coin inférieur droit. Il est possible de changer l'orientation de cet axe en modifiant, sur la classe LinearGradientBrush, les propriétés Start-Point (qui représente le point de départ) et EndPoint (qui symbolise le point d'arrivée) :

```
<Rectangle x:Name="rect"
           Height="100"
           Width="150">
    <Rectangle.Fill>
        <LinearGradientBrush StartPoint="0,0.5" EndPoint="1,0.5">
            <GradientStop Color="Yellow" Offset="0.0" />
            <GradientStop Color="Red" Offset="0.25" />
            <GradientStop Color="Blue" Offset="0.75" />
            <GradientStop Color="LimeGreen" Offset="1.0" />
        </LinearGradientBrush>
    </Rectangle.Fill>
</Rectangle>
```

Grâce à ce code, nous changeons l'orientation de l'axe du dégradé, comme il est possible de le constater à la figure 12-16.

Figure 12-16

Modification de l'orientation de l'axe du dégradé utilisé avec LinearGradientBrush

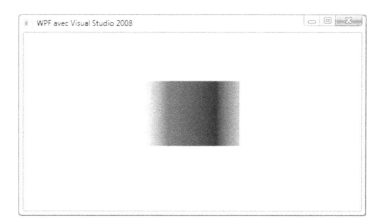

Dégradé radial

Un autre type de dégradé permet de remplir un contrôle. Il s'agit du dégradé radial (RadialGradientBrush) qui, contrairement au dégradé linéaire, est en mesure de peindre une zone avec des couleurs qui fusionnent autour d'un cercle, partant de son origine et allant vers l'extérieur.

L'exemple de code suivant est employé pour remplir le contenu d'un rectangle avec un dégradé radial :

```
<Rectangle x:Name="rect"
           Height="100"
           Width="150">
    <Rectangle.Fill>
```

```
<RadialGradientBrush
    GradientOrigin="0.5,0.5"
    Center="0.5,0.5"
    RadiusX="0.5"
    RadiusY="0.5">
    <GradientStop Color="Yellow" Offset="0" />
    <GradientStop Color="Red" Offset="0.25" />
    <GradientStop Color="Blue" Offset="0.75" />
    <GradientStop Color="LimeGreen" Offset="1" />
</RadialGradientBrush>
    </Rectangle.Fill>
</Rectangle>
```

La figure 12-17 vous permet de visualiser le dégradé radial qui vient d'être créé, en même temps que les différents endroits où les couleurs ont changées.

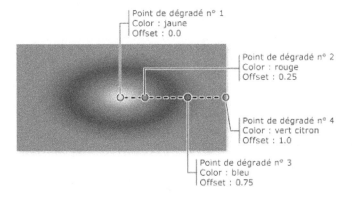

Figure 12-17

Résultat de l'utilisation d'un dégradé radial

Source : http://msdn.microsoft.com/fr-fr/library/ms754083.aspx

Comme vous pouvez le constater, l'emploi de RadialGradientBrush est très similaire à celui de LinearGradientBrush. Il est indispensable d'indiquer des objets de type GradientStop, qui correspondent aux différentes étapes par lesquelles doit passer le dégradé.

Vous pouvez contrôler très précisément la représentation que doit avoir le dégradé linéaire. En effet, vous avez la possibilité de modifier les propriétés suivantes afin de personnaliser le dégradé :

- GradientOrigin : symbolise le point de départ de l'axe du dégradé. Par défaut, cette propriété a comme valeur 0.5, 0.5 ce qui signifie que le dégradé débute au centre du contrôle ;

- Center : définit le centre du cercle le plus à l'extérieur du dégradé ;

- RadiusX : précise le rayon horizontal du cercle le plus à l'extérieur du dégradé ;

- RadiusY : indique le rayon vertical du cercle le plus à l'extérieur du dégradé.

Ainsi, l'exemple de code suivant peut être utilisé pour remplir un rectangle, avec un dégradé radial, dont le centre est légèrement décalé vers le coin supérieur droit, comme le confirme la figure 12-18.

```
<Rectangle x:Name="rect"
           Height="100"
           Width="150">
    <Rectangle.Fill>
        <RadialGradientBrush
            GradientOrigin="0.75,0.25"
            Center="0.5,0.5"
            RadiusX="0.5"
            RadiusY="0.5">
          <GradientStop Color="Yellow" Offset="0" />
          <GradientStop Color="Red" Offset="0.25" />
          <GradientStop Color="Blue" Offset="0.75" />
          <GradientStop Color="LimeGreen" Offset="1" />
        </RadialGradientBrush>
    </Rectangle.Fill>
</Rectangle>
```

Figure 12-18

Déplacement du point de départ du centre du dégradé radial

WPF offre la possibilité d'aller plus loin que la simple utilisation de couleurs pour peindre une zone. Nous allons voir qu'il est tout à fait possible d'utiliser des objets plus complexes, tels que les images, les dessins ou bien même d'autres éléments de l'interface graphique.

Utilisation d'une image

La classe `ImageBrush` est utilisée pour peindre une zone avec une image. Après avoir instancié la classe `ImageBrush`, il vous suffira de faire pointer sa propriété `ImageSource` vers un objet de type `BitmapImage`. Avec du code XAML, cette opération peut être faite simplement, comme le démontre le code suivant :

```
<Rectangle x:Name="rect"
           Height="414"
           Width="276">
    <Rectangle.Fill>
        <ImageBrush ImageSource="Images\Silverlight.jpg" />
    </Rectangle.Fill>
</Rectangle>
```

Vous pouvez remarquer qu'à aucun moment, nous ne faisons appel à la classe `BitmapImage` qui est pourtant obligatoire. Cela est dû au fait que WPF dispose, nativement, de convertisseurs de type (comme nous les avons vus au chapitre 2) qui sont en mesure de convertir la chaîne de caractères, passée en paramètre dans le code XAML, en un objet de type `BitmapImage`. Seulement, dans le cas où cette opération serait effectuée par le code, il est nécessaire de l'indiquer soi-même, comme vous pouvez le constater :

```
BitmapImage img = new BitmapImage(new Uri(@"Images\Silverlight.jpg", UriKind.Relative));

ImageBrush brush = new ImageBrush(img);
this.rect.Fill = brush;
```

Dans les deux cas, le résultat est identique et peut être observé à la figure 12-19.

Figure 12-19

Peindre le contenu d'un contrôle avec un objet de type ImageBrush

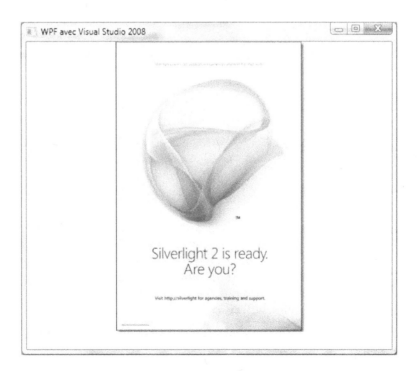

Par défaut, un objet de type `ImageBrush` étend son image de façon à remplir complètement la zone qui est peinte, au risque de déformer l'image si ses dimensions diffèrent de la zone à peindre. Vous avez la possibilité de modifier ce comportement en changeant la propriété `Stretch`. Les valeurs possibles de cette propriété sont les suivantes :

- `Fill` : la valeur par défaut. Le contenu de l'objet (l'image en l'occurrence) est redimensionné pour remplir la zone à peindre. Attention, le redimensionnement ne garde pas les proportions de l'image ;

- `None` : l'image n'est pas redimensionnée, elle conserve sa taille originale ;

- `Uniform` : l'image est redimensionnée pour remplir la zone à peindre, cependant, ses proportions sont conservées ce qui évite toute déformation ;

- `UniformToFill` : l'image est redimensionnée pour remplir la zone à peindre et ses proportions d'origine sont conservées.

Ainsi, le code suivant, qui affecte la valeur `Uniform` à la propriété `Stretch`, permet de redimmensionner l'image sans la déformer, comme illustré à la figure 12-20.

```
<Rectangle x:Name="rect">
    <Rectangle.Fill>
        <ImageBrush ImageSource="Images\Silverlight.jpg"
                    Stretch="Uniform"/>
    </Rectangle.Fill>
</Rectangle>
```

Figure 12-20

Résultat de l'application de la valeur Uniform sur la propriété Stretch

Utilisation d'un dessin

La classe `DrawingBrush` vous permet de peindre une zone avec un objet de type `Drawing` (dessin), qui est utilisé pour décrire un contenu visible, comme une forme, une image, une vidéo, etc. Il existe différents types d'objets `Drawing` pour les différents types de contenus susceptibles d'exister :

- `GeometryDrawing` : cet objet est utilisé pour dessiner une forme ;

- `ImageDrawing` : cet objet sert à dessiner une image ;

- `GlyphRunDrawing` : cet objet permet de dessiner du texte ;

- `VideoDrawing` : cette classe est utilisée pour lire un fichier audio ou vidéo ;

- `DrawingGroup` : si vous souhaitez regrouper plusieurs dessins, il est nécessaire d'utiliser cette classe qui permet de combiner plusieurs dessins en un seul dessin unique.

À titre d'exemple, observez le code suivant, qui permet de peindre le contenu d'un rectangle avec trois ellipses :

```
<Rectangle x:Name="rect">
    <Rectangle.Fill>
        <DrawingBrush>
            <DrawingBrush.Drawing>
                <GeometryDrawing Brush="LightBlue">
                    <GeometryDrawing.Geometry>
                        <GeometryGroup>
                            <EllipseGeometry RadiusX="12.5"
                                             RadiusY="25"
                                             Center="25,50" />
                            <EllipseGeometry RadiusX="12.5"
                                             RadiusY="25"
                                             Center="50,50" />
                            <EllipseGeometry RadiusX="12.5"
                                             RadiusY="25"
                                             Center="75,50" />
                        </GeometryGroup>
                    </GeometryDrawing.Geometry>
                    <GeometryDrawing.Pen>
                        <Pen Thickness="1" Brush="Gray" />
                    </GeometryDrawing.Pen>
                </GeometryDrawing>
            </DrawingBrush.Drawing>
        </DrawingBrush>
    </Rectangle.Fill>
</Rectangle>
```

Vous pouvez remarquer l'utilisation de la classe `GeometryDrawing` qui permet de dessiner les ellipses. Cette classe possède trois propriétés pour afficher la forme :

- `Brush` : pinceau à utiliser pour remplir la forme ;

- `Geometry` : propriété qui détermine la forme à dessiner. Vous pouvez dessiner une forme unique ou bien utiliser un objet de type `GeometryGroup` pour définir un groupe d'objets à dessiner ;

- `Pen` : cette propriété indique l'objet de type `Pen` servant à dessiner le contour de la forme.

La figure 12-21 illustre le résultat lorsque l'utilisateur exécute l'application sur laquelle vous avez inséré le code précédent.

Figure 12-21

Visualisation d'une forme utilisée comme pinceau d'un contrôle

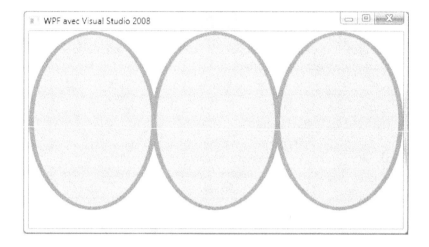

Utilisation d'un visuel

L'objet de type VisualBrush se trouve être le plus puissant et le plus polyvalent des pinceaux disponibles avec WPF. Cette classe est en effet capable de peindre une zone avec un objet de type Visual (*visuel*), qui n'est rien d'autre qu'un type graphique de bas niveau, qui se trouve être l'ancêtre de nombreux composants graphiques comme Window, FrameworkElement, Control, etc.

Il existe deux techniques permettant de spécifier quel sera le contenu de la propriété Visual d'un objet VisualBrush :

- vous pouvez créer un nouvel objet de type Visual et l'assigner à la propriété Visual du VisualBrush ;

- vous pouvez, grâce à la liaison de données, utiliser un visuel existant, ce qui aura pour conséquence de créer une réplique de la source du visuel.

Le code suivant met en application la première technique :

```
<Rectangle x:Name="rect">
    <Rectangle.Fill>
        <VisualBrush>
            <VisualBrush.Visual>
                <StackPanel Background="White">
                    <Ellipse Width="25"
                             Height="25"
                             Fill="LightBlue"
                             Margin="2" />
```

```
                        <TextBlock FontSize="10pt"
                                   Margin="2">
                            WPF par la pratique
                        </TextBlock>
                        <Button Margin="2">Un bouton WPF</Button>
                    </StackPanel>
                </VisualBrush.Visual>
            </VisualBrush>
        </Rectangle.Fill>
    </Rectangle>
```

Ce code affecte un objet de type StackPanel à la propriété Visual du VisualBrush. À l'exécution, le StackPanel est correctement affecté au contenu du rectangle, comme en témoigne la figure 12-22.

Figure 12-22

Assignation d'un StackPanel à la propriété Visual du VisualBrush

L'autre technique pour employer un VisualBrush consiste à réutiliser un visuel déjà existant. Cette technique permet de se servir de certains effets visuels comme la réflexion, très prisée des designers. Pour cela, observez le code suivant :

```
<StackPanel>
    <!-- L'objet qui sera reflété. -->
    <Border Name="ReflectedVisual" Width="400">
        <Border.Background>
            <LinearGradientBrush StartPoint="0,0.5" EndPoint="1,0.5">
                <GradientStop Offset="0.0" Color="LightBlue" />
                <GradientStop Offset="1.0" Color="White" />
            </LinearGradientBrush>
        </Border.Background>
        <StackPanel Orientation="Vertical" Margin="10">
            <StackPanel HorizontalAlignment="Center"
                        Orientation="Horizontal">
                <Ellipse Margin="10"
                         Height="50"
                         Width="50"
                         Fill="Black" />
```

```xml
                    <Ellipse Margin="10"
                             Height="50"
                             Width="50"
                             Fill="Black" />
                    <Ellipse Margin="10"
                             Height="50"
                             Width="50"
                             Fill="Black" />
            </StackPanel>
        </StackPanel>
    </Border>

    <!-- L'objet qui va contenir la réflexion.-->
    <Rectangle Height="{Binding Path=ActualHeight, ElementName=ReflectedVisual}"
    ➡Width="{Binding Path=ActualWidth, ElementName=ReflectedVisual}">
        <Rectangle.Fill>
            <!-- Ici, on crée la réflexion. -->
            <VisualBrush Opacity="0.75" Stretch="None" Visual="{Binding
            ➡ElementName=ReflectedVisual}">
                <VisualBrush.RelativeTransform>
                    <!-- Ici, on retourne la réflexion. -->
                    <TransformGroup>
                        <ScaleTransform ScaleX="1" ScaleY="-1" />
                        <TranslateTransform  Y="1" />
                    </TransformGroup>
                </VisualBrush.RelativeTransform>
            </VisualBrush>
        </Rectangle.Fill>

        <!-- On ajoute un masque d'opacité pour donner un effet de style -->
        <Rectangle.OpacityMask>
            <LinearGradientBrush StartPoint="0.5,0" EndPoint="0.5,1">
                <GradientStop Color="#FF000000" Offset="0.0" />
                <GradientStop Color="#33000000" Offset="0.5" />
                <GradientStop Color="#00000000" Offset="0.75" />
            </LinearGradientBrush>
        </Rectangle.OpacityMask>
    </Rectangle>
</StackPanel>
```

Ce code est très simple. Tout d'abord, on déclare une bordure, puis on affecte un dégradé linéaire à sa propriété Background. Ensuite, un StackPanel, contenant trois ellipses, est inséré dans la bordure. Afin d'afficher la réflexion, un rectangle est ajouté en dessous de la bordure. Pour définir le contenu de la bordure, on utilise un VisualBrush et la liaison de données. On récupère ainsi la bordure contenant le StackPanel, une copie en est faite, puis utilisée comme contenu du rectangle. Enfin, afin d'offrir une expérience utilisateur plus complète, un masque d'opacité est ajouté sur le rectangle qui contiendra la réflexion.

À l'exécution, les trois ellipses sont correctement dessinées et le rectangle est rempli avec une copie du StackPanel contenant ces ellipses, comme vous pouvez le constater à la figure 12-23.

Figure 12-23

*Effet de réflexion
avec VisualBrush*

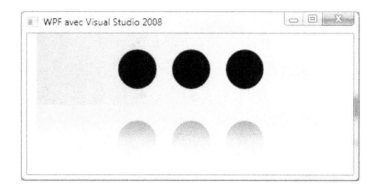

Formes de base

Nous l'avons vu au chapitre 3, il existe un certain nombre de contrôles de base qui sont utilisables dans vos applications WPF. Tous ces objets héritent de la même classe, Shape, qui définit les propriétés suivantes :

- Stroke : précise comment le plan de la forme doit être peint ;

- StrokeThickness : détermine l'épaisseur du contrôle ;

- Fill : décrit la manière dont l'intérieur de la forme est peint.

Le contrôle le plus simple, au niveau des formes de base, est sans aucun doute le contrôle de type Line, qui permet de tracer une ligne entre deux points de l'interface graphique :

```
<Canvas>
    <Line x:Name="line"
          Stroke="Black"
          StrokeThickness="5"
          X1="25"
          Y1="5"
          X2="100"
          Y2="75" />
</Canvas>
```

Comme on le constate dans le code précédent, il est nécessaire de spécifier la valeur des propriétés X1, X2, Y1 et Y2 pour identifier les points à relier. Attention, bien que l'objet Line possède une propriété Fill, celle-ci n'aura aucun impact sur l'interface graphique car l'objet Line ne dispose d'aucune zone pouvant être peinte (il est nécessaire de passer par sa propriété Stroke).

La figure 12-24 permet d'afficher le résultat du code précédent.

Figure 12-24

*Définition et affichage
d'une ligne*

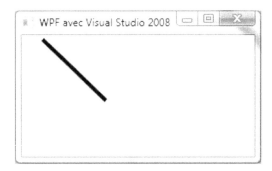

Parmi les autres formes de base, on retrouve également le contrôle Ellipse qui permet de définir, comme son nom l'indique, une ellipse. Pour que ce contrôle soit visible à l'écran, il est nécessaire d'indiquer la valeur de ses propriétés Height et Width, qui permettent de définir sa hauteur et sa largeur :

```
<Ellipse
    Fill="Red"
    Height="30"
    Width="50"
    StrokeThickness="2"
    Stroke="Black" />
```

Bien sûr, là encore, vous pouvez écrire ce code XAML en code C# ou VB.NET :

```
Ellipse ellipse = new Ellipse();
ellipse.Fill = new SolidColorBrush(Colors.Red);
ellipse.Width = 50;
ellipse.Height = 30;
ellipse.Stroke = new SolidColorBrush(Colors.Black);
ellipse.StrokeThickness = 2;
```

À l'exécution, dans les deux cas, le résultat est le même, comme vous pouvez le voir à la figure 12-25.

Figure 12-25

*Affichage d'une ellipse
au sein d'une application
WPF*

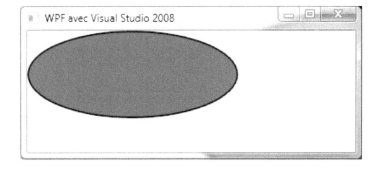

Autre élément de base fréquemment utilisé, le Polygon (polygone) est utilisé pour représenter des triangles. Pour que cela fonctionne, il est nécessaire d'indiquer, *via* la propriété Points (de type PointCollection), la position des trois points qui serviront de sommet au triangle :

```
<Polygon
    Points="0.5,0 0,1 1,1"
    Fill="Blue"
    Width="100"
    Height="100"
    Stretch="Fill"
    Stroke="Black"
    StrokeThickness="2" />
```

Étant donné que nous sommes dans un plan en deux dimensions, chaque point est symbolisé par deux coordonnées (l'une en X et l'autre en Y). Le premier groupe de coordonnées désigne le premier point, le second symbolise le deuxième point, etc. Observez le code suivant, qui n'est que la version C# du code XAML précédent :

```
PointCollection collection = new PointCollection();
collection.Add(new Point(0.5, 0));
collection.Add(new Point(0, 1));
collection.Add(new Point(1, 1));

Polygon polygon = new Polygon();
polygon.Points = collection;
polygon.Fill = Brushes.Blue;
polygon.Width = 100;
polygon.Height = 100;
polygon.Stretch = Stretch.Fill;
polygon.Stroke = Brushes.Black;
polygon.StrokeThickness = 2;
```

Lors de l'exécution de l'application, visible à la figure 12-26, vous pouvez constater que le polygone est correctement affiché à l'écran, en fonction des coordonnées des points indiqués.

Figure 12-26

Visualisation d'un polygone en WPF

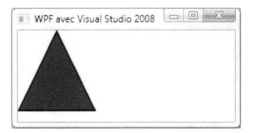

Enfin, le dernier contrôle de base que vous serez probablement conduit à manipuler est le contrôle de type Polyline. Nous avons vu que la classe Line permettait de tracer une droite entre 2 points. Cependant, cette classe n'autorise pas, à l'inverse de la classe `Polyline`, à tracer plusieurs droites interconnectées entre elles :

```
<Polyline Points="5,75 10,30 55,75 70,50 55,25 75,0"
    Stroke="Blue"
    StrokeThickness="10"
    Canvas.Left="55"
    Canvas.Top="5">
</Polyline>
```

Cette fois encore, il est exigé d'assigner la valeur de la propriété `Points`, qui symbolise tout simplement la liste des différents points représentant les lignes à relier entre elles, comme le met en avant la figure 12-27.

Figure 12-27

Utilisation du contrôle Polyline pour dessiner un ensemble de lignes reliées entre elle

Résumé

Les transformations constituent une valeur ajoutée très prisée des designers car elles permettent de fournir aux applications des effets visuels appréciés des utilisateurs.

Les transformations de type agrandissement et réduction, par exemple, permettent d'afficher un contrôle dans une taille qui n'est pas celle d'origine. De plus, grâce à l'affichage vectoriel offert par WPF, les contrôles ne perdent pas en qualité d'affichage !

Vous avez sans doute remarqué qu'au cours de ce chapitre, nous n'avons pas abordé le développement en trois dimensions et les transformations associées. C'est l'objet du chapitre suivant.

13

Animations et 3D

Afin de proposer une application offrant la meilleure interactivité et le maximum d'expérience utilisateur, WPF met à la disposition des développeurs et des designers un ensemble d'animations, comme nous allons le voir dans ce chapitre. Vous y apprendrez comment créer vos propres animations, si le besoin s'en fait ressentir, mais surtout comment les employer au sein de vos applications. De plus, vous aurez l'occasion de découvrir quelles sont les bases nécessaires à l'utilisation de la 3D dans vos applications.

Présentation des animations

Avant de se concentrer plus en avant sur cette nouveauté de WPF que sont les animations, il est important de définir ce qu'est une animation.

Une animation n'est rien d'autre qu'une sorte d'illusion, qui est créée grâce au défilement rapide d'une série d'images dans laquelle chaque image est légèrement différente de la précédente : c'est ce qu'on appelle une séquence d'images.

Le principe des animations, en informatique, est similaire. Par exemple, un programme qui fait changer la couleur d'un rectangle *via* l'utilisation d'un fondu pourrait être développé de la sorte :

- le programme met en route un minuteur ;

- le programme vérifie régulièrement la valeur de ce minuteur, pour savoir combien de temps s'est écoulé ;

- chaque fois que l'opération précédente est effectuée, le moteur WPF calcule la couleur à assigner au rectangle, en fonction de la durée écoulée ;

- pour finir, le programme met à jour la couleur d'arrière-plan du rectangle et le redessine.

Avant WPF, les développeurs étaient obligés de créer et de gérer leurs propres systèmes de minuteur. WPF incorpore déjà ce mécanisme qui peut être utilisé à travers le code .NET ou le langage XAML.

En effet, le moteur gère, de manière transparente pour le développeur, le déclenchement et la vitesse des animations.

Prérequis d'une animation

Nous allons voir que WPF dispose d'un ensemble de classes qui vont permettre aux développeurs de se concentrer sur l'effet à obtenir plutôt que sur le moyen d'y parvenir. Bien sûr, il est fort possible que les classes disponibles ne suffisent pas à combler tous les besoins. C'est pourquoi il est très simple, avec WPF, de créer vos propres animations, en héritant simplement de classes de base.

WPF permet de modifier des objets en appliquant des animations sur leurs propriétés. Ainsi, si l'on souhaite changer la couleur d'arrière-plan d'un rectangle, on animera la propriété `Fill`, si l'on désire afficher ou masquer un contrôle, la propriété à animer sera `Opacity`, etc.

Le système d'animations des propriétés WPF impose qu'une propriété respecte trois règles pour qu'elle puisse être animée :

- ce doit être une `DependencyProperty` ;

- la propriété doit appartenir à une classe qui hérite de `DependencyObject` et qui implémente l'interface `IAnimatable` ;

- il doit exister une animation correspondant au type de la propriété que l'on souhaite animer.

La plupart des propriétés des contrôles WPF peuvent être animées. En effet, ces propriétés sont, dans l'ensemble, des `DependencyProperty` et les contrôles héritent, d'une manière ou d'une autre, de la classe `UIElement` qui implémente l'interface `IAnimatable`, comme le montre la figure 13-1.

Figure 13-1

La classe UIElement implémente l'interface nécessaire à l'animation des propriétés de contrôles.

```
public class UIElement : Visual, IAnimatable, IInputElement
Name:     System.Windows.UIElement
Assembly: PresentationCore, Version=3.0.0.0
```

Ainsi, si vous essayez d'animer des propriétés comme Position ou SpeedRatio, sur la classe MediaElement ou Selection, de la classe FlowDocumentReader, le moteur WPF vous remontera une exception car il sera dans l'incapacité d'animer une propriété qui n'est pas une DependencyProperty.

Il est possible d'utiliser les animations à peu près partout dans une application, y compris dans les styles et les modèles. Les animations ne doivent pas forcément être visuelles : on peut animer des objets qui ne font pas partie de l'interface utilisateur, tels que des objets métier, à partir du moment où ceux-ci respectent les conditions énoncées auparavant. Pour comprendre l'intérêt de ce type de scénario, imaginez que vous êtes en train de développer une application de modélisation d'habitations (vous possédez donc des objets de type Maison, Immeuble, etc.). Nous avons vu au chapitre 5 que les modèles de données étaient utilisés pour affecter une représentation graphique à des objets métier. Si vous souhaitez à présent créer une animation qui va modifier la valeur d'une des propriétés de vos objets Maison ou Immeuble, il est impératif que ces propriétés soient des Dependency-Property.

Création d'une animation simple

Observons l'exemple de code suivant qui permet d'écrire une animation dont le rôle est d'animer la hauteur et la largeur de la fenêtre d'édition de notre application de gestion de contacts :

```
<Storyboard x:Key="AnimateWindow">
        <!-- Animation de la largeur et de la hauteur d'une fenêtre -->
      <DoubleAnimationUsingKeyFrames BeginTime="00:00:00"
          Storyboard.TargetName="window"
           Storyboard.TargetProperty="(FrameworkElement.Width)">
                  <SplineDoubleKeyFrame KeyTime="00:00:00"
                                          Value="0"/>
                  <SplineDoubleKeyFrame KeyTime="00:00:01"
                                          Value="600"/>
      </DoubleAnimationUsingKeyFrames>
      <DoubleAnimationUsingKeyFrames BeginTime="00:00:00"
          Storyboard.TargetName="window"
           Storyboard.TargetProperty="(FrameworkElement.Height)">
                  <SplineDoubleKeyFrame KeyTime="00:00:00"
                                          Value="0"/>
                  <SplineDoubleKeyFrame KeyTime="00:00:01"
                                          Value="350"/>
      </DoubleAnimationUsingKeyFrames>
  </Storyboard
```

La figure 13-2 vous permet de visualiser la fenêtre au démarrage de l'application.

Figure 13-2

Démarrage de
l'animation : la fenêtre
est réduite au minimum.

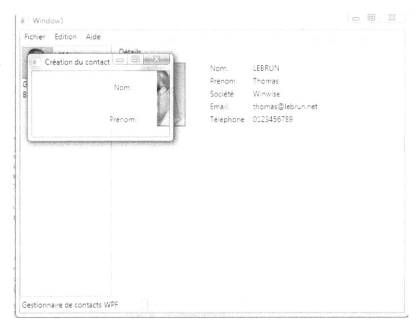

Quant à la figure 13-3, elle fournit un aperçu du résultat de l'animation, autrement dit de la visualisation de la fenêtre complète.

Figure 13-3

Fin de l'animation :
la fenêtre possède
les propriétés qui ont
été définies lors de
l'animation.

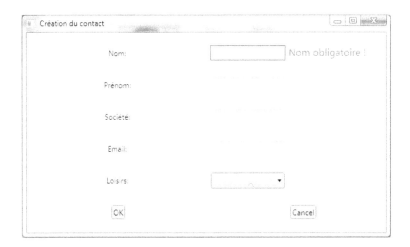

Il faut savoir que chaque animation est composée d'un objet de type Storyboard, qui représente une ligne de temps. Cette ligne de temps sera utilisée pour modifier la valeur des propriétés, en fonction de la durée de l'animation, du moment à partir de laquelle elle doit démarrer, etc.

Étant donné que les propriétés qui seront modifiées (hauteur et largeur) sont des propriétés de type `Double`, il est nécessaire d'utiliser une animation correspondant à ce type de données, autrement dit une `DoubleAnimation`. Comme cela a été expliqué précédemment, WPF dispose d'un type d'animation associé à tous les types .NET disponibles. Ainsi, si l'on avait souhaité animer une propriété de type entier, il aurait été nécessaire d'utiliser un objet de type `Int32Animation`. Cependant, si aucune animation correspondant à un type de donnée particulier n'est trouvée, alors le développeur devra créer lui-même sa propre animation, comme nous le verrons par la suite.

Toutes les animations possèdent des propriétés communes, auxquelles il est nécessaire d'assigner une valeur afin de ne pas avoir d'erreur. Parmi ces propriétés on retrouve :

- `BeginTime` : indique à quel moment l'animation doit démarrer ;

- `Storyboard.TargetName` : cette propriété attachée, de la classe `Storyboard`, précise sur quel contrôle l'animation devra être exécutée ;

- `Storyboard.TargetProperty` : cette propriété attachée sert à indiquer, sur l'élément cible, le nom de la propriété qui sera modifiée durant l'animation ;

- `Duration` : il s'agit tout simplement de la durée de l'animation ;

- `From` : précise la valeur de départ de l'animation ;

- `To` : indique la valeur de la propriété sur la cible, à la fin de l'animation.

Deux autres propriétés, `RepeatBehavior` (qui indique quel comportement doit avoir l'animation une fois terminée) et `AutoReverse` (qui précise qu'une fois l'animation exécutée, elle doit se rejouer automatiquement dans le sens inverse), sont utilisables afin de personnaliser au mieux l'animation.

Si vous avez prêté attention au code de l'animation précédente, vous avez sans doute remarqué que les propriétés `Duration`, `From` et `To` ne sont pas assignées (elles ne sont d'ailleurs même pas utilisées).

Cela est dû au fait que l'animation que nous avons déclarée est une animation manipulant des « étapes clés » (*keyframes*). En d'autres termes, cela signifie qu'il s'agit d'un type particulier d'animation, pour lequel il est nécessaire de définir des étapes, afin de mieux contrôler l'animation et d'en améliorer le rendu. Chacune de ces étapes est caractérisée par :

- une propriété `KeyTime`, qui représente le moment de l'étape clé de l'animation ;

- une propriété `Value`, qui symbolise la valeur que doit avoir la propriété au moment de l'étape.

Dans le cas de l'animation précédente, il a donc été défini deux étapes clés :

- la première démarre au bout de 0 seconde (donc dès le lancement de l'animation) et donne aux propriétés `Height` et `Width` la valeur de 0 ;

- la seconde débute à 1 seconde et, à ce moment, modifie la valeur des propriétés en fonction de ce qui a été indiqué dans la propriété `Value`.

Le fait d'utiliser des étapes, pour définir l'animation, permet de remplacer l'utilisation des propriétés Duration, From et To. Lorsque l'on utilise ces propriétés, on définit une valeur de début et une valeur de fin. Grâce aux étapes clés, vous spécifiez les valeurs de début, de fin mais également l'ensemble des étapes intermédiaires.

Démarrage d'une animation

Après avoir défini (et placé dans les ressources) l'animation, il est nécessaire de la démarrer. À cette fin, deux possibilités s'offrent à vous :

- utiliser un EventTrigger (que nous détaillerons lorsque nous verrons comment contrôler une animation) ;
- déclencher l'animation par le code.

Dans le premier cas, l'utilisation d'un EventTrigger, il est nécessaire de passer par la propriété Actions pour indiquer au moteur WPF quels sont les objets de type Storyboard qu'il doit manipuler (en les démarrant, les arrêtant, les mettant en pause, etc.) :

```
<Window.Triggers>
    <EventTrigger RoutedEvent="FrameworkElement.Loaded">
        <BeginStoryboard Storyboard="{StaticResource AnimateWindow}"/>
    </EventTrigger>
</Window.Triggers>
```

Dans le code précédent, la propriété RoutedEvent permet d'indiquer le nom de l'événement routé sur lequel le trigger doit se déclencher. Dans l'exemple précédent, lorsque l'événement FrameworkElement.Loaded sera déclenché, alors le moteur WPF démarrera le Storyboard dont le nom est passé en paramètre à l'élément BeginStoryboard, par le biais de la propriété Storyboard.

L'autre technique permettant de démarrer l'animation est de coder en C# (ou VB.NET). Pour que cela fonctionne, il faut accéder au Storyboard défini dans les ressources de la fenêtre, puis il est nécessaire de le démarrer, *via* un appel à la méthode Begin :

```
private void StartAnimateWindow()
{
    var sb = this.TryFindResource("AnimateWindow") as Storyboard;

    if (sb != null)
    {
        sb.Begin(this);
    }
}
```

Il existe un grand nombre de surcharges de la méthode Begin, mais, dans tous les cas, il est nécessaire de lui spécifier au minimum un objet de type FrameworkElement qui représente, d'une manière générale, l'objet qui contient les contrôles sur lesquels les animations s'exécuteront. Les animations qui n'ont pas défini de valeur pour la propriété Storyboard.TargetName seront appliquées à cet objet.

Contrôle d'une animation

Nous avons vu qu'il existait une méthode simple pour déclencher un Storyboard : la méthode Begin.

Il existe d'autres méthodes, utilisables par code ou en XAML, qui permettent de prendre le contrôle d'une animation. La liste suivante expose les différentes actions qu'il est possible d'employer dans un EventTrigger pour contrôler un Storyboard.

- PauseStoryboard : met en pause la lecture du Storyboard ;

- ResumeStoryboard : reprend la lecture du Storyboard après que celle-ci a été mise en pause ;

- SetStoryboardSpeedRatio : change la vitesse d'exécution du Storyboard ;

- SkipStoryboardToFill :avance le Storyboard jusqu'à la fin ;

- StopStoryboard : arrête le Storyboard ;

- RemoveStoryboard : supprime le Storyboard. Attention, si un Storyboard est supprimé, il n'est plus possible d'y faire référence, sous peine de déclencher une exception.

Pour utiliser ces différentes actions, il est nécessaire de passer par des EventTriggers, dans le code XAML :

```xml
<Window.Triggers>
    <EventTrigger RoutedEvent="FrameworkElement.Loaded"
            SourceName="window">
        <BeginStoryboard Storyboard="{StaticResource AnimateWindow}"
        Name="SbAnimateWindow" />
    </EventTrigger>
    <EventTrigger RoutedEvent="FrameworkElement.Loaded"
            SourceName="window">
        <PauseStoryboard BeginStoryboardName="SbAnimateWindow" />
    </EventTrigger>
    <EventTrigger RoutedEvent="FrameworkElement.Loaded"
            SourceName="window">
        <ResumeStoryboard BeginStoryboardName="SbAnimateWindow" />
    </EventTrigger>
    <EventTrigger RoutedEvent="FrameworkElement.Loaded"
            SourceName="window">
        <SkipStoryboardToFill BeginStoryboardName="SbAnimateWindow" />
    </EventTrigger>
    <EventTrigger RoutedEvent="FrameworkElement.Loaded"
            SourceName="window">
        <StopStoryboard BeginStoryboardName="SbAnimateWindow" />
    </EventTrigger>
</Window.Triggers>
```

Dans cet exemple, à chaque fois que l'événement nommé FrameworkElement.Loaded sera déclenché par l'objet indiqué par la propriété SourceName, l'action adéquate sera appelée.

Par le code

L'utilisation des EventTriggers est très pratique, mais ne convient pas nécessairement à tous les cas. Il peut arriver que l'on soit obligé de contrôler l'animation par le code et non plus par XAML. Imaginez, par exemple, que vous soyez obligé de construire dynamiquement une animation, au moyen de valeurs calculées. Il n'est pas possible de faire cela en XAML c'est pourquoi l'utilisation de code C# ou VB.NET est obligatoire. Pour cela, il n'est pas nécessaire de créer ou d'utiliser un trigger ; il suffit de faire référence à l'animation (en accédant aux ressources) et en appelant les méthodes adéquates, très similaires à leur équivalent XAML :

- Pause : met pause un objet de type Storyboard ;

- Resume : redémarre un Storyboard qui était précédemment mis en pause ;

- Seek : indique à partir de quel moment le Storyboard doit être exécuté ;

- SkipToFill : termine l'exécution d'un Storyboard ;

- SetSpeedRatio : définit la vitesse d'exécution d'un Storyboard ;

- Stop : arrête un Storyboard ;

- Remove : supprime des ressources l'objet de type Storyboard spécifié en paramètre.

L'utilisation de ces méthodes ne représente aucune difficulté particulière, comme le démontre le code suivant. Nous faisons appel aux méthodes Begin, Pause et SetSpeedRatio pour démarrer un Storyboard, puis le mettre en pause et enfin indiquer sa vitesse d'exécution :

```
private void StartAnimateWindow()
{
    SbAnimateWindow = this.TryFindResource("AnimateWindow") as Storyboard;

    if (SbAnimateWindow != null)
    {
        SbAnimateWindow.Begin(this);
    }
}

private void PauseAnimateWindow()
{
    if (this.SbAnimateWindow != null)
    {
        this.SbAnimateWindow.Pause(this);
    }
}

private void SetSpeedRationAnimateWindow(double ratio)
{
    if (this.SbAnimateWindow != null)
    {
        this.SbAnimateWindow.SetSpeedRatio(this, ratio);
    }
}
```

Comme beaucoup de composants disponibles avec WPF, les Storyboard possèdent un ensemble d'événements auxquels les développeurs peuvent s'abonner pour exécuter des actions. L'un des plus utilisés est Completed, qui survient lorsque l'animation a fini d'être jouée par le moteur WPF.

Cependant, il convient de veiller à ce que le développeur s'abonne à l'événement au bon moment. En effet, le code suivant ne produit aucune boîte de dialogue :

```csharp
private void StartAnimateWindow()
{
    SbAnimateWindow = this.TryFindResource("AnimateWindow") as Storyboard;

    if (SbAnimateWindow != null)
    {
        SbAnimateWindow.Begin(this);
        SbAnimateWindow.Completed += SbAnimateWindow_Completed;
    }
}

private static void SbAnimateWindow_Completed(object sender, System.EventArgs e)
{
    MessageBox.Show("Chargement de la fenêtre effectué avec succès", "Chargement OK",
    ➡MessageBoxButton.OK,
                    MessageBoxImage.Information, MessageBoxResult.OK,
                    ➡MessageBoxOptions.None);
}
```

Dans ce code, l'animation est déclenchée et ce n'est qu'une fois cette opération commencée que l'abonnement à l'événement Completed est effectué. Pour que le code fonctionne, il est nécessaire de s'abonner à l'événement avant l'appel à la méthode Begin :

```csharp
SbAnimateWindow.Completed += SbAnimateWindow_Completed;
SbAnimateWindow.Begin(this);
```

Avec une horloge

Une animation peut être également contrôlée en la codant avec une horloge (Clock). Nous avons vu que toutes les animations héritaient de la classe Timeline. Il faut savoir qu'à chaque Timeline, un objet de type Clock se charge de calculer les différentes valeurs de la propriété animée, en fonction des informations fournies par l'animation (valeur de début, de fin, durée, etc.).

Les horloges permettent donc de contrôler les animations, sans pour autant utiliser de Storyboard. Le code suivant montre comment recréer les animations de hauteur et largeur de la fenêtre, entièrement par du code :

```csharp
private void StartClock()
{
    var widthAnimation = new DoubleAnimation();
    widthAnimation.From = 0;
```

```
        widthAnimation.To = 600;
        widthAnimation.Duration = new Duration(new TimeSpan(0,0,1));

        var clockWidth = widthAnimation.CreateClock(true);

        var heightAnimation = new DoubleAnimation();
        heightAnimation.From = 0;
        heightAnimation.To = 350;
         heightAnimation.Duration = new Duration(new TimeSpan(0, 0, 1));


         var clockHeight = heightAnimation.CreateClock(true);

         if (clockWidth.Controller != null && clockHeight.Controller != null)
         {
             window.ApplyAnimationClock(WidthProperty, (AnimationClock)clockWidth);
             window.ApplyAnimationClock(HeightProperty, (AnimationClock)clockHeight);

             clockWidth.Controller.Begin();
             clockHeight.Controller.Begin();
         }
    }
```

La méthode 0CreateClock est utilisée pour créer l'horloge qui servira à contrôler l'animation. La propriété Controller, de type ClockController, contient toutes les méthodes de contrôle de l'animation : démarrage, arrêt, pause, reprise, etc.

La méthode ApplyAnimationClock permet d'affecter une horloge particulière à une propriété définie sur un élément précis. Elle prend en paramètre :

• la DependencyProperty qui sera animée grâce à l'horloge (car, pour rappel, seules les DependencyProperty peuvent être animées) ;

• l'horloge qui a été créée *via* l'appel à CreateClock et qui sera utilisée pour contrôler l'animation.

Avec cette technique, contrôler une animation est également très simple et similaire à l'utilisation des objets de type Storyboard, comme le montre cet extrait de code :

```
clockWidth.Controller.Pause();
clockWidth.Controller.Resume();
```

Après avoir vu comment créer et contrôler une animation, il est temps de découvrir, dans la section suivante, les différents types d'animations que l'on retrouve dans WPF.

Types d'animations prédéfinis

Une animation définit la manière dont une propriété sera modifiée : par exemple, une propriété de type Double peut être animée avec un DoubleAnimation, comme l'on peut transformer une couleur avec ColorAnimation. Il existe différents types d'animation, situées dans l'espace de noms `System.Windows.Media.Animation`, qui respectent les conventions de nommage suivantes :

`<Type>Animation` : ce type d'animation représente les animations basiques disponibles avec WPF, c'est-à-dire qui utilisent les propriétés `From`, `To` et `By` pour créer une animation qui va modifier la valeur de départ (`From`) d'une propriété jusqu'à la valeur indiquée (`To`) en passant, éventuellement, par une donnée spécifique (`By`) :

`<Type>AnimationUsingKeyFrames` : il est possible, pour les animations, de spécifier des étapes clés qui permettent la création d'animations mieux contrôlées car plus affinées que les animations classiques. On peut donc définir des `KeyFrames`, autrement dit les différentes étapes par lesquelles l'animation doit passer et, pour chaque étape, indiquer la méthode d'interpolation qu'elle doit utiliser : `Discrete`, `Linear`, etc. Cette technique offre la possibilité d'améliorer la fluidité de l'animation, dans le but d'offrir la meilleure expérience utilisateur ;

`<Type>AnimationUsingPath` : les valeurs animées se définissent avec `Path` (chemin) ;

`<Type>AnimationBase` : surtout utilisé lorsque l'on souhaite créer sa propre animation. En effet, il s'agit de la classe de base dont on souhaite hériter pour animer une propriété d'un certain type.

Tous les types d'animation héritent de la classe `Timeline` (chronologie). Ainsi, les animations ne sont rien d'autre que des chronologies spécialisées. La durée de cette chronologie est indiquée au moyen de la propriété `Duration` (*durée*). On dit que, lorsqu'une chronologie a atteint la fin de la durée durant laquelle elle doit s'exécuter, elle a complété une itération.

La propriété `Duration` (de type `TimeSpan`) peut être déterminée dans le code ou bien directement en XAML. Dans ce cas, le format à respecter est le suivant : `Heures :` `Minutes :` `Secondes`. Le tableau 13-1 recense quelques paramètres de durée d'une animation.

Exemple de valeurs possibles pour la propriété Duration des animations

Valeur	Description
0:0:3.5	3,5 secondes
0:5:1.5	5 minutes et 1,5 seconde
2:30:5.5	2 heures, 30 minutes et 5,5 secondes

Attention à la durée

Il est important que la valeur spécifiée pour la propriété `Duration` respecte le format cité, afin d'éviter des animations trop lentes.

Création d'une animation

Malgré le grand nombre d'animations qui sont disponibles avec WPF, il peut arriver que l'on ait besoin d'une animation qui ne soit pas standard. Dans ce cas, il est nécessaire de créer, de toutes pièces, une animation qui cible un type prédéfini.

Il existe deux méthodes principales pour étendre le moteur d'animations de WPF *via* des animations personnalisées :

- hériter d'une classe de type `<Type>KeyFrames`. Cette approche permet d'utiliser la plupart des fonctionnalités internes du moteur d'animations de WPF ;

- créer sa propre animation, en héritant de la classe `AnimationTimeline` ou d'une classe de type `<Type>AnimationBase`.

Les préconisations de Microsoft recommandent d'utiliser la première méthode lorsque l'on souhaite employer une méthode d'interpolation différente pour une animation utilisant des étapes clés. Cette méthode est en effet simple à mettre en œuvre et permet, comme expliqué, de réutiliser la plus grande majorité des fonctionnalités interne du moteur d'animations de WPF. De plus, il s'agit du moyen le plus simple lorsque l'on parle d'étendre le système d'animations de WPF.

Créer son propre type d'animation, comme le suggère la seconde méthode, permet cependant de mieux contrôler la manière dont l'objet est animé. Pour cela, il est nécessaire d'hériter de la classe `AnimationTimeline` ou d'une classe de type `<Type>AnimationBase`, mais il n'est pas recommandé d'hériter de `<Type>Animation` ou de `<Type>AnimationUsing-KeyFrames`.

Dériver d'une classe de type `<Type>AnimationBase` est le moyen le plus simple de créer un nouveau type d'animation. Cette technique est recommandée lorsqu'il est nécessaire de créer une nouvelle animation pour un type prédéfini qui possède déjà une animation de type `<Type>AnimationBase`.

S'il s'avère simplement nécessaire de changer la méthode d'interpolation des valeurs d'une animation, il est recommandé d'hériter d'une des classes de type `<Type>KeyFrames`. Les trames clés qui seront créées seront alors utilisables dans les animations correspondantes de type `<Type>AnimationUsingKeyFrames`.

Dériver de la classe `AnimationTimeline` est rare, mais nécessaire, lorsqu'il s'agit de créer une animation pour un type qui ne possède pas de classe d'animation WPF correspondante, ou dans le cas où l'on souhaite créer une animation qui n'est pas fortement typée.

Dans le cas de notre application de gestionnaire de contacts, imaginons que l'on souhaite créer une animation (`WindowAnimation`) qui soit capable d'animer la fenêtre en entier, plutôt que d'utiliser deux animations (une pour la hauteur et l'autre pour la largeur).

Pour réussir à créer une telle animation, il est nécessaire de créer une classe qui hérite d'`AnimationTimeline` et qui surcharge plusieurs propriétés et méthodes :

- `CreateInstanceCore` : cette méthode se charge de retourner une nouvelle instance de l'animation qui est créée ;

- `TargetPropertyType` : cette propriété précise pour quel type d'objet l'animation sera utilisable. Dans le cas présent, on souhaite animer un objet de type `Window`. Par conséquent, la propriété renvoie le type correspondant, soit `Window` ;

- `GetCurrentValue` : cette méthode sert à renvoyer la valeur courante de l'animation. Elle prend trois paramètres : une valeur d'origine, une valeur de destination et un objet de type `AnimationClock`, utilisé pour obtenir la progression courante de l'animation.

Il est aussi nécessaire de déclarer quatre `DependencyProperty` qui seront utilisées pour déclarer les valeurs de début et de fin des propriétés hauteur et largeur de la fenêtre. Le code se présente alors ainsi :

```
public double HeightFrom
{
    get { return (double)GetValue(HeightFromProperty); }
    set { SetValue(HeightFromProperty, value); }
}

public static readonly DependencyProperty HeightFromProperty =
 DependencyProperty.Register("HeightFrom", typeof(double), typeof(WindowAnimation),
 ➡new UIPropertyMetadata(double.MinValue));

public double HeightTo
{
    get { return (double)GetValue(HeightToProperty); }
    set { SetValue(HeightToProperty, value); }
}

public static readonly DependencyProperty HeightToProperty =
 DependencyProperty.Register("HeightTo", typeof(double), typeof(WindowAnimation), new
 ➡UIPropertyMetadata(double.MinValue));

public double WidthFrom
{
    get { return (double)GetValue(WidthFromProperty); }
    set { SetValue(WidthFromProperty, value); }
}

public static readonly DependencyProperty WidthFromProperty =
 DependencyProperty.Register("WidthFrom", typeof(double), typeof(WindowAnimation),
 ➡new UIPropertyMetadata(double.MinValue));

public double WidthTo
{
    get { return (double)GetValue(WidthToProperty); }
    set { SetValue(WidthToProperty, value); }
}

public static readonly DependencyProperty WidthToProperty =
 DependencyProperty.Register("WidthTo", typeof(double), typeof(WindowAnimation), new
 ➡UIPropertyMetadata(double.MinValue));
```

Il faut également déclarer une propriété attachée qui servira à identifier la propriété sur laquelle l'animation s'exécutera :

```
public static Window GetCurrentWindow(DependencyObject obj)
{
    return (Window)obj.GetValue(CurrentWindowProperty);
}

public static void SetCurrentWindow(DependencyObject obj, Window value)
{
    obj.SetValue(CurrentWindowProperty, value);
}

public static readonly DependencyProperty CurrentWindowProperty =
 DependencyProperty.RegisterAttached("CurrentWindow", typeof(Window), typeof
➥(WindowAnimation), new UIPropertyMetadata(null));
```

Enfin, il reste à écrire le reste de la classe, qui servira à représenter l'animation :

```
protected override Freezable CreateInstanceCore()
{
    return new WindowAnimation();
}

public override Type TargetPropertyType
{
    get
    {
        return typeof (Window);
    }
}




public override object GetCurrentValue(object defaultOriginValue, object
➥defaultDestinationValue,AnimationClock animationClock)
{
    Window window = null;

    var heightFromVal = HeightFrom != double.MinValue ? HeightFrom : 0.0;
    var heightToVal = HeightTo != double.MinValue ? HeightTo : 0.0;

    var widthFromVal = WidthFrom != double.MinValue ? WidthFrom : 0.0;
    var widthToVal = WidthTo != double.MinValue ? WidthTo : 0.0;

    var deltaHeight = heightToVal - heightFromVal;
    var deltaWidth = widthToVal - widthFromVal;

    window = new Window();
    window.Height = heightFromVal + deltaHeight * animationClock.
```

```
        ⮕CurrentProgress.Value;
        window.Width = widthFromVal + deltaWidth * animationClock.CurrentProgress.Value;

        return window;
    }
```

Comme il est possible de le constater, toute la logique réside dans la méthode GetCurrent-Value. Cette méthode sera appelée deux fois : la première fois avec les valeurs par défaut (0 et 0) et la seconde fois avec les valeurs de fin (600 et 350).

Pour utiliser cette animation personnalisée, il suffit d'y faire appel en XAML ou par le code, comme le montre l'exemple suivant :

```
private void StartCustomAnimation()
{
    var windowAnimation = new WindowAnimation();
     windowAnimation.Duration = new Duration(new TimeSpan(0, 0, 5));
    windowAnimation.WidthFrom = 0;
    windowAnimation.WidthTo = 600;
    windowAnimation.HeightFrom = 0;
    windowAnimation.HeightTo = 350;

    window.BeginAnimation(WindowAnimation.CurrentWindowProperty, windowAnimation);
}
```

À l'exécution, cette animation fonctionne comme toutes les autres animations définies dans WPF ; le résultat peut être visualisé aux figures 13-2 et 13-3.

Après avoir abordé l'ensemble des notions relatives aux animations en 2D disponibles dans WPF, concentrons nous maintenant sur la découverte du développement en 3D.

La 3D

Le développement d'applications en 3D est une tâche relativement complexe qui nécessite de bonnes connaissances dans des technologies telles que DirectX ou OpenGL. Nous allons voir comment WPF permet de simplifier la mise en place d'applications utilisant ce type de technologie.

La 3D est utilisée, dans une application, pour représenter une scène dans laquelle on retrouve des effets de profondeur, de relief et de perspective. Cette technologie enrichit l'application et lui permet de proposer le meilleur rendu possible et la meilleure expérience utilisateur. L'exemple le plus parlant d'utilisation de la 3D réside, sans aucun doute, dans les jeux vidéo actuels.

Il y a quelques années, les jeux vidéo étaient en 2D, plats et monotones. Avec l'introduction de la 3D, l'univers et l'ambiance offerts par ces jeux n'en sont que meilleurs : le joueur se retrouve plongé directement au cœur du jeu, en ayant l'impression d'être directement en contact avec les objets.

Pour que tout cela soit possible, il est nécessaire de disposer d'un système de coordonnées particulier. En effet, lorsque l'on travaille en 2D, on dispose du système de coordonnées illustré à la figure 13-4.

Figure 13-4

Le système de coordonnées en deux dimensions

Source :
http://msdn.microsoft.com/fr-fr/library/ms747437.aspx#coord_space

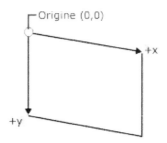

Seulement dans un système en trois dimensions, un axe supplémentaire entre en jeu (l'axe des Z) et il permet justement de donner cette impression de profondeur (figure 13-5).

Figure 13-5

Le système de coordonnées en trois dimensions

Source :
http://msdn.microsoft.com/fr-fr/library/ms747437.aspx#coord_space

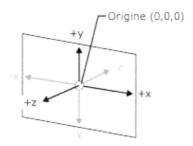

Bien que proposant une API de manipulation simple, l'utilisation de la 3D avec WPF demeure complexe lorsque l'on désire entrer dans le vif du sujet ou bien créer des formes et scènes plus élaborées. Ce livre n'étant pas dédié à la 3D avec WPF, mais à toute la technologie WPF, nous ne verrons que les bases, en vous laissant le soin de chercher par vous-même si des besoins plus complexes se font sentir.

Ressources relatives à l'utilisation de la 3D dans WPF

Voici une liste de liens qui pourront vous être utiles dans votre découverte et votre apprentissage de la 3D au moyen de la technologie WPF.

Le livre *3D Programming for Windows*, de **Charles Petzold** se trouve être, à l'heure actuelle, la référence pour cette brique de WPF.

L'article de Sacha Barber (http://www.codeproject.com/KB/WPF/WPF3D_1.aspx) vous permettra d'en apprendre un peu plus sur les nouveautés offertes par le framework .NET 3.5.

Au niveau des contrôles et outils 3D, les équipes de Microsoft ont mis à disposition la bibliothèque 3DTools (http://www.codeplex.com/3DTools) qui contient un ensemble d'utilitaires vous permettant de simplifier l'utilisation de la 3D dans vos applications.

Développement d'une première scène en 3D

Une scène 3D, avec WPF, est constituée de plusieurs éléments qui sont obligatoires si l'on désire pouvoir afficher un objet en trois dimensions :

- le Viewport3D, qui constitue l'élément de base pour afficher une scène en 3D ;

- les caméras, qui permettent de symboliser le point de vue de l'utilisateur. C'est grâce aux caméras que vous pouvez indiquer sous quel angle de vue l'objet en 3D s'affichera ;

- les modèles, qui représentent tout simplement les objets 3D qui doivent être visualisés dans la scène ;

- les textures, sont aux modèles ce que les pinceaux sont aux objets 2D. Il s'agit de l'élément utilisé pour dessiner le modèle ;

- les lumières, permettent d'éclairer la scène pour que celle-ci soit visible par l'utilisateur. Sans lumières, l'affichage d'une scène 3D ne donne aucun résultat.

Le Viewport3D

Le Viewport3D est le contrôle que l'on dispose sur un formulaire pour obtenir une scène en trois dimensions. Pour vous donner une idée de sa représentation, dites-vous que le Viewport3D est la zone sur laquelle sera affiché tout ce qui sera envoyé par la caméra.

En termes de programmation, le Viewport3D est un contrôle classique qui possède les mêmes propriétés que tous ceux que l'on retrouve avec WPF :

```
<Viewport3D x:Name="vp">
    <!-- Définition de la caméra -->
    <Viewport3D.Camera>
    </Viewport3D.Camera>

    <!-- Définition du modèle -->
    <ModelVisual3D>
        <ModelVisual3D.Content>
            <Model3DGroup>
            </ModelVisual3D>
        </ModelVisual3D.Content>
    </Model3DGroup>
</Viewport3D>
```

Les caméras

Lorsque l'on crée une scène en 3D, on ne fait que créer une représentation 2D d'objets en trois dimensions. Étant donné qu'une scène peut avoir un rendu différent suivant le point de vue d'où on la regarde, il est nécessaire de le spécifier, au moyen d'une caméra (figure 13-6).

Avec WPF, il existe différents types de caméras, mais les deux plus utilisées sont :

- la caméra en perspective ;

Figure 13-6

Le positionnement de la caméra affecte la vue de la scène 3D.

Source :
http://msdn.microsoft.com/fr-fr/library/
ms747437.aspx#coord_space

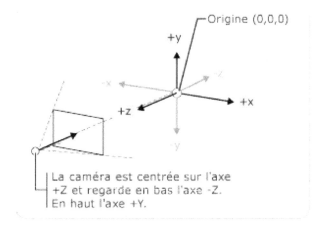

- la caméra orthographique.

Caméra en perspective

Ce type de caméra (`PerspectiveCamera`), qui ressemble le plus à une caméra réelle, affiche, en plus petit, les objets les plus éloignés (figure 13-7).

Figure 13-7

La caméra en perspective affiche en plus petit les objets éloignés.

Il y a donc un effet de perspective qui entre en jeu. Un grand nombre de propriétés permettent de modifier et paramétrer l'angle de vue de la caméra :

- `LookDirection` : indique la direction vers laquelle regarde la caméra ;

- `UpDirection` : place le haut de la caméra ;

- `FieldOfView` : spécifie le champ de vision de la caméra.

```
<PerspectiveCamera FarPlaneDistance="100"
                   LookDirection="0,-4,-3"
                   UpDirection="0,1,0"
                   NearPlaneDistance="0"
                   Position="1,5,4"
                   FieldOfView="4" />
```

Le code précédent permet de définir une caméra, dont le résultat est illustré à la figure 13-8.

Figure 13-8

Afficher un cube avec PerspectiveCamera

Caméra orthographique

La caméra orthographique (OrthographicCamera) reproduit l'inverse de la caméra en perspective. Elle est utilisée pour définir une scène avec une perspective inversée (figure 13-9).

Figure 13-9

La caméra orthographique définit une perspective inversée.

La différence majeure entre ces deux caméras réside dans le fait que la caméra orthographique ne dispose pas d'une propriété nommée FieldOfView. En effet, celle-ci est remplacée par la propriété Width : plus la valeur est grande, plus l'angle de vision est élevé.

```
<OrthographicCamera FarPlaneDistance="100"
                    LookDirection="-1,-1,-1"
                    UpDirection="0,1,0"
                    NearPlaneDistance="0"
                    Position="2,4,3"
                    Width="8" />
```

L'effet est reproduit à la figure 13-10.

Figure 13-10

*Visualisation du cube
de démonstration avec
une caméra de type
OrthographicCamera*

Pour assigner une caméra à un Viewport3D, il suffit d'utiliser sa propriété Camera en lui spécifiant les options adéquates :

```
<Viewport3D x:Name="vp">
    <Viewport3D.Camera>
        <PerspectiveCamera FarPlaneDistance="100"
                           LookDirection="1,-3,-3"
                           UpDirection="0,1,0"
                           NearPlaneDistance="0"
                           Position="1,5,4"
                           FieldOfView="20" />
    </Viewport3D.Camera>
</Viewport3D>
```

Bien que sans doute moins agréable à écrire, l'équivalent C# du code XAML précédent serait :

```
PerspectiveCamera pc = new PerspectiveCamera();
pc.FarPlaneDistance = 100;
pc.LookDirection = new Vector3D(1, -3, -3);
pc.UpDirection = new Vector3D(0, 1, 0);
pc.NearPlaneDistance = 0;
pc.Position = new Point3D(1, 5, 4);
pc.FieldOfView = 20;

vp.Camera = pc;
```

Modèles

Pour construire une scène 3D, il est important de disposer d'objets à représenter. Pour cela, il est nécessaire d'utiliser la classe GeometryModel3D et d'assigner une valeur à sa propriété Geometry.

Cette propriété n'est rien d'autre qu'une collection de triangles qui, une fois réunis, forment le modèle à afficher :

```
<ModelVisual3D>
    <ModelVisual3D.Content>
        <Model3DGroup>
            <GeometryModel3D>
                <GeometryModel3D.Geometry>
                    <MeshGeometry3D Positions="1,1,1 1,1,0 0,1,0 0,1,0 0,1,1 1,1,1
                    1, 1,1 1,0,1 1,0,0 1,0,0 1,1,0 1,1,1 1,1,1 0,1,1 0,0,1 0,0,1
                    1,0,1 1, 1,1 0,1,0 1,1,0 1,0,0 1,0,0 0,0,0 0,1,0 0,0,0 1,0,0
                    1,0,1 1,0,1 0,0,1 0,0,0 0,0,0 0,0,1 0,1,1 0,1,1 0,1,0 0,0,0"
                                        TextureCoordinates="0,1 1,1 1,0 1,0 0,0 0,1 0,1
                                        1,1 1,0 1,0 0,0 0,1 0,1 1,1 1,0 1,0 0,0 0,1 0,1
                                        1,1 1,0 1,0 0,0 0,1 0,1 1,1 1,0 1,0 0,0 0,1 0,1
                                        1,1 1,0 1,0 0,0 0,1"/>
                </GeometryModel3D.Geometry>
            </GeometryModel3D>
        </Model3DGroup>
    </ModelVisual3D.Content>
</ModelVisual3D>
```

Comme il est possible de le constater, il n'est pas simple d'écrire ce genre de code entièrement à la main. C'est pourquoi, dans la majorité des cas, le code XAML des modèles est obtenu en exportant le travail réalisé avec d'autres outils spécialisés, tels que *Zam3D* (figure 13-11), *Blender*, *Maya*, etc.

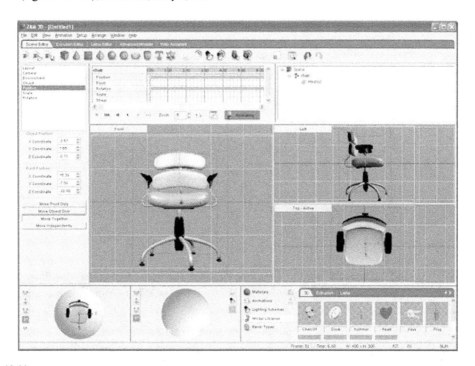

Figure 13-11

L'interface utilisateur de Zam3D

Source : http://www.erain.com/products/zam3d/DefaultPDC.asp

Textures

Pour qu'un modèle ressemble à un objet tridimensionnel, il est nécessaire de lui appliquer une texture (équivalent des pinceaux dans le monde 2D).

Dans WPF, ces textures portent le nom de « matériaux ». Il en existe trois types, utilisables pour la création d'une scène 3D :

- `Diffuse` : ce mode de texture ressemble aux pinceaux que l'on applique sur des éléments, en deux dimensions. C'est le mode par défaut ;
- `Specular` : ce mode représente la manière dont la lumière sera renvoyée par l'objet. C'est lui qui détermine la couleur des reflets du modèle ;
- `Emissive` : ce mode permet de transformer le modèle en une source lumineuse permettant à un modèle de projeter sa lumière sur un autre, pour peu qu'il soit suffisamment proche.

Pour appliquer une texture, il suffit de spécifier une valeur à la propriété `Material` de la classe `GeometryModel3D`. Gardez à l'esprit qu'il est tout à fait possible, *via* la propriété `MaterialGroup`, de mélanger l'utilisation de plusieurs matériaux :

```
<GeometryModel3D.Material>
    <DiffuseMaterial>
        <DiffuseMaterial.Brush>
            <SolidColorBrush Color="LightBlue"
                             Opacity="1"/>
        </DiffuseMaterial.Brush>
    </DiffuseMaterial>
</GeometryModel3D.Material>
```

Pour des raisons de performances, les faces invisibles d'un modèle ne sont pas dessinées. Par conséquent, l'utilisation de matériaux n'aura aucune conséquence. Cependant, il est possible, *via* la propriété `BackMaterial`, de spécifier les matériaux à utiliser pour les faces invisibles :

```
<GeometryModel3D.BackMaterial>
    <EmissiveMaterial>
        <EmissiveMaterial.Brush>
            <SolidColorBrush Color="Red"
                             Opacity="1" />
        </EmissiveMaterial.Brush>
    </EmissiveMaterial>
</GeometryModel3D.BackMaterial>
```

Lumières

Dans une scène 3D, les lumières ne font rien de plus que ce qu'elles font dans le monde réel : elles rendent les surfaces visibles. Plus que cela, elles déterminent quelles parties de la scène seront incluses dans la projection.

Il est nécessaire de disposer d'au moins une lumière, dans une scène 3D. En effet, dans le cas contraire, aucun modèle ne sera visible. WPF propose les quatre lumières suivantes, à utiliser au sein d'une scène en 3D :

- `AmbientLight` : éclaire, de manière uniforme, tous les modèles de la scène, quelle que soit leur position ou leur orientation ;

- DirectionalLight : illumine la scène en proposant une source de lumière distante, indiquée grâce à la propriété Direction ;

- PointLight : éclaire la scène en émettant une source de lumière proche. Les modèles de la scène sont éclairés en fonction de leur position et de leur distance par rapport à la lumière ;

- SpotLight : projette la lumière dans une zone en forme de cône, définie grâce aux propriétés InnerConeAngle et OuterConeAngle.

Ainsi, le code suivant peut être utilisé pour définir une lumière blanche qui éclaire toute une scène de manière égale :

```
<AmbientLight Color="White" />
```

Transformations

Tout comme cela était possible avec des objets en deux dimensions, il est possible de transformer des modèles en 3D. Nous retrouvons les mêmes classes que celles que nous avons utilisées précédemment, mais celles-ci seront suffixées avec les lettres « 3D » pour indiquer qu'il s'agit d'une transformation sur un modèle en trois dimensions.

Ainsi, on retrouve les classes suivantes :

- TranslateTransform3D, qui permet d'effectuer une translation ;

- RotateTransform3D, pour une rotation ;

- ScaleTransform3D, pour une mise à l'échelle ;

- MatrixTransform3D, qui exécute des transformations personnalisées, utilisant des matrices de transformations.

La différence majeure entre ces classes et leurs équivalents 2D réside dans le fait que l'on travaille désormais avec une propriété en plus, qui symbolise l'axe des Z (qui n'existe pas en 2D) :

```
<TranslateTransform3D OffsetX="2"
                      OffsetY="0"
                      OffsetZ="-1">
</TranslateTransform3D>
```

Si l'on reprend tout le code que l'on a écrit précédemment, nous arrivons donc à ceci :

```
<Viewport3D x:Name="vp">
    <Viewport3D.Camera>
        <PerspectiveCamera FarPlaneDistance="100"
                           LookDirection="1,-3,-3"
                           UpDirection="0,1,0"
                           NearPlaneDistance="0"
                           Position="1,5,4"
                           FieldOfView="20" />
    </Viewport3D.Camera>
    <ModelVisual3D>
        <ModelVisual3D.Content>
```

```
                    <Model3DGroup>
                        <AmbientLight Color="White" />
                        <GeometryModel3D>
                            <GeometryModel3D.Geometry>
                                <MeshGeometry3D Positions="1,1,1 1,1,0 0,1,0 0,1,0 0,1,1 1,1,1
                                    1,1,1 1,0,1 1,0,0 1,0,0 1,1,0 1,1,1 1,1,1 0,1,1 0,0,1 0,0,1
                                    1,0,1 1,1,1 0,1,0 1,1,0 1,0,0 1,0,0 0,0,0 0,1,0 0,0,0 1,0,0
                                    1,0,1 1,0,1 0,0,1 0,0,0 0,0,0 0,0,1 0,1,1 0,1,1 0,1,0 0,0,0"
                                    TextureCoordinates="0,1 1,1 1,0 1,0 0,0 0,1 0,1 1,1 1,0 1,0
                                    0,0 0,1 0,1 1,1 1,0 1,0 0,0 0,1 0,1 1,1 1,0 1,0 0,0 0,1 0,1
                                    1,1 1,0 1,0 0,0 0,1 0,1 1,1 1,0 1,0 0,0 0,1"/>
                            </GeometryModel3D.Geometry>
                            <GeometryModel3D.Material>
                                <DiffuseMaterial>
                                    <DiffuseMaterial.Brush>
                                        <SolidColorBrush Color="LightBlue"
                                                         Opacity="1"/>
                                    </DiffuseMaterial.Brush>
                                </DiffuseMaterial>
                            </GeometryModel3D.Material>
                            <GeometryModel3D.Transform>
                                <TranslateTransform3D OffsetX="2"
                                                      OffsetY="0"
                                                         OffsetZ="-1"   >
                                </TranslateTransform3D>
                            </GeometryModel3D.Transform>
                        </GeometryModel3D>
                    </Model3DGroup>
                </ModelVisual3D.Content>
            </ModelVisual3D>
        </Viewport3D>
```

Le résultat de cette scène 3D peut être observé à la figure 13-12.

Figure 13-12

*Résultat d'une
première scène 3D*

Comme vous pouvez le constater, le résultat est minime en comparaison de la quantité de
code produit pour y parvenir.

Résumé

Les animations sont l'une des techniques offertes par WPF pour enrichir l'expérience utilisateur offerte par votre application. Il existe un grand nombre d'animations qu'il est possible d'employer pour manipuler l'ensemble des propriétés de vos objets. Cependant, si aucune animation ne semble correspondre à vos besoins, sachez que vous pouvez créer la vôtre, en héritant des classes disponibles avec WPF. Notez qu'il s'agit là d'une réalisation très spécifique que peu de développeurs sont amenés à mettre en œuvre.

En ce qui concerne la 3D, vous avez pu vous rendre compte que son utilisation a été fortement simplifiée. Toutefois, dans les applications WPF, elle demeure relativement complexe. Son intégration aisée en fait son principal intérêt, mais l'utilisation d'API de plus bas niveau, telles que DirectX, OpenGL, etc., offre de meilleures performances.

Dans le cas où vous seriez amené à réaliser des scènes basiques, vous ne devriez pas rencontrer de difficultés. En effet, la procédure est toujours la même : création du Viewport3D et des modèles, application des textures, etc.

Cependant, si vous êtes désireux d'aller encore plus loin, vous serez sans doute déçu car WPF n'est qu'une surcouche à DirectX. À ce titre, on gagne en simplicité de programmation, mais on perd en fonctionnalités, même si le Service Pack 1 comble un grand nombre de lacunes, comme la possibilité d'écrire ses propres effets.

Vous allez à présent, grâce au chapitre 14, comprendre comment le multimédia est géré dans WPF et comment il va vous être possible d'utiliser des vidéos (ou des sons) au sein de vos applications. Bien que simple en apparence, la capacité à transformer ou à animer ces médias va vous permettre d'offrir des interfaces encore plus agréables et attrayantes pour vos utilisateurs.

14

Gestion du multimédia

Étant donné que WPF est basé sur DirectX, il est très simple, avec cette technologie, de manipuler des contenus de type audio et vidéo, comme nous allons le découvrir dans ce chapitre.

Introduction au multimédia avec WPF

Les classes `MediaElement` et `MediaPlayer` de WPF sont utilisées pour lire des fichiers contenant différents médias soit :

- de la vidéo ;
- du son ;
- de la vidéo contenant du son.

Chacune de ces API se base sur le composant *Windows Media Player* installé sur l'ordinateur et qui exécutera l'application. De plus, elles utilisent les codecs présents sur la machine. Autrement dit, cela signifie que si un fichier vidéo ou audio peut être joué par Windows Media Player, alors ce même fichier pourra être joué par les composants `MediaElement` et `MediaPlayer`.

Cependant, pour que cela fonctionne, la version 10 (ou supérieure) de Windows Media Player doit être installée. Il s'agit là d'un prérequis obligatoire qui ne peut pas être outrepassé, par quelques moyens que ce soit.

Le `MediaElement` est un objet de type `UIElement` qui peut être utilisé comme contenu de la majorité des contrôles WPF. Il est également manipulable directement au sein du code XAML. L'objet `MediaPlayer`, comme nous le verrons plus tard dans ce chapitre, est conçu pour dessiner des objets et ne possède pas de représentation graphique.

Avec WPF, la lecture des médias peut être réalisée dans deux modes différents :

- le mode Indépendant ;
- le mode Horloge.

La propriété `Clock` identifie le mode de lecture. Lorsque cette propriété est à `null`, le mode employé est le mode Indépendant (mode par défaut). Dans le cas contraire, le mode utilisé est le mode Horloge.

Le mode Indépendant

En mode Indépendant, le contenu du média est utilisé pour en déterminer la lecture. Ce mode dispose des particularités suivantes :

- il est possible de spécifier la source du média (*via* la propriété `Source`, de type `Uri`) ;
- la lecture du média peut être directement contrôlée *via* des méthodes spécifiques ;
- les propriétés `Position` et `SpeedRatio` peuvent être modifiées.

Pour contrôler le média, il est nécessaire d'utiliser les méthodes du `MediaElement` (ou du `MediaPlayer`). Parmi les méthodes de contrôle, citons : `Play`, `Pause`, `Stop`.

Le mode Horloge

En mode Horloge, un objet de type `MediaTimeline` détermine la lecture du média. Lorsque ce mode est activé, on dispose des caractéristiques suivantes :

- la source du média est indirectement définie *via* un objet de type `MediaTimeline` ;
- la lecture du média peut être contrôlée par l'horloge. Les méthodes `Play`, `Pause`, etc., sont sans effet dans ce mode.

Pour contrôler la lecture du média, il est nécessaire d'utiliser les méthodes de l'objet de type `ClockController`, obtenu à partir de la propriété `Controller`.

Attention au mode de lecture

Si vous essayez d'utiliser les méthodes de contrôle du `MediaElement` ou du `MediaPlayer` alors que la lecture est en mode Horloge, une exception de type `InvalidOperationException` sera remontée par le moteur WPF.

Après vous avoir présenté la gestion du multimédia, il est temps de voir, grâce à des exemples concrets, comment l'intégrer dans vos applications WPF.

Lecture d'un fichier audio ou vidéo

Lancement du média

Le plus simple, pour jouer un fichier audio ou vidéo, est d'utiliser un `MediaElement`. Cet objet peut être employé dans le code XAML de cette manière :

```
<StackPanel Margin="10">
    <MediaElement Source="unreal.wmv" />
</StackPanel>
```

Tout code XAML peut être réécrit en code C# (ou VB.NET), il est donc également possible de l'utiliser ainsi :

```
StackPanel panel = new StackPanel();

MediaElement me = new MediaElement();
me.Source = new Uri("unreal.wmv", UriKind.Relative);

panel.Children.Add(me);
```

Lorsque l'on exécute l'application, l'objet de type MediaElement charge le fichier en mémoire et, une fois le chargement terminé, affiche la représentation visuelle, comme le montre la figure 14-1.

Figure 14-1

*Utilisation d'un objet
de type MediaElement*

Prenez bien garde au fait que l'application a besoin de charger le média en mémoire pour qu'il soit joué par le MediaElement. Donc plus le fichier est de taille conséquente, plus le chargement est long !

Vous noterez que, par défaut, le fichier est joué une fois le chargement en mémoire terminé. Ce comportement peut être modifié en changeant la propriété LoadedBehavior et en lui affectant la valeur Manual :

```
<StackPanel Margin="10">
    <MediaElement Source="unreal.wmv"
                  LoadedBehavior="Manual" />
</StackPanel>
```

Contrôle de la vidéo

Dans cette configuration, il est possible de manipuler le MediaElement grâce à ces méthodes de contrôle, comme le montre le code suivant :

```
<StackPanel Margin="10">
    <MediaElement x:Name="me"
```

```
                    Source="unreal.wmv"
                    LoadedBehavior="Manual" />

        <StackPanel Orientation="Horizontal"
                    HorizontalAlignment="Center">

            <Button x:Name="btnPlay"
                    Content="Play"
                    Margin="5"
                    Click="btnPlay_Click" />

            <Button x:Name="btnPause"
                    Content="Pause"
                    Margin="5"
                    Click="btnPause_Click" />

            <Button x:Name="btnStop"
                    Content="Stop"
                    Margin="5"
                    Click="btnStop_Click" />

        </StackPanel>

</StackPanel>
```

Bien sûr, il reste nécessaire d'écrire le code C#, associé au code XAML, qui nous permettra de contrôler le média :

```
private void btnPlay_Click(object sender, RoutedEventArgs e)
{
    this.me.Play();
}

private void btnPause_Click(object sender, RoutedEventArgs e)
{
    this.me.Pause();
}

private void btnStop_Click(object sender, RoutedEventArgs e)
{
    this.me.Stop();
}
```

Comme vous pouvez le constater, le code est extrêmement simple à comprendre et à utiliser.

Lorsque l'application est lancée, on retrouve bien les trois boutons qui ont été ajoutés et qui effectuent une opération particulière sur le MediaElement (figure 14-2).

Figure 14-2

Contrôle du MediaElement par le code

Le code écrit précédemment démontre comment contrôler un objet de type MediaElement lorsque la lecture est en mode Indépendant. En mode Horloge, il est nécessaire de le modifier légèrement. En effet, le code XAML est sensiblement le même :

```
<StackPanel Margin="10">
    <MediaElement x:Name="me" />

        <StackPanel Orientation="Horizontal"
                    HorizontalAlignment="Center">

            <Button x:Name="btnPlay"
                    Content="Play"
                    Margin="5"
                    Click="btnPlay_Click" />

            <Button x:Name="btnPause"
                    Content="Pause"
                    Margin="5"
                    Click="btnPause_Click" />

            <Button x:Name="btnStop"
                    Content="Stop"
                    Margin="5"
                    Click="btnStop_Click" />

        </StackPanel>

</StackPanel>
```

Mais le code C# associé est modifié pour utiliser un objet de type `MediaTimeline` et affecter la propriété `Clock` du `MediaElement` :

```csharp
private void btnPlay_Click(object sender, RoutedEventArgs e)
{
    MediaTimeline timeline = new MediaTimeline();
    timeline.Source = new Uri("unreal.wmv", UriKind.Relative);

    MediaClock clock = timeline.CreateClock();

    this.me.Clock = clock;

    this.me.Clock.Controller.Begin();
}

private void btnPause_Click(object sender, RoutedEventArgs e)
{
    this.me.Clock.Controller.Pause();
}

private void btnStop_Click(object sender, RoutedEventArgs e)
{
    this.me.Clock.Controller.Stop();
}
```

Étant donné que ce n'est plus le contrôle `MediaElement` qui gère la lecture du média, mais bien une chronologie, il est nécessaire d'appeler les méthodes adéquates sur l'objet associé plutôt que sur le contrôle de base.

Enrichissement d'un MediaElement

Animations et transformations du média

Le `MediaElement` est un objet graphique comme tous ceux que l'on peut retrouver dans WPF. À ce titre, il possède les propriétés `RenderTransform` et `LayoutTransform` et, donc, il est tout à fait possible de lui appliquer des transformations ou des animations.

Ainsi, l'exemple de code qui suit (dont le résultat peut être observé à la figure 14-3) affiche un `MediaElement`, mais lui applique deux transformations, une rotation et une inclinaison :

```xml
<MediaElement x:Name="me">
    <MediaElement.RenderTransform>
        <TransformGroup>
            <RotateTransform Angle="20" />
            <SkewTransform AngleX="70"
                           AngleY="65"
                           CenterX="40"
                           CenterY="50" />
        </TransformGroup>
    </MediaElement.RenderTransform>
</MediaElement>
```

Figure 14-3

*Transformations sur
un MediaElement*

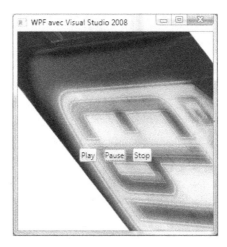

Il est évident que ce genre de transformations est rarement utilisé dans une application. Cependant, le recours aux animations pour, par exemple faire apparaître ou disparaître la vidéo, est un scénario beaucoup plus commun et très simple à mettre en œuvre.

Pour cela, il convient d'écrire l'animation, en XAML ou en C#, puis d'assigner le Storyboard nouvellement créé à un événement d'un contrôle (clic sur un bouton, etc.).

```xml
<Window.Resources>
        <Storyboard x:Key="StartAnimation">
        <DoubleAnimationUsingKeyFrames BeginTime="00:00:00"
                                        Storyboard.TargetName="me"
 Storyboard.TargetProperty="(UIElement.RenderTransform).(TransformGroup.Children)[3].
TranslateTransform.Y)">
                    <SplineDoubleKeyFrame KeyTime="00:00:00"
                                    Value="0"/>
                    <SplineDoubleKeyFrame KeyTime="00:00:01"
                                    Value="97"/>
            </DoubleAnimationUsingKeyFrames>
            <DoubleAnimationUsingKeyFrames BeginTime="00:00:00"
                                        Storyboard.TargetName="me"
 Storyboard.TargetProperty="(UIElement.RenderTransform).(TransformGroup.Children)[3].
 TranslateTransform.X)">
                    <SplineDoubleKeyFrame KeyTime="00:00:00"
                                    Value="0"/>
                    <SplineDoubleKeyFrame KeyTime="00:00:01"
                                    Value="-1"/>
            </DoubleAnimationUsingKeyFrames>
            <DoubleAnimationUsingKeyFrames BeginTime="00:00:00"
                                        Storyboard.TargetName="me"
```

```
Storyboard.TargetProperty="(UIElement.RenderTransform).(TransformGroup.Children)[2].
RotateTransform.Angle)">
                <SplineDoubleKeyFrame KeyTime="00:00:00"
                                Value="0"/>
                <SplineDoubleKeyFrame KeyTime="00:00:01"
                                Value="-180"/>
        </DoubleAnimationUsingKeyFrames>
    </Storyboard>
</Window.Resources>
<Window.Triggers>
    <EventTrigger RoutedEvent="ButtonBase.Click"
            SourceName="btnStartAnimation">
        <BeginStoryboard Storyboard="{StaticResource StartAnimation}"/>
    </EventTrigger>
</Window.Triggers>
```

Lorsque ce Storyboard sera joué, le MediaElement subira une translation et une rotation, comme le confirme la figure 14-4.

Figure 14-4

Animations sur un MediaElement

Mise en place d'une réflexion

Une technique très prisée des designers WPF, lorsqu'ils travaillent avec des images ou des vidéos, consiste à mettre en œuvre une réflexion. Il s'agit tout simplement du reflet d'un élément, sur lequel on a appliqué un léger dégradé au niveau de l'opacité ainsi qu'une transformation (figure 14-5).

À l'heure actuelle, deux moyens permettent de mettre en place cette technique de réflexion. Le premier consiste à utiliser deux objets de type MediaElement, mais à appliquer une rotation à celui situé le plus bas.

Figure 14-5

Le principe de réflexion, appliqué au MediaElement

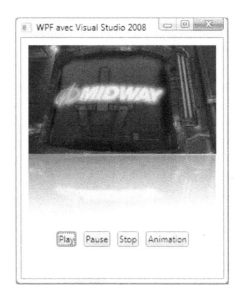

Cette technique, bien que fonctionnelle, présente des inconvénients majeurs :

* le média est chargé deux fois en mémoire, ce qui peut poser des problèmes de performances ;

* rien ne garantit que les deux médias soient synchronisés à la même seconde.

Il faut donc utiliser un mécanisme qui permettra de ne charger le média qu'une seule fois en mémoire, tout en permettant de travailler avec une copie exacte. Le meilleur moyen pour parvenir à ce résultat est d'utiliser la liaison de données (*data binding*), autrement dit lier la réflexion à la source (soit le média). Pour parvenir à ce résultat, on emploiera un VisualBrush, un pinceau avec lequel on « peint » une surface. Toutefois, il faudra préciser que la source de ce pinceau n'est rien d'autre que le MediaElement :

```
<Rectangle Height="100" RenderTransformOrigin="0.5,0.5">
    <Rectangle.Fill>
        <VisualBrush Visual="{Binding ElementName=me}"/>
    </Rectangle.Fill>
    <Rectangle.RenderTransform>
        <TransformGroup>
            <ScaleTransform ScaleX="-1" ScaleY="1"/>
            <SkewTransform AngleX="0" AngleY="0"/>
            <RotateTransform Angle="-180"/>
            <TranslateTransform X="0" Y="0"/>
        </TransformGroup>
    </Rectangle.RenderTransform>
</Rectangle>
```

L'exécution de cette application permet d'afficher un MediaElement et, juste en dessous, de disposer d'un rectangle (qui a subi une rotation de -180°) et dont le contenu est celui du MediaElement (figure 14-6).

Figure 14-6

Un VisualBrush lié à un MediaElement

Pour obtenir le changement d'opacité, il ne reste plus qu'à ajouter les effets de styles correspondants, autrement dit modifier la propriété OpacityMask :

```
<Rectangle.Stroke>
    <LinearGradientBrush EndPoint="1,0.5" StartPoint="0,0.5">
        <GradientStop Color="#FF000000"
                      Offset="0"/>
        <GradientStop Color="#FFFFFFFF"
                      Offset="1"/>
    </LinearGradientBrush>
</Rectangle.Stroke>
<Rectangle.OpacityMask>
    <LinearGradientBrush EndPoint="0.506,0.202"
                         StartPoint="0.492,1.025">
        <GradientStop Color="#00000000"
                      Offset="1"/>
        <GradientStop Color="#AE000000"
                      Offset="0"/>
    </LinearGradientBrush>
</Rectangle.OpacityMask>
```

De cette manière, tous les avantages sont réunis pour ne pas consommer trop de ressources tout en offrant un effet de style qui ravira la majorité des utilisateurs.

L'objet MediaPlayer

La classe `MediaPlayer` possède les mêmes caractéristiques que la classe `MediaElement`. Cependant, elle est employée dans des scénarios où l'on a besoin de dessiner à partir d'un média.

Imaginez, par exemple, que dans votre application vous disposiez d'une surface devant être remplie avec une vidéo. Vous pourriez tout à fait utiliser un `MediaElement` (conjointement avec un objet de type `VisualBrush`) mais cela signifie qu'il faudrait que vous le placiez sur l'interface graphique (et éventuellement que vous le masquiez pour qu'il ne soit pas visible). Ce n'est certes pas très complexe à effectuer, comme nous l'avons vu précédemment, mais cela oblige le moteur WPF à réserver un espace de l'interface pour ce composant et à ajuster les calculs de position des autres contrôles selon celui-ci. Bien que fonctionnelle, cette solution n'est pas la plus adéquate en termes de performances.

Le code suivant utilise un `MediaPlayer` pour lire une vidéo et créer un objet de type `VideoDrawing` qui permet de représenter une surface de dessin qui sera remplie avec une vidéo :

```
MediaPlayer player = new MediaPlayer();

player.Open(new Uri(@"unreal.wmv", UriKind.Relative));

VideoDrawing videoDrawing = new VideoDrawing();

videoDrawing.Rect = new Rect(0, 0, 100, 100);

videoDrawing.Player = player;

player.Play();
```

Utilisation du MediaPlayer en code XAML

Le `MediaPlayer` est un composant qui ne dispose pas d'interface graphique. À ce titre, il n'est pas possible de l'utiliser dans du code XAML. Il est nécessaire de passer par du code C# (ou VB.NET).

Cependant, une fois la lecture en cours, il convient d'utiliser l'objet de type `VideoDrawing` pour que le résultat puisse être visible à l'écran. Il va donc falloir en créer un pinceau et en faire une image :

```
// Exemple avec une image
DrawingImage image = new DrawingImage(videoDrawing);

Image img = new Image();
img.Source = image;

// Exemple avec un pinceau pour le fond de la fenêtre
DrawingBrush brush = new DrawingBrush(videoDrawing);

this.Background = brush;
```

Afin de contrôler le plus possible le média en cours de lecture, on peut recourir, là encore, à un objet de type MediaTimeline, qui permet de spécifier si le média doit se répéter ou non :

```
MediaTimeline mTimeline = new MediaTimeline(new Uri(@"unreal.wmv", UriKind.Relative));

mTimeline.RepeatBehavior = RepeatBehavior.Forever;

MediaClock mClock = mTimeline.CreateClock();

MediaPlayer repeatingVideoDrawingPlayer = new MediaPlayer();
repeatingVideoDrawingPlayer.Clock = mClock;

VideoDrawing repeatingVideoDrawing = new VideoDrawing();
repeatingVideoDrawing.Rect = new Rect(150, 0, 100, 100);
repeatingVideoDrawing.Player = repeatingVideoDrawingPlayer;

repeatingVideoDrawingPlayer.Clock.Controller.Begin();
```

Dans ce cas, si l'on désire contrôler le média, il est nécessaire d'utiliser les méthodes de la propriété Controller de l'horloge assignée au MediaPlayer (comme il est possible de le voir avec l'appel à la méthode Begin).

L'objet MediaPlayer peut également être employé dans un scénario très souvent demandé lorsque l'on travaille sur des applications utilisant des vidéos : proposer des images miniatures affichant un aperçu de la vidéo (le terme anglais est *thumbnail*). Pour réaliser cette opération, il suffit d'écrire le code suivant :

```
private void StartMedia()
{
    VideoDrawing vd = new VideoDrawing();

    MediaPlayer player = new MediaPlayer();
    player.Open(new Uri(@"unreal.wmv", UriKind.Relative));

    vd.Rect = new Rect(0, 0, 120, 100);
    vd.Player = player;

    player.MediaOpened += new EventHandler(player_MediaOpened);
    player.Play();

    player.Position = TimeSpan.FromSeconds(15);

    DrawingBrush brush = new DrawingBrush(vd);
    this.Background = brush;
}

private void player_MediaOpened(object sender, EventArgs e)
{
    MediaPlayer player = sender as MediaPlayer;

    if (player != null)
    {
        DrawingVisual drawingVisual = new DrawingVisual();
```

```
        DrawingContext drawingContext = drawingVisual.RenderOpen();

    drawingContext.DrawVideo(player, new Rect(new Point(0, 0), new Point(120, 100)));
    drawingContext.Close();

    RenderTargetBitmap rtb = new RenderTargetBitmap(120, 100, 96, 96, PixelFormats.
    ➥Pbgra32);
    rtb.Render(drawingVisual);

    player.Stop();

    JpegBitmapEncoder encoder = new JpegBitmapEncoder();
    encoder.Frames.Add(BitmapFrame.Create(rtb));

    using (MemoryStream ms = new MemoryStream())
    {
        encoder.Save(ms);

        var image = System.Drawing.Image.FromStream(ms);
        image.Save("Vignette.png", System.Drawing.Imaging.ImageFormat.Png);

        Process.Start("Vignette.png");
    }
  }
}
```

Dans la méthode StartMedia, nous démarrons un objet de type MediaPlayer après nous être abonné à son événement MediaOpened et après avoir indiqué, *via* la propriété Position, à quel endroit du média il fallait se positionner. Une fois l'appel à la méthode Play effectué, la méthode player_MediaOpened est déclenchée. La création de la miniature (et son affichage) se réalise dans cette méthode, comme on peut le constater à la figure 14-7.

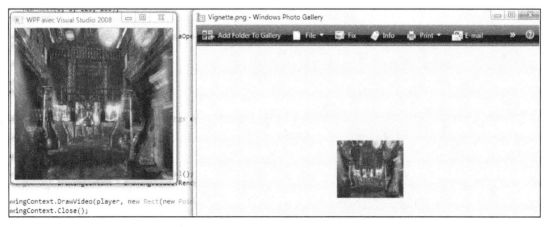

Figure 14-7
Réalisation d'une miniature à partir d'un MediaPlayer

On pourrait se demander pourquoi l'utilisation du `MediaPlayer` a été privilégiée au détriment de la classe `MediaElement`. Il faut savoir que, dans les cas où il n'est pas nécessaire de contrôler le média en cours de lecture, il est préférable d'employer un `MediaPlayer`, celui-ci offrant de bien meilleures performances que `MediaElement`.

Résumé

Le multimédia tient une place importante dans la technologie WPF. Grâce à ces fonctionnalités, qui s'appuient sur DirectX, manipuler ce type de média est un jeu d'enfant qui ne nécessite que très peu de compétences, tant les API sont simples d'utilisation.

De plus, il est tout à fait possible de compléter les fonctionnalités offertes par le `MediaElement`, en lui ajoutant des transformations ou des animations qui lui permettront, une fois de plus, d'accroître l'expérience utilisateur offerte par l'application.

Après en avoir terminé avec la partie multimédia de WPF, concentrons, dans le chapitre 15, sur un type d'applications WPF particulières, qui permettent à l'utilisateur de disposer d'un système d'historique de pages visitées, de la même manière que le font les navigateurs Internet.

Applications navigateur

WPF propose un modèle d'application entièrement nouveau, qui permet de naviguer dans une application comme si l'utilisateur utilisait un navigateur web : c'est ce que l'on appelle les applications navigateur.

Dans ce chapitre, vous découvrirez quels sont les différents types d'applications navigateur et comment les développer puis les déployer pour les rendre accessibles à tous. De plus, vous apprendrez comment les équipes de développement de WPF ont travaillé pour améliorer les performances de ces applications.

Les XBAP

Il existe deux types d'applications navigateur : les XBAP et les NavigationWindow. Le plus connu est, sans aucun doute, les applications **XBAP** (*XAML Browser Applications*).

Les applications XBAP combinent les fonctionnalités des applications web et Windows. En effet, ces applications sont hébergées sur un serveur web et l'utilisateur y accède au moyen de son navigateur Internet. Cependant, il ne s'agit pas d'une application web, mais bien d'une application Windows qui s'exécute au travers du navigateur. Cela permet au développeur d'utiliser l'ensemble des fonctionnalités de WPF pour mettre en place ce type d'application.

Avec le framework .NET 3.0, les applications XBAP n'étaient exécutables que dans Internet Explorer. Depuis l'apparition du framework .NET 3.5, ces applications peuvent être exécutées dans Firefox.

Développement et déploiement d'une application XBAP

Développement de l'application

Pour développer une application XBAP, il faut tout simplement sélectionner le type de projet correspondant, dans Visual Studio. Pour cela, il convient de choisir le modèle de projet nommé WPF Browser Application (*application navigateur WPF*), illustré à la figure 15-1.

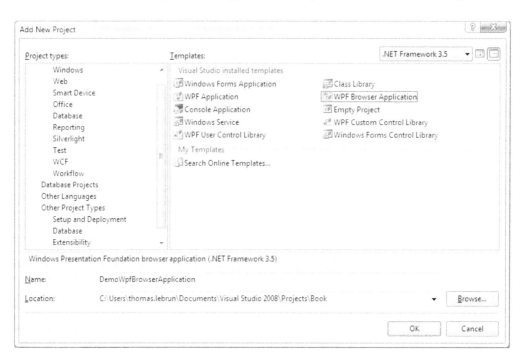

Figure 15-1

Création d'une application XBAP dans Visual Studio

Les applications navigateur ne sont pas composées de formulaires classiques, mais d'objet de type Page, comme le montre le code suivant :

```xml
<Page x:Class="DemoWpfBrowserApplication.Page1"
  xmlns="http://schemas.microsoft.com/winfx/2006/xaml/presentation"
  xmlns:x="http://schemas.microsoft.com/winfx/2006/xaml"
  Title="Page1">
 <Grid>
  <Button x:Name="btnNextPage"
          Content="Page suivante" HorizontalAlignment="Center"
          VerticalAlignment="Center"  Click="btnNextPage_Click" />
 </Grid>
</Page>
```

Pour passer de page en page, il est nécessaire d'utiliser le service de navigation (Navi-gationService). Grâce aux différentes méthodes qui le composent, ce service permet aux développeurs de contrôler les différentes pages vers lesquelles l'utilisateur sera redirigé :

```
private void btnNextPage_Click(object sender, RoutedEventArgs e)
{
    NavigationService.Navigate(new Page2());
}
```

Parmi les méthodes intéressantes du service de navigation, on retrouve :

- `Navigate` : navigue vers une partie de l'application. Cette méthode prend en paramètre un objet de type `object` ce qui signifie qu'il est possible de se diriger vers une autre page de l'application ou, tout simplement, vers un simple contrôle ;
- `GoBack` : retourner en arrière dans l'historique des pages visitées ;
- `GoForward` : à l'inverse de la méthode `GoBack`, celle-ci avance dans l'historique des pages ;
- `StopLoading` : comme son nom le laisse supposer, cette méthode arrête le chargement de la page ;
- `AddBackEntry` : ajoute, par programmation, une page à l'ensemble de celles visitées par l'utilisateur ;
- `RemoveBackEntry` : supprime dans l'historique une page précédemment vue par celui ou celle qui manipulera l'application.

À l'exécution, l'application apparaît dans le navigateur Internet par défaut de la machine (figure 15-2).

Figure 15-2

Visualisation de l'exécution d'une application XBAP au travers d'un navigateur web

Le code suivant sera appelé si un utilisateur clique sur le bouton :

```
private void btnNextPage_Click(object sender, RoutedEventArgs e)
{
    NavigationService.Navigate(new Page2());
}
```

Ce code permet d'invoquer le service de navigation et lui demande de naviguer vers la page 2, comme le confirme la figure 15-3.

Figure 15-3

*Résultat d'un appel
à la méthode Navigate
du service de navigation*

Les applications XBAP sont donc des applications Windows, mais qui s'exécutent dans un navigateur web, qui présente l'avantage de disposer d'un historique des pages visitées.

Avec les applications XBAP, cette affirmation est toujours vraie. En effet, n'oublions pas que ces applications sont constituées de pages et, à ce titre, le navigateur garde en mémoire un historique de toutes les pages qui ont été visitées durant l'exécution de l'application (figure 15-4).

Figure 15-4

*Visualisation des pages
visitées au sein d'une
application XBAP, grâce à
l'historique du navigateur*

Point sur la sécurité

Bien qu'au chapitre 16 nous parlerons de la sécurité en général, il est important de parler des contraintes de sécurité relatives à ce type d'applications. La sécurité des applications XBAP est un point qui fait toujours peur aux développeurs et aux utilisateurs. Étant donné qu'il s'agit d'une application Windows qui peut être hébergée sur Internet, rien ne garantit qu'elle ne contient pas un code frauduleux qui endommagera la machine physique.

Fort heureusement, il faut savoir que les applications XBAP s'exécutent dans ce que l'on appelle un *sandbox* (bac à sable). Il s'agit d'une zone sécurisée disposant d'un niveau de sécurité et d'un ensemble de droits. Dans le cas des applications XBAP, le niveau de confiance accordé correspond au jeu d'autorisations de la zone Internet. Ainsi, si vous essayez d'exécuter une opération qui demande plus de droits que nécessaire, l'application déclenchera une exception de type `SecurityException`.

Pour comprendre ce concept, observez le code suivant, qui est utilisé pour afficher le contenu du répertoire `C:\Windows` :

```
private void Page_Loaded(object sender, RoutedEventArgs e)
{
    var files = Directory.GetFiles(@"C:\Windows");
}
```

Il est tout à fait normal, pour des raisons de sécurité, qu'une application web ne puisse pas accéder au système de fichiers de la machine sur laquelle elle s'exécute. C'est pourquoi le code précédent déclenche l'exception évoquée précédemment, comme le confirme la figure 15-5.

Figure 15-5

Aperçu de l'exception générée lorsque le code appelant ne dispose pas des droits nécessaires

Mise en place du déploiement

Le déploiement d'une application XBAP est très simple à mettre en œuvre. Au moment de la compilation, trois fichiers sont créés :

- un fichier exécutable qui porte l'extension .exe ;

- un manifeste d'application, qui contient les métadonnées associées à l'application. Ce fichier porte l'extension .manifest ;

- un manifeste de déploiement, qui porte l'extension .xbap et qui contient les informations utilisées pour déployer l'application.

La notion de manifeste

Un fichier manifeste est un fichier, souvent écrit au format XML, qui contient un ensemble de données qui seront utilisées par l'application pour obtenir des informations qui lui sont nécessaires.

Pour que l'application soit accessible à travers l'Internet, il suffit de déployer les fichiers sur un serveur web comme IIS ou Apache. La seule contrainte relative à ce déploiement réside dans le fait qu'il est obligatoire, sur le serveur web, d'enregistrer les extensions de fichiers évoquées précédemment ainsi que le type MIME (*Multipurpose Internet Mail Extension*) nommé XBAP. Cette étape permettra au serveur web de rediriger correctement l'utilisateur lorsque celui-ci, au travers de son navigateur, demandera à accéder à un fichier portant l'extension .xbap (figure 15-6).

Figure 15-6

Enregistrement du type MIME XBAP sur le serveur web

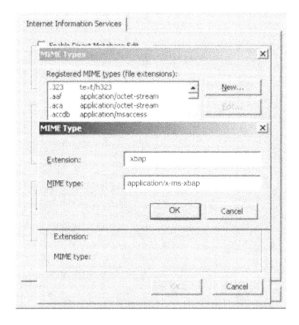

Ensuite, il ne reste plus qu'à donner un lien direct vers le fichier portant l'extension .xbap : lorsque l'utilisateur se rendra sur cette page, le moteur WPF se chargera de gérer le téléchargement et l'exécution de l'application.

Installation du framework .NET sur le serveur

Étant donné que l'application XBAP est téléchargée puis exécutée directement sur le poste client, il n'est pas nécessaire d'installer le framework .NET sur le serveur. Cela permet d'héberger les applications sur tous types de serveurs web, tous systèmes d'exploitation confondus.

Afin d'éviter au poste client de télécharger l'application à chaque fois que l'utilisateur utilise son navigateur Internet pour pointer vers l'adresse du fichier XBAP, les applications navigateurs s'exécutent au travers d'un cache. Cependant, si un développeur met à jour l'application sur le serveur, il peut s'avérer nécessaire d'être dans l'obligation de forcer le renouvellement du cache pour que l'ordinateur télécharge la nouvelle version. Pour cela, il est possible d'utiliser l'utilitaire *mage.exe*, disponible dans le SDK (*Software Development Kit*) de Windows. La commande exacte à exécuter est la suivante :

```
mage.exe -cc
```

De cette façon, le cache est vidé et, si l'utilisateur se rend à nouveau sur la page contenant l'application XBAP, celle-ci est téléchargée à nouveau, ce qui assure de disposer de la dernière version (figure 15-7).

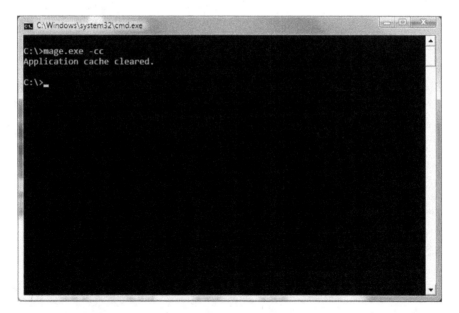

Figure 15-7

Suppression du cache des applications XBAP

Performances de démarrage d'une application XBAP

Le démarrage des applications XBAP constitue le point faible de ce type d'applications. En effet, si une application XBAP est la première application WPF à se charger en mémoire, le démarrage peut prendre jusqu'à une dizaine de secondes. Deux raisons majeures expliquent ce phénomène.

Tout d'abord, il est nécessaire de laisser le temps à la machine de démarrer certains services qui permettent d'optimiser les temps de démarrage des futures applications WPF qui seront exécutées. L'un de ces services se trouve être le service Windows nommé *Windows Presentation Foundation Font Cache* et dont le rôle est de mettre en cache les polices les plus couramment utilisées dans les applications WPF (figure 15-8).

Figure 15-8

Le service Windows Presentation Font Cache met en cache les polices souvent utilisées dans les applications WPF.

L'autre raison expliquant les lenteurs de chargement des applications XBAP provient des applications en elles-mêmes. En effet, avant d'être complètement téléchargées et proposées à l'utilisateur, les applications affichent une page indiquant la progression du téléchargement, comme on peut le voir à la figure 15-9.

Figure 15-9

L'écran de chargement des applications XBAP est lui-même développé en WPF.

Il faut savoir que cet écran (qui ne peut pas être modifié) est installé en même temps que le framework .NET 3.0, a été entièrement développé en WPF par les équipes en charge de WPF, chez Microsoft. Il en résulte qu'avant même de lancer le téléchargement de l'application, la machine hôte doit démarrer les services nécessaires à l'optimisation des applications WPF pour pouvoir afficher cette page de téléchargement !

Fort heureusement, il s'agit là d'un point qui fut très tôt remonté aux équipes de développement de WPF. Après concertation, les développeurs ont décidé de refaire cette page de chargement en utilisant uniquement le langage HTML (*HyperText Markup Language*). Ainsi, le démarrage de l'application est accéléré car seule l'application est développée en WPF. Cette optimisation fait partie du Service Pack 1 du framework .NET 3.5.

D'une manière générale, au niveau des performances des applications WPF, de véritables efforts ont été faits chez Microsoft. Le résultat est véritablement significatif car avec le Service Pack 1 du framework .NET 3.5, les performances des applications WPF ont été améliorées de 20 à 45 % (suivant les applications) et cela sans avoir besoin de modifier le code source.

Le type NavigationWindow

Il existe une autre technique permettant de développer, grâce à WPF, une application navigateur et cela sans que l'application finale ne s'exécute au sein d'un navigateur web. Un objet particulier permet d'arriver à ce résultat : l'objet NavigationWindow (figure 15-10).

Figure 15-10

Une application navigateur ne nécessitant pas de navigateur Internet

Les objets de type NavigationWindow sont des formulaires WPF, qui disposent d'un service de navigation permettant de passer d'une page à une autre, de la même manière qu'avec une application XBAP.

Pour parvenir à ce résultat, il est cependant nécessaire d'écrire du code car aucun modèle de projet, permettant la création d'objet de ce type, n'est disponible dans Visual Studio.

Ainsi, il suffit de modifier le code C# pour changer l'héritage (on hérite maintenant de NavigationWindow et non plus de Window) :

```
public partial class Window1 : NavigationWindow
```

Puis, il faut remplacer le code XAML du formulaire WPF par celui-ci :

```
<NavigationWindow x:Class="DemoNavigationWindow.Window1"
xmlns="http://schemas.microsoft.com/winfx/2006/xaml/presentation"
xmlns:x="http://schemas.microsoft.com/winfx/2006/xaml"
Title="Démonstration des NavigationWindow"
Height="300"
Width="300"
ShowsNavigationUI="True">
    <NavigationWindow.Content>
        <Grid>
        </Grid>
    </NavigationWindow.Content>
</NavigationWindow>
```

La propriété ShowsNavigationUI permet d'afficher ou de masquer les boutons situés sur le haut de la fenêtre. Comme avec un navigateur web, ces boutons sont utilisés pour accéder à l'historique des pages visitées, permettant de s'y rendre plus aisément (figure 15-11).

Figure 15-11
Accès depuis l'interface utilisateur à l'historique des pages visitées

Mais il est également possible d'accéder à cet historique directement depuis le code, grâce aux propriétés ForwardStack et BackStack, qui ne sont rien d'autres que des piles contenant l'ensemble des pages visitées. Ainsi, le développeur peut énumérer l'ensemble de ces pages, directement depuis le code :

```
foreach(JournalEntry entry in this.BackStack)
{
    string name = entry.Name;
    Uri sourceUri = entry.Source;
}
```

```
foreach(JournalEntry entry in this.ForwardStack)
{
    string name = entry.Name;
    Uri sourceUri = entry.Source;
}
```

Chaque entrée des historiques de page avant ou de page arrière est un objet de type `JournalnalEntry` qui possède deux propriétés particulières : `Name` et `Source`. Alors que la propriété `Name` vous permettra de connaître le nom de la page visitée, la propriété `Source` (de type `Uri`) vous renverra à l'adresse de la page pour éventuellement l'utiliser avec le service de navigation :

```
NavigationService.Navigate(sourceUri);
```

Résumé

Les applications navigateur permettent de développer des applications utilisant toute la puissance de WPF, mais offrant la simplicité de déploiement des applications web.

Les `NavigationWindow` permettent de développer des applications Windows possédant des caractéristiques similaires aux applications hébergées dans un navigateur web.

À l'heure actuelle, si les applications XBAP sont souvent utilisées sur Internet à des fins de démonstrations, les applications employant les `NavigationWindow` sont encore très rares.

Après avoir découvert ce nouveau type d'applications, il est à présent temps de découvrir, grâce au chapitre 16, comment il va vous être possible de créer une application WPF qui réemploie vos anciens composants ou comment vous allez pouvoir, au sein de votre application actuelle, utiliser des contrôles WPF, afin de profiter d'une meilleure expérience utilisateur (et tout ceci avec un minimum de développement).

16

Interopérabilité WPF et WindowsForms

WPF est une technologie puissante mais encore jeune. À ce titre, certains contrôles ou certaines actions ne sont pas disponibles pour le moment. Heureusement, il existe des scénarios d'interopérabilité permettant de contourner ce genre de problèmes. Nous ferons également le point sur la sécurité.

Intégration des WindowsForms dans WPF

Il existe un grand nombre de scénarios dans lesquels l'intégration de contrôles Windows-Forms dans une application WPF peut s'avérer utile.

L'un des scénarios les plus courants est la migration d'un projet WindowsForms vers WPF. Cette migration peut être souhaitée pour diverses raisons comme l'envie de séparer le travail des développeurs et des designers, le besoin d'utiliser une fonctionnalité qu'il serait plus simple à mettre en place avec WPF ou, tout simplement, pour proposer une nouvelle version d'une application, offrant une plus grande expérience utilisateur. Afin d'être sûr de terminer la migration à temps ou bien par manque de connaissances, il peut être intéressant (voire nécessaire) d'intégrer certaines parties du projet original dans la version WPF. Puis, par la suite (entendez par là une seconde version de la nouvelle application), vous pourrez finir le développement en employant seulement des contrôles WPF (natifs ou personnalisé, selon les besoins).

Pour commencer cette migration, le composant nommé WindowsFormsHost, situé dans l'espace de noms System.Windows.Forms.Integration, se révélera fort utile. Il est en effet utilisé dans ce genre de situation. Il permet d'héberger un contrôle WindowsForms au sein d'une application WPF.

Intégration d'un contrôle unique

Pour pouvoir utiliser ce contrôle, il est nécessaire d'ajouter, à votre projet, une référence vers l'assemblage .NET, nommé WindowsFormsIntegration (comme le montre la figure 16-1).

Figure 16-1

Ajout de la référence nécessaire à l'utilisation de la classe WindowsFormsHost

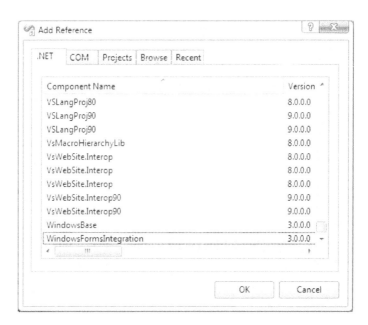

L'ajout de la référence autorise à employer par la suite les différentes classes (que nous allons détailler) qui permettent les scénarios d'interopérabilité. Il ne reste qu'à écrire le code pour instancier un objet de type WindowsFormsHost, puis définir quel sera le contrôle WindowsForms qui sera hébergé à l'intérieur. Pour finir, il faut ajouter le contrôle d'interopérabilité sur le formulaire WPF. Tout ceci se traduit par le code suivant :

```
PropertyGrid pg = new PropertyGrid();
pg.SelectedObject = this;

WindowsFormsHost host = new WindowsFormsHost();
host.Child = pg;

this.LayoutRoot.Children.Add(host);
```

Cet exemple de code permet de définir un objet de type PropertyGrid (indisponible avec WPF, ce qui confirme qu'il s'agit bien d'un contrôle WindowsForms) et d'affecter à sa propriété SelectedObject l'instance de la fenêtre WPF courante. Ensuite, un WindowsForms-Host est créé et, *via* sa propriété Child, on définit quel sera le contrôle WindowsForms à utiliser.

Lorsque l'utilisateur exécute l'application, il retrouve bien son application WPF contenant un `PropertyGrid` lié à la fenêtre : le titre de la fenêtre est bien le même que celui indiqué dans le `PropertyGrid`, comme le confirme la figure 16-2.

Figure 16-2

Un WindowsFormsHost appliquant un PropertyGrid sur une fenêtre WPF

Bien sûr, le code C# qui a été écrit auparavant peut être écrit entièrement en XAML et cela ne demande que quelques petites modifications.

Tout d'abord, il est nécessaire de déclarer un espace de noms XML référençant l'espace de noms .NET associé aux `WindowsForms` :

```
xmlns:wf="clr-namespace:System.Windows.Forms;assembly=System.Windows.Forms"
```

Ensuite, il ne reste qu'à faire appel aux classes évoquées jusque-là (`WindowsFormsHost` entre autres) :

```
<Grid x:Name="LayoutRoot">
    <WindowsFormsHost HorizontalAlignment="Center"
                      VerticalAlignment="Center">
        <wf:MaskedTextBox Mask="00-00-00-00-00" />
    </WindowsFormsHost>
</Grid>
```

Notez que, dans cet exemple, nous ne faisons pas appel à un `PropertyGrid`, mais à un `MaskedTextBox` (un autre contrôle indisponible avec WPF qui permet de disposer d'une zone de texte sur laquelle l'utilisateur ne peut insérer que des données correspondant à un masque de saisie). L'exemple précédent ne peut pas être réutilisé dans ce cas. En effet, pour que PropertyGrid fonctionne, il est nécessaire de le lier à la fenêtre ou à n'importe quel autre contrôle WPF. Cela pourrait tout à fait être effectué en code C# (ou VB.NET), mais il n'est pas possible de le coder en XAML. En effet, il faudrait alors utiliser la liaison de données, or la propriété SelectedObject n'est pas une DependencyProperty (condition obligatoire pour que la liaison fonctionne). Bien sûr, cela n'empêche absolument pas l'application de fonctionner correctement, comme le prouve la figure 16-3.

Figure 16-3

Affichage d'une MaskedTextBox via un WindowsFormsHost, le tout entièrement en code XAML

Intégration d'un groupe de contrôles

Le contrôle WindowsFormsHost est très puissant, mais il ne permet d'insérer dans une application WPF qu'un seul contrôle WindowsForms. Autrement dit, si l'interface est composée d'un très grand nombre de contrôles (comme c'est souvent le cas), le développeur est dans l'obligation d'utiliser un contrôle de type WindowsFormsHost pour chaque WindowsForms.

Comme vous pouvez vous en douter, cette solution n'est pas viable : elle ferait perdre trop de temps aux développeurs. Heureusement, il existe un moyen de contourner ce problème : les contrôles utilisateur WindowsForms.

La propriété Child, de la classe WindowsFormsHost, est une propriété de type System.Windows.Forms.Control. Autrement dit, cela signifie qu'il est possible d'assigner n'importe quel objet de ce type (ou d'un type enfant) à cette propriété. Or, la classe UserControl des WindowsForms hérite de la classe ContainerControl qui hérite, à son tour, de la classe ScrollableControl. Et c'est cette classe, ScrollableControl, qui hérite de Control (figure 16-04).

Par conséquent, tous les contrôles utilisateur WindowsForms (qui sont employés pour regrouper un ensemble de contrôles) peuvent être utilisés !

Figure 16-4

*Liste des classes
permettant
l'héritage de la
classe UserControl
des WindowsForms*

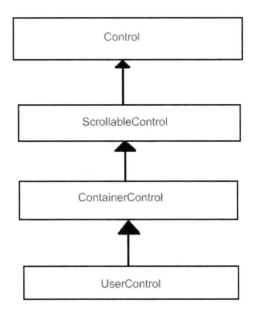

Le développement est très similaire à l'utilisation d'un contrôle simple :

```
DemoUC uc = new DemoUC();

WindowsFormsHost host = new WindowsFormsHost();
host.Child = uc;

this.LayoutRoot.Children.Add(host);
```

Seule la version XAML de ce code est légèrement différente, car elle nécessite de faire appel à un nouvel espace de noms XML utilisé pour faire référence à l'espace de noms courant :

```
<Window x:Class="DemoInterop.Window1"
xmlns="http://schemas.microsoft.com/winfx/2006/xaml/presentation"
xmlns:x="http://schemas.microsoft.com/winfx/2006/xaml"
xmlns:wf="clr-namespace:System.Windows.Forms;assembly=System.Windows.Forms"
xmlns:local="clr-namespace:DemoInterop"
Title="Démonstration du WindowsFormsHost"
Height="300"
Width="300"
x:Name="window">
    <Grid x:Name="LayoutRoot">
        <WindowsFormsHost>
            <local:DemoUC />
        </WindowsFormsHost>
    </Grid>
</Window>
```

Mais, à l'exécution, tout se déroule parfaitement : le contrôle utilisateur `WindowsForms` s'affiche sans aucun souci (figure 16-5).

Figure 16-5

Un contrôle utilisateur avec un WindowsFormsHost

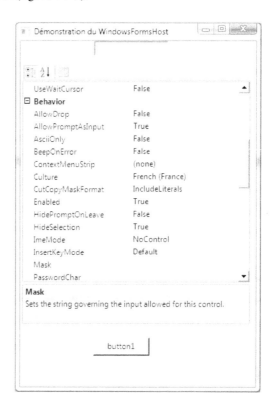

Intégration de WPF dans les WindowsForms

Le deuxième cas d'interopérabilité que l'on rencontre fréquemment (ou que l'on est amené à mettre en place) se trouve être la situation inverse : l'hébergement d'un contrôle WPF au sein d'une application WindowsForms.

Il n'est pas inconcevable, dans une application WindowsForms, de vouloir intégrer du WPF car :

- la fonctionnalité désirée n'existe pas en WindowsForms ;
- l'implémentation est beaucoup plus rapide en WPF ;
- le développement de cette fonctionnalité est plus simple à mettre en œuvre avec WPF.

Imaginez par exemple que vous êtes en train de développer une application Windows-Forms et que vous souhaitiez concevoir un contrôle de type ruban, comme celui que l'on retrouve dans Microsoft Office 2007. Ce type de contrôle est relativement complexe à mettre en œuvre en WindowsForms, de part le fait que le contrôle possède une interface évoluée, des effets de style et un grand nombre d'animations. Avec WPF, un contrôle de ce type est beaucoup plus simple à développer. L'interface graphique peut-être créée, en XAML, par un designer qui se chargera également de mettre en place les différentes animations. Le développeur n'aura plus qu'à définir les méthodes qui seront appelées lorsque les événements seront déclenchés par l'utilisateur.

Fort heureusement, la classe ElementHost est disponible pour répondre à ce genre de scénario. Son utilisation est très similaire à la classe WindowsFormsHost, comme le souligne ce code :

```
System.Windows.Controls.MediaElement me = new System.Windows.Controls.MediaElement();
me.Source = new Uri("unreal.wmv", UriKind.Relative);

System.Windows.Controls.Button wpfButton = new System.Windows.Controls.Button();
wpfButton.Content = me;

ElementHost host = new ElementHost();
host.Dock = DockStyle.Fill;
host.Child = wpfButton;

this.Controls.Add(host);
```

Lorsque l'utilisateur exécute l'application, il se rend compte qu'elle fonctionne : il retrouve bien un bouton WPF inséré sur une application WindowsForms, comme le confirme la figure 16-6.

Figure 16-6

Le contrôle ElementHost héberge un contrôle WPF dans une WindowsForms.

Il est également possible d'intégrer un contrôle ElementHost sur une application WindowsForms depuis la surface de dessin de Visual Studio. Dans la version 2008, le contrôle est en effet disponible directement depuis la boîte à outils (figure 16-7).

Figure 16-7

Avec Visual Studio 2008, le contrôle ElementHost est disponible dans la boîte à outils.

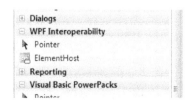

Il suffit d'un simple glisser-déposer sur le formulaire pour qu'une instance de la classe `ElementHost` soit ajoutée à l'ensemble des contrôles. Une fois le contrôle positionné, on peut en définir le contenu en utilisant son `SmartTag` (il s'agit de la petite flèche située en haut à droite du contrôle). Ceci est illustré à la figure 16-8.

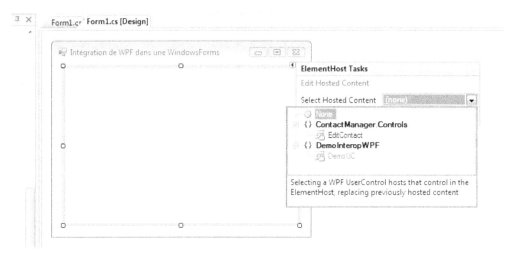

Figure 16-8

Sélection d'un contrôle WPF à insérer sur le formulaire Windows à l'aide d'un ElementHost

Que l'on utilise un simple contrôle WPF ou bien un contrôle plus complexe, comme un contrôle utilisateur ou un contrôle personnalisé, le résultat est directement visible sur la surface de dessin de Visual Studio (comme le montre la figure 16-9), mais également à l'exécution de l'application.

Figure 16-9

Résultat de l'utilisation du Designer de Visual Studio 2008 pour intégrer un contrôle WPF sur une WindowsForms

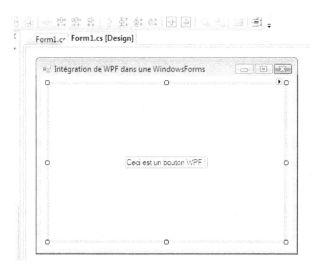

Interopérabilité avec Win32

Il est, à mon sens, important de rappeler que l'interopérabilité ne fonctionne pas qu'avec le framework .NET : il est tout à fait possible de travailler avec des technologies plus anciennes, telles que Win32. Le développeur dispose alors de classes spécifiques (HwndSource et HwndHost) qu'il pourra utiliser.

Ainsi, la classe HwndSource est utilisée pour héberger du contenu WPF dans une fenêtre Win32. Le code suivant est utilisé pour héberger un contrôle de type Button au sein d'une fenêtre Win32, développée entièrement en C++ :

```
System::Windows::Interop::HwndSourceParameters p;

p.WindowStyle = WS_VISIBLE | WS_CHILD;
p.PositionX = 10;
p.PositionY = 10;
p.Width = 500;
p.Height = 350;
p.ParentWindow = System::IntPtr(hDlg);

System::Windows::Interop::HwndSource^ source = gcnew System::Windows::
Interop::HwndSource(p);

source->RootVisual = gcnew System::Windows::Controls::Button();
```

Vous pouvez constater que l'utilisation de cette classe est très simple. Les opérations réalisées sont faciles : on définit les paramètres de l'instance de la classe HwndSource et l'on assigne à sa propriété RootVisual l'instance du contrôle WPF utilisé dans l'application.

La classe HwndHost sert à héberger un contrôle Win32 au sein d'une application WPF. Étant donné que WPF est une nouvelle technologie, on pourrait se demander quel est l'intérêt d'intégrer un contrôle Win32 dans du WPF. Un exemple simple, mais très révélateur, est l'utilisation de périphérique de capture vidéo, comme les webcams : WPF ne dispose, nativement, d'aucun contrôle permettant de les manipuler. Cependant, la technologie DirectShow (manipulable *via* du code C++) de Microsoft est tout à fait en mesure de supporter ce type de périphérique. Ainsi, il peut s'avérer intéressant de créer un contrôle Win32 de manipulation d'une webcam, afin de l'utiliser dans une application WPF.

Pour pouvoir employer la classe HwndHost, il est nécessaire de créer une classe qui en hérite. Cette étape est obligatoire car la classe HwndHost est marquée comme abstract, ce qui signifie qu'il est impossible d'en créer une instance :

```
ref class WebCamHwndHost : HwndHost
{
protected:
 virtual HandleRef BuildWindowCore(HandleRef hwndParent) override
```

```
{
  HWND hwnd = CreateWindow(L"WebcamClass",
    NULL,                           // Titre
    WS_CHILD,                       // Style
    CW_USEDEFAULT, 0,               // Position
    Webcam::GetWidth(),             // Largeur
    Webcam::GetHeight(),            // Hauteur
    (HWND)hwndParent.Handle.ToInt32(),   // Parent
    NULL,                           // Menu
    GetModuleHandle(NULL),          // hInstance
    NULL);                          // Paramètre optionnel
  if (hwnd == NULL)
    throw gcnew ApplicationException("CreateWindow a échoué !");
  Webcam::AttachToWindow(hwnd);
  return HandleRef(this, IntPtr(hwnd));
}
virtual void DestroyWindowCore(HandleRef hwnd) override
{
  // Nettoyage :s
  ::DestroyWindow((HWND)hwnd.Handle.ToInt32());
}
} ;
```

Lorsque l'on hérite de HwndHost, il est nécessaire de surcharger deux méthodes :

- *BuildWindowCore* : méthode qui prend en charge, *via* un appel à la méthode CreateWindow, la création de la classe qui sera hébergée dans l'application WPF. Cette méthode renvoie un objet de type HWND ;

- *DestroyWindowCore* : dans cette méthode, vous aurez l'opportunité de libérer les ressources lorsqu'elles ne seront plus utilisées.

Pour héberger votre contrôle Win32 dans l'application WPF, il vous suffit de déclarer une instance de la classe WebCamHwndHost :

```
ref class Window1 : Window
{
public:
  Window1()
  {
    DockPanel^ panel = gcnew DockPanel();
    WebCamHwndHost^ host = gcnew WebCamHwndHost();
    Label^ label = gcnew Label();
    label->FontSize = 20;
    label->Content = "Le controle Win32 est docké.";
    panel->Children->Add(host);
    panel->Children->Add(label);
    this->Content = panel;

    if (FAILED(Webcam::Initialize(640, 480)))
    {
```

```
    ::MessageBox(NULL, L"Impossible de communiquer avec le périphérique de capture vidéo",
    ➥L"Erreur", 0);
    }
  Webcam::Start();
  }
  ~Window1()
  {
  Webcam::Terminate();
  }
} ;
```

Bien que l'interopérabilité soit un mécanisme très efficace pour réutiliser du code que vous auriez déjà développé, il est à noter qu'il existe quelques problèmes, comme nous allons le voir tout de suite.

Problèmes liés à l'interopérabilité

Lorsqu'il est nécessaire de faire communiquer deux technologies, il peut arriver que l'on rencontre différents problèmes qu'il est préférable de connaître (ou, tout du moins, d'en avoir connaissance) avant d'entreprendre le développement d'une application.

Dans le cas de WPF, un certain nombre de problèmes ont été identifiés, dans les scénarios d'interopérabilité avec le framework .NET et avec les contrôles Win32. Parmi ces problèmes, on peut noter, entre autres :

- l'impossibilité d'effectuer des transformations ;
- le fait que les contrôles Win32 restent toujours au premier plan (par rapport aux contrôles WPF) ;
- l'incapacité, pour le contrôle WindowsFormsHost de spécifier une instance de la classe Window pour la propriété Child ;
- dans le cas d'une application navigateur utilisant un PropertyGrid, l'appui sur la touche retour en arrière (*backspace*) renvoie l'utilisateur sur la page précédente.

Certains de ces problèmes ont été reconnus par Microsoft et seront corrigés dans les prochaines versions de WPF : en attendant, il existe des solutions de contournement sur Internet. Cependant, dans certains cas, ces problèmes ne peuvent pas être résolus de par le fait que l'on manipule deux technologies différentes.

Liste des problèmes liés à l'interopérabilité

La liste évoquée précédemment ne représente qu'un ensemble de problèmes que j'ai personnellement rencontré ou dont j'ai eu connaissance. Notez qu'il ne s'agit pas d'une liste exhaustive et qu'il est possible que vous soyez confronté, lors de vos développements, à un problème qui n'a pas été cité.

Il reste un point qui n'a pas été abordé au cours de ce livre : il s'agit de la sécurité relative aux applications WPF. C'est donc ce que nous allons voir tout de suite.

WPF et la sécurité

Il convient d'abord de savoir que la sécurité est entièrement gérée par le framework .NET et, plus précisément, par sa brique nommée CAS (*Code Access Security*). Cette brique est chargée d'identifier à l'exécution toutes les ressources systèmes (système de fichiers, base de registre, etc.) auxquelles l'application tente d'accéder. Pour chaque ressource, elle définit un jeu de permissions particulier qui assignera des droits et des autorisations spécifiques à l'application. Ainsi, on retrouve, dans le framework .NET, divers jeux de permissions prédéfinis :

- `FullTrust` : assigne tous les droits à l'application ;

- `LocalIntranet` : propose un jeu de permissions moins élevé (on suppose en effet que l'application est exécutée depuis un intranet) ;

- `Internet` : assigne à l'application le moins de droit possible, évitant ainsi toute faille de sécurité.

Toutes les applications WPF qui sont installées physiquement sur une machine, qu'elles soient déployées *via* `Windows Installer`, `XCopy` ou `ClickOnce`, doivent être exécutées avec le jeu de permissions `FullTrust`. Il s'agit là d'une contrainte obligatoire qu'il n'est pas possible d'outre-passer car le système d'exploitation requiert la permission d'exécuter du code non .NET lorsqu'il exécute votre application WPF.

Les applications XBAP utilisent une stratégie différente. Tout d'abord, elles s'exécutent dans un contexte sécurisé appelé « bac à sable » (*sandbox*). De plus, bien que téléchargées la plupart du temps depuis Internet, ces applications s'exécutent avec le jeu de permissions qu'elles demandent et non pas, comme on pourrait s'y attendre, avec le jeu de permission `Internet`. Par défaut, si le développeur ne modifie pas la configuration de l'application, ce jeu de permissions (défini par défaut pour toutes les applications XBAP) sera utilisé. Il est toutefois possible de le modifier depuis dans l'onglet Sécurité (*Security*) des propriétés du projet Visual Studio :

Il est envisageable qu'une application se trouve dans l'obligation d'appeler du code nécessitant plus de permissions que ce qui lui a été attribué. Dans ce cas, une exception de type `SecurityException` est déclenchée et vous avez alors deux possibilités :

- vous abonner, dans la classe `App.cs`, à l'événement `DispatcherUnhandledException` (qui attrape toutes les exceptions qui ne sont pas gérées dans l'application) et traiter l'exception pour notifier l'utilisateur que l'opération n'a pas été exécutée ;

- choisir de ne pas traiter l'exception, ce qui entraînera l'arrêt complet de l'application.

D'une manière générale, il est important de retenir qu'une application WPF n'est pas autorisée à exécuter une commande qui requiert plus de privilèges que ce qui lui a été attribué et que toute la sécurité de ces applications est gérée directement par le framework .NET.

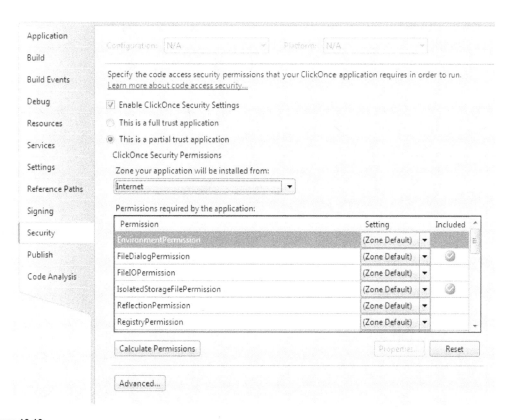

Figure 16-10

Interface permettant la modification des permissions accordées à une application XBAP

Résumé

WPF est une technologie puissante, mais, je le répète, encore jeune. Tout le monde ne peut pas se permettre de commencer le développement d'un projet en utilisant cette technologie.

Heureusement, grâce à l'interopérabilité qu'il est possible de mettre en place, il devient aisé d'intégrer des parties de WPF dans des développements actuels ou bien de réutiliser un existant au sein d'une application WPF.

Bien sûr, encore beaucoup de projets existants sont développés avec d'anciennes technologies comme Win32 et WPF offre, une fois de plus, la possibilité d'interopérer avec ces projets ou, d'une manière plus générale, avec des contrôles développés au moyen de ces technologies.

Après avoir couvert l'ensemble des fonctionnalités offertes par WPF, il est temps de découvrir son équivalent pour le Web, qui fait de plus en plus parler de lui sur Internet : Silverlight.

Partie V

De WPF à Silverlight

Cette partie a pour objectif de faire découvrir Silverlight, le plug-in de Microsoft permettant de développer des applications Internet riches. Basé sur WPF, nous verrons qu'il comporte cependant un certain nombre de différences importantes pour le développeur comme pour l'utilisateur.

Le chapitre 17 présentera la technologie Silverlight. Nous expliquerons pourquoi il existe deux versions de Silverlight, et nous étudierons l'architecture et les composants de cette technologie.

Le chapitre 18 permettra de vous initier au développement d'applications Silverlight 2. Vous y apprendrez comment définir l'interface graphique, comment gérer les événements mais également comment créer votre propre contrôle.

Enfin, dans le chapitre 19, vous découvrirez certains aspects plus avancés du développement Silverlight, comme l'utilisation du stockage isolé, l'écriture de contrôle personnalisé ou bien l'exécution de tâches asynchrones.

17

Présentation de Silverlight

WPF est la nouvelle technologie de développement d'interfaces graphiques pour les applications Windows. Nous allons découvrir, dans ce chapitre, que Silverlight se trouve être la version web de WPF. Vous apprendrez ce qu'est Silverlight, quelle est l'architecture utilisée mais également quels sont les principaux composants de cette technologie.

Principes de Silverlight

Silverlight, dont l'ancien nom de code était **WPF /E** (pour *Windows Presentation Foundation Everywhere*), est un plug-in multinavigateurs et multiplateformes dont le but est l'implémentation du framework .NET pour le développement d'applications Internet riches (RIA, *Rich Internet Applications*).

Taille du plug-in

Le plug-in Silverlight est très léger : il ne pèse que 4 Mo et s'installe en moins de 30 secondes.

Silverlight est multiplateformes et multinavigateurs. À ce titre, le plug-in peut être installé sur les systèmes d'exploitation suivants :

- Windows 2000, 2003, XP et Vista ;
- Mac OS X (figure 17-1) ;
- Windows Mobile 6.

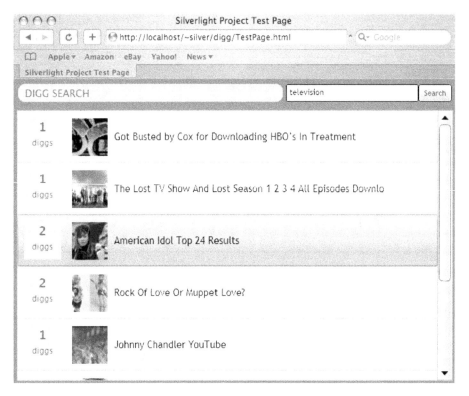

Figure 17-1

Démonstration d'une application Silverlight 2 sur Mac OS

Source : http://weblogs.asp.net/scottgu/archive/2008/02/22/first-look-at-silverlight-2.aspx

En ce qui concerne Linux, le développement de *Moonlight* (l'implémentation de Silverlight pour Linux) est actuellement en cours grâce aux équipes de Novell (qui sont également en charge d'implémenter le framework .NET pour Linux).

Au niveau des navigateurs supportés, Silverlight peut fonctionner avec : Internet Explorer, Firefox et Safari.

Il est important de noter qu'il existe deux versions de Silverlight : Silverlight 1.0 et Silverlight 2.

Silverlight 1.0

Silverlight 1.0 dispose d'un noyau permettant de gérer l'interface utilisateur, les entrées utilisateur, les animations, la lecture de médias et un grand nombre d'autres services.

Le développement d'une application Silverlight 1.0 se fait en deux étapes. Tout d'abord, le développeur ou le désigner va se charger de réaliser l'interface graphique de l'application. Pour cela, ils utilisent des outils (tels qu'Expression Blend ou Visual Studio) qui généreront le code XAML représentant l'interface. Dans cette première version, un petit nombre de contrôles de base sont disponibles (rectangle, ellipse, etc.), mais rien de plus :

```
<Canvas xmlns="http://schemas.microsoft.com/client/2007"
        xmlns:x="http://schemas.microsoft.com/winfx/2006/xaml">
    <Rectangle RadiusX="20"
               RadiusY="40"
               Width="120"
               Height="40"
               Fill="Black"
               x:Name="highlightEllipse"
               Canvas.Left="5"
               Canvas.Top="5"/>
</Canvas>
```

Ensuite, le développeur aura la tâche de gérer les événements associés aux contrôles utilisés pour représenter l'interface graphique. Pour cela, il ne pourra utiliser qu'un seul langage de programmation, JavaScript.

```
if (!window.DemoSilverlightJS)
    window.DemoSilverlightJS = {};

DemoSilverlightJS.Scene = function()
{
}

DemoSilverlightJS.Scene.prototype =
{
    handleLoad: function(plugIn, userContext, rootElement)
    {
        this.plugIn = plugIn;

        this.rectangle = rootElement.children.getItem(0);

        this.rectangle.addEventListener("MouseLeftButtonDown",
        ➡Silverlight.createDelegate(this, this.handleMouseDown));
    },

    handleMouseDown: function(sender, eventArgs)
    {
        alert("Vous avez cliqué sur le rectangle !");
    }
}
```

Dans cet exemple de code, nous nous abonnons, en JavaScript, à l'événement MouseLeftButtonDown et une boîte de dialogue s'ouvre lorsque cet événement est déclenché.

La figure 17-2 montre ce qui se passe lorsqu'un utilisateur clique sur le rectangle.

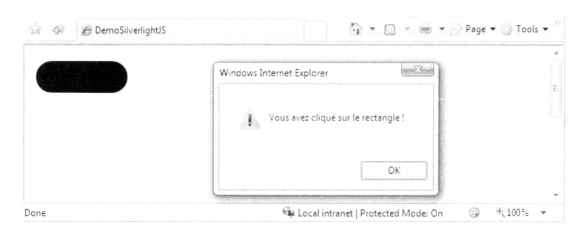

Figure 17-2

Apparition d'une boîte de dialogue lors du clic sur le rectangle Silverlight

À ce stade, remarquez que bien que le résultat s'exécute dans un navigateur Internet, le modèle de programmation est quasiment identique pour Silverlight et WPF.

Silverlight 2 permet d'aller encore plus loin, en proposant un modèle de programmation véritablement identique : seules les fonctionnalités proposées seront différentes. Avant de se concentrer plus en détail sur cette deuxième version, il convient de se demander quel est l'intérêt d'utiliser la version 1.0 alors que la version 2 semble proposer un plus grand nombre de possibilités.

La raison est très simple : la première version de Silverlight a permis de démontrer vers quels horizons Microsoft souhaite se diriger dans le domaine des applications Internet riches. Ainsi, cette version a rapidement été finalisée et mise à disposition des développeurs et des utilisateurs, avec une licence permettant de mettre en production des produits ou services reposant sur cette version de la technologie. Pendant très longtemps, la version 2 de Silverlight a été mise à disposition sans disposer d'une licence équivalente : il n'était donc pas légalement possible de mettre en production des applications réalisées avec une technologie encore en phase de développement.

Cet aparté étant fait, il est temps d'en apprendre un peu plus sur Silverlight 2 et ses fonctionnalités.

Silverlight 2

Anciennement dénommé Silverlight 1.1, puis renommé Silverlight 2, cette version est une évolution majeure de Silverlight 1.0 qui rassemble toutes les fonctionnalités proposées par ce dernier, mais qui intègre également un sous-ensemble du framework .NET.

Version de Silverlight 2

À l'heure où sont écrites ces lignes, la version finale de Silverlight 2 vient de voir le jour. Elle est en effet disponible en téléchargement depuis le 15 octobre 2008 !

Pour les développeurs, il s'agit d'une grande avancée car cela signifie qu'ils ont la possibilité d'utiliser les langages C# ou VB.NET pour développer leurs applications Silverlight. Ils ont donc accès à un très grand nombre de classes leur permettant de disposer des fonctionnalités, telles que l'introspection, la lecture de flux XML, l'appel de services web, etc.

Même la sécurité est au rendez-vous : les applications Silverlight 2 s'exécutant dans un bac à sable (*sandbox*), il est impossible d'accéder à des ressources extérieures (système de fichiers, base de registre, API, etc.).

Beaucoup plus riche en termes de fonctionnalités que la version 1.0, Silverlight 2 contient également tout un ensemble de contrôles utilisables pour le développement d'une application. À ce titre, on retrouve :

- le bouton ;
- le calendrier ;
- la ListBox ;
- la zone de texte (TextBox).

Figure 17-3

Aperçu de l'application Silverlight 2

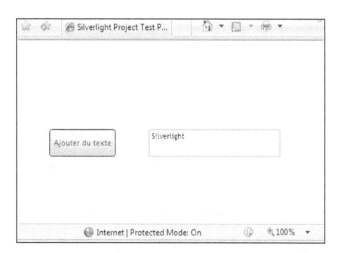

Là encore, le développement de l'application passera par du code XAML (illustré à la figure 17-3).

```xml
<UserControl x:Class="DemoSilverlight2.Page"
xmlns="http://schemas.microsoft.com/winfx/2006/xaml/presentation"
    xmlns:x="http://schemas.microsoft.com/winfx/2006/xaml"
    Width="Auto"
    Height="Auto">
    <Grid x:Name="LayoutRoot"
            Background="White">
        <Grid.ColumnDefinitions>
            <ColumnDefinition />
            <ColumnDefinition />
        </Grid.ColumnDefinitions>

        <Button x:Name="btn"
                Click="btn_Click"
                Content="Ajouter du texte"
                Height="40"
                Width="100"
                Grid.Column="0" />

        <TextBox x:Name="tb"
                Height="40"
                Width="200"
                Text="Silverlight"
                Grid.Column="1" />
    </Grid>
</UserControl>
```

Quant aux gestionnaires d'événements, ils peuvent être écrits en JavaScript (n'oubliez pas que Silverlight 2 reprend toutes les fonctionnalités de Silverlight 1.0), mais également en C# ou VB.NET :

```csharp
private void btn_Click(object sender, RoutedEventArgs e)
{
    this.tb.Text += " : Le développement de RIA !";
}
```

Lors de la compilation de l'application, le compilateur crée un fichier compressé, portant l'extension .xap. Lorsqu'un utilisateur se rendra sur une page contenant une application Silverlight 2, le fichier .xap sera téléchargé sur la machine pour être exécuté par le plug-in Silverlight, comme on peut le voir à la figure 17-4.

En observant le code XAML et le code C# de l'application Silverlight 2, on se rend vite compte qu'il est très similaire à ce que l'on a déjà écrit pour WPF.

C'est là toute la force de Silverlight 2 : disposer d'un modèle de programmation identique à celui de WPF pour permettre de développer un nouveau type d'applications web, composées en grande partie d'animations, de transformations, de médias, etc., afin d'offrir une expérience utilisateur inégalée.

Figure 17-4

*Exécution d'une
application Silverlight 2*

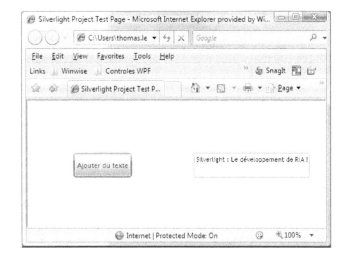

Architecture de Silverlight

La plateforme Silverlight est constituée de deux grandes parties :

- un framework de présentation principal, pièce maîtresse de l'architecture qui permet à Silverlight d'exister ;
- un sous-ensemble du framework .NET, contenant les composants et les bibliothèques d'interrogation de données, de connexion à un service web, etc.

La figure 17-5 fournit un aperçu de la décomposition de cette architecture (et des services et composants associés).

Figure 17-5

*Découpage de l'architecture de
Silverlight*
Source :
http://msdn.microsoft.com
/en-us/library/default.aspx

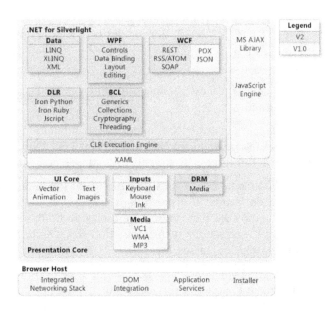

Composants principaux de présentation

Un ensemble de composants de base sont nécessaires pour permettre aux applications Silverlight de s'exécuter. Ces composants sont les suivants :

- *les entrées utilisateur* : gestion de l'interaction avec l'utilisateur, depuis des périphériques, tels que le clavier, la souris, etc. ;

- *l'affichage de l'interface graphique* : affichage des dessins, textes, animations, etc. ;

- *les médias* : comme son nom le laisse entendre, cette partie s'occupe de la prise en charge des fichiers audio et vidéo ;

- *les contrôles* : ce composant permet l'extensibilité des contrôles au travers des styles et modèles ;

- *la liaison de données* : lie les objets métier et les éléments d'une interface graphique ;

- *DRM* : le service de DRM (*Digital Rights Management*) gère un ensemble de droits numériques appliqués aux médias ;

- *XAML* : le parseur XAML permet la lecture et l'interprétation des fichiers XAML, de la même manière qu'avec WPF.

Ces différents composants sont le cœur même de Silverlight 2, chacun représentant une fonctionnalité particulière, mais critique, du plug-in.

Implémentation du framework .NET pour Silverlight

L'implémentation du framework .NET disponible dans Silverlight 2 est un sous-ensemble du véritable framework .NET.

Tout comme en WPF, les développeurs peuvent écrire du code .NET (soit au travers des langages C# ou VB.NET) dont le but sera d'interagir avec la couche de présentation de l'application.

Là encore, il existe, dans cette version allégée du framework .NET, tout un ensemble de fonctionnalités qu'il est possible d'identifier et de classer, de manière précise, sous forme de couches :

- *les données* : cette couche supporte la manipulation de données au travers des technologies LINQ (*Language Integrated Query*) et LINQ To XML. Le support de la sérialisation et l'utilisation du format XML sont également pris en charge par ce composant ;

- *la bibliothèque des classes de base* : cette fonctionnalité est responsable de l'utilisation et de la mise à disposition d'un ensemble de classe du framework .NET. Ces classes, qui font partie d'une bibliothèque de base nommée BCL (pour *Base Class Library*), permettent la manipulation des chaînes de caractères, l'utilisation des collections, des classes, etc. ;

- *Windows Communication Foundation* : cette brique propose des fonctionnalités simplifiant l'accès aux services et aux données distants. Dans cette couche se trouvent des objets de requêtes et de réponses HTTP (*HyperText Transfer Protocol*), le support pour les requêtes « cross-domain » et celui des flux RSS (*Really Simple Syndication*), REST (*Representational State Transfer*), ainsi que des services JSON (*JavaScript Object Notation*) et SOAP (*Simple Object Access Protocol*) ;

- *la CLR (Common Language Runtime)* : la CLR est l'élément crucial permettant l'exécution du framework .NET. Équivalent de la machine virtuelle disponible en Java, elle autorise la gestion de la mémoire, le ramassage des données inutilisées, la gestion des exceptions, la vérification des types, etc. ;

- *les contrôles WPF* : de nombreux contrôles WPF sont disponibles dans Silverlight. Parmi les contrôles de base, on retrouve, par exemple, le bouton, la `ListBox`, le bouton radio, la case à cocher. De même, d'autres contrôles sont présents, tels que la grille de données, le calendrier, le sélecteur de date, etc. Il est d'ailleurs intéressant de remarquer que certains contrôles, comme la grille de données, sont disponibles dans Silverlight mais pas dans WPF. Étant donné que Silverlight tend à être le pendant de WPF en mode web, cela laisse supposer que le contrôle grille de données sera mis à disposition pour WPF (Microsoft a d'ailleurs mis en téléchargement gratuit une version de test de ce contrôle, à l'adresse suivante : *http://www.codeplex.com/wpf/Release/ProjectReleases.aspx*) ;

- *la DLR (Dynamic Language Runtime)* : cette dernière couche est toute nouvelle car elle n'a pas d'équivalent au sein du framework .NET. La DLR supporte la compilation dynamique et l'exécution de langage de scripts (tels que JavaScript ou IronPython) pour le développement et la programmation d'applications Silverlight. D'une manière générale, ce composant permet aux développeurs utilisant un langage dynamique (Ruby, Python, etc.) de développer des applications Silverlight 2.

L'implémentation du framework .NET pour Silverlight 2 est tout à fait séparée du framework .NET « classique », ce qui permet au plug-in Silverlight de ne pas avoir besoin de prérequis particulier pour pouvoir s'installer ou s'exécuter. Cependant, comme il est possible de le constater, l'ensemble des briques de cette implémentation ressemble pour beaucoup aux différentes briques du framework .NET 3.5.

Composants supplémentaires

En plus des différents composants déjà évoqués jusqu'à présent, Silverlight 2 dispose d'un grand nombre de composants additionnels, permettant d'offrir un plus grand nombre de fonctionnalités. Parmi ceux-ci, citons :

- *le stockage isolé* : permet à une application Silverlight d'accéder, de manière sécurisée, à un répertoire de la machine physique pour y stocker des fichiers. Il existe un répertoire (dont la taille est de 4 Mo par défaut) pour chaque application Silverlight ;

- *la programmation asynchrone :* l'objet `BackgroundWorker` est disponible en Silverlight 2 pour effectuer des opérations asynchrones. Il est ainsi possible d'exécuter de long traitement sans bloquer l'interface utilisateur ;

- *la gestion des fichiers* : le contrôle `OpenFileDialog` peut être utilisé par les développeurs pour proposer aux utilisateurs une boîte de dialogue leur offrant la possibilité d'ouvrir un flux, en lecture seule, vers un fichier présent sur la machine ;

- *l'interaction entre le code géré et HTML et JavaScript :* l'infrastructure de Silverlight permet d'accéder, depuis le code géré, aux éléments HTML ou au code JavaScript présent sur la page. De la même manière, il est possible au code JavaScript d'accéder à certaines parties du code géré ;

- *la sérialisation :* Silverlight 2 supporte nativement la sérialisation des types .NET en JSON et XML.

Résumé

Silverlight est la technologie proposée par Microsoft dans le cadre de développement d'applications Internet riches. De par sa conception et son modèle de développement, Silverlight pourrait être assimilé à la version web de WPF.

Son déploiement et son utilisation, au jour le jour, par les développeurs et les utilisateurs sont grandement simplifiés et en font un concurrent direct de Flash et Flex qui, jusqu'à maintenant, était les seuls à proposer des solutions pour le domaine des RIA.

Il est à présent temps d'étudier comment nous allons pouvoir développer notre application Silverlight.

18

Développement d'une première application Silverlight

Au travers de ce chapitre, une application Silverlight d'envoi et réception de fichiers va être développée de A à Z. Vous serez ainsi en mesure de comprendre comment fonctionne Silverlight et pourrez créer vos propres applications.

Mise en place de l'application

Au cours de ce chapitre, vous découvrirez comment mettre en place votre première application Silverlight. Vous apprendrez la manière de définir l'interface graphique et d'utiliser un contrôle personnalisé. Enfin, vous découvrirez comment appeler un service WCF (*Windows Communication Foundation*) pour l'utiliser dans votre application.

Exemples d'applications Silverlight

Un grand nombre d'applications Silverlight sont disponibles sur Internet. Il est ainsi possible de découvrir la galerie officielle (*http://silverlight.net/community/communitygallery.aspx*) qui contient un très grand nombre de démonstrations et qui offre également la possibilité de télécharger le code source, afin d'étudier le code ou de le réutiliser dans vos applications.

Définition de l'interface graphique

La première étape dans la réalisation de l'application consiste à définir son interface graphique, au moyen du langage XAML. L'utilisation du code C# ou VB.NET aurait pu être envisagée mais se trouve être moins rapide et moins agréable que le XAML. De plus, afin de pouvoir manipuler des outils comme la surface de dessin de Visual Studio ou bien Expression Blend, il est nécessaire d'utiliser ce langage à balises. L'application sera composée des éléments suivants :

- une zone de saisie pour afficher le fichier à envoyer sur le serveur ;

- un bouton *Parcourir* permettant d'afficher la boîte de dialogue qui permettra à l'utilisateur de sélectionner le fichier à envoyer ;

- un bouton *Envoyer* qui appelera la méthode d'envoi du fichier ;

- un contrôle de type `FileDownloader` qui servira à télécharger le fichier fraîchement déposé sur le serveur ;

- différents contrôles, tels que `StackPanel` et `Grid`, qui hébergeront d'autres contrôles afin de produire une interface graphique cohérente.

À l'aide de Visual Studio (ou d'Expression Blend), cette interface utilisateur sera développée en recourant aux contrôles de la boîte à outils (figure 18-1).

Figure 18-1

Aperçu des différents contrôles Silverlight disponibles dans la boîte à outils de Visual Studio

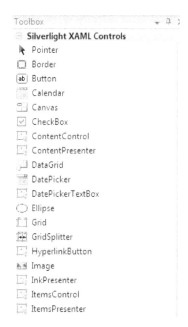

Une fois les différents contrôles déposés sur la zone de dessin, voici le code XAML généré :

```xml
<UserControl x:Class="SilverlightUploader.GUI.Page"
xmlns="http://schemas.microsoft.com/winfx/2006/xaml/presentation"
xmlns:x="http://schemas.microsoft.com/winfx/2006/xaml"
xmlns:local="clr-namespace:SilverlightUploader.GUI.Controls"
 Width="500" Height="300">
    <Grid x:Name="LayoutRoot" Background="White">
        <Grid.ColumnDefinitions>
            <ColumnDefinition />
            <ColumnDefinition />
        </Grid.ColumnDefinitions>

        <Grid.RowDefinitions>
            <RowDefinition />
            <RowDefinition />
        </Grid.RowDefinitions>

        <TextBox x:Name="tbFileToUpload"
                Grid.Column="0"
                Margin="20"
                HorizontalAlignment="Right"
                Width="150"
                Height="30" />

        <StackPanel Grid.Column="1"
                Orientation="Horizontal">
            <Button x:Name="btnBrowse"
                Grid.Column="1"
                HorizontalAlignment="Left"
                Content="Parcourir"
                Width="70"
                Height="25"
                Click="btnBrowse_Click" />

            <Button x:Name="btnUpload"
                Grid.Column="2"
                HorizontalAlignment="Left"
                Margin="20"
                Content="Envoyer"
                Width="70"
                Height="25"
                Click="btnUpload_Click"/>
        </StackPanel>

        <local:FileDownloader x:Name="fd"
                            Grid.ColumnSpan="2"
                            Grid.Row="1"
                            HorizontalAlignment="Center"
                            FontSize="15"
                            Content="Télécharger le fichier" />
    </Grid>
</UserControl>
```

Le résultat de ce code XAML, très simple comme vous pouvez le constater, peut être visualisé à la figure 18-2.

Figure 18-2

Résultat de l'interface graphique de l'application d'envoi de fichiers

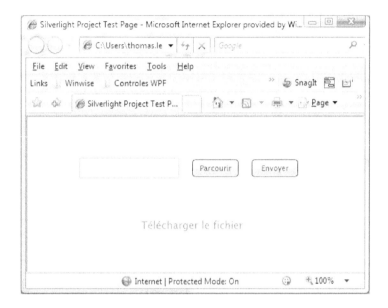

On remarque tout de suite que ce code est très semblable au code XAML d'une application WPF (à l'exception des différents espaces de noms présents au début du fichier). C'est là l'une des forces (et l'un des objectifs) de Silverlight : proposer une méthode de développement identique à WPF, aussi bien pour la partie XAML que pour la partie code C# ou VB.NET associé.

Le contrôle FileDownloader

Le code XAML qui a été écrit précédemment est correct, mais ne compile pas. En effet, le contrôle FileDownloader, utilisé à la fin du fichier, n'est pas un contrôle standard de Silverlight : il s'agit d'un contrôle écrit spécialement pour cette application.

Le but de ce contrôle est de proposer une zone cliquable qui permettra aux utilisateurs de télécharger le fichier.

Dans Silverlight 2, il existe un contrôle très proche de celui qu'il est nécessaire de réaliser : l'HyperLinkButton. Étant donné que Silverlight intègre un sous-ensemble du framework .NET, il est très simple de réutiliser les techniques de développement déjà maîtrisées par les développeurs (en l'occurrence, dans le cas présent, il s'agit de l'héritage) :

```
/// <summary>
/// Contrôle développé par Arnaud AUROUX (http://blogs.developpeur.org/thadeus/).
/// Contrôle modifié, en accord avec l'auteur, par Thomas LEBRUN
➥(http://blogs.developpeur.org/tom/).
/// </summary>
```

```
public class FileDownloader : HyperlinkButton
{
    private const string DEFAULT_GATE_NAME = "Gate.aspx";
    private const string DEFAULT_GATE_PARAM_NAME = "FileName";

    private string m_FileName;

    public string GateName { get; set; }

    public string GateParamName { get; set; }

    public string FileName
    {
        get { return (this.m_FileName); }
        set
        {
        this.m_FileName = value;
        this.NavigateUri =
        new UriBuilder(HtmlPage.Document.DocumentUri.Scheme,
         HtmlPage.Document.DocumentUri.Host,
         HtmlPage.Document.DocumentUri.Port,
         this.GateName,
          String.Format("?{0}={1}", this.GateParamName, value)).Uri;
        }
    }

    public string FileUrl
    {
        get { return (this.NavigateUri.AbsoluteUri); }
        set { this.NavigateUri = new Uri(value); }
    }

    public FileDownloader()
    {
        this.TargetName = "_blank";
        this.GateName = DEFAULT_GATE_NAME;
        this.GateParamName = DEFAULT_GATE_PARAM_NAME;
    }
}
```

Gestion des événements

Nous disposons à présent d'une interface graphique qui se trouve être figée. Il faut donc ajouter la gestion de la souris afin que l'interface puisse réagir aux événements Click, MouseEnter, MouseLeave, etc.

Sur le bouton *Parcourir*, nous avons défini le gestionnaire d'événement suivant :

```
Click="btnBrowse_Click"
```

Il est donc nécessaire d'écrire le code de la méthode btnBrowse_Click, appelée lorsque l'événement Click du bouton sera envoyé.

Cette méthode doit permettre d'afficher la boîte de dialogue qui permettra à l'utilisateur de sélectionner un fichier à déposer sur le serveur. Silverlight propose la classe `OpenFile-Dialog`, qui répond à ce type de besoin.

```
private void btnBrowse_Click(object sender, RoutedEventArgs e)
{
    OpenFileDialog ofd = new OpenFileDialog();
    ofd.Multiselect = false;

    if (ofd.ShowDialog().Value)
    {
        this.tbFileToUpload.Text = ofd.File.Name;

            fileStream = ofd.File.OpenRead();
    }
}
```

La propriété `File`, de type `FileDialogFileInfo`, permet d'obtenir un flux, en lecture uniquement, vers le fichier sélectionné. Il est alors possible de récupérer un pointeur vers ce flux pour l'utiliser ultérieurement, par exemple lors de l'envoi au service de stockage de fichiers.

Le service d'envoi de fichiers

L'application en elle-même est, pour ainsi dire, terminée. Il ne reste qu'à écrire le service d'envoi des fichiers. Pour cela, Visual Studio propose un modèle d'éléments prêt à l'emploi : il suffit d'effectuer un clic droit sur le projet web, de choisir d'ajouter un nouvel élément et de sélectionner `Silverlight-enabled WCF Service`, comme on peut le voir à la figure 18-3.

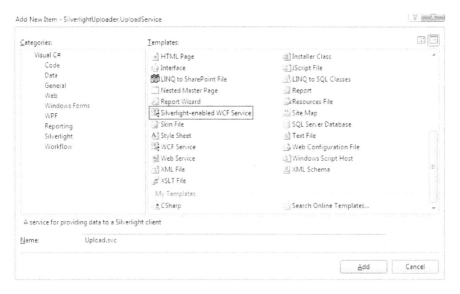

Figure 18-3

Ajout d'un service WCF grâce à l'assistant de Visual Studio

Visual Studio va alors générer un ensemble de fichiers nécessaires au développement du service. Parmi ces fichiers, on va retrouver :

- un fichier portant l'extension .scv.cs : c'est dans ce fichier que l'on va écrire les méthodes qui seront accessibles depuis le service ;
- un fichier web.config : ce fichier contient tous les paramètres nécessaires à la configuration du service.

Ouvrez alors le fichier .svc.cs et remplacez la classe générée par Visual Studio par celle-ci :

```
[ServiceContract(Namespace = "http://wcf.thomaslebrun.net/wpfbook/")]
 [AspNetCompatibilityRequirements(RequirementsMode = AspNetCompatibility-
 ➥RequirementsMode.Allowed)]
public class Upload
{
    [OperationContract]
    public void UploadFile(FileToUpload file)
    {
        int streamLenght = Convert.ToInt32(file.BytesOfFile.Length);

        using (System.IO.FileStream stream = new System.IO.FileStream
        ➥(HttpContext.Current.Server.MapPath("/Files/") + file.FileName,
        ➥FileMode.Create))
        {
            stream.Write(file.BytesOfFile, 0, streamLenght);

            stream.Close();
        }
    }
}

[DataContract]
public class FileToUpload
{
    [DataMember]
    public string FileName { get; set; }

    [DataMember]
    public byte[] BytesOfFile { get; set; }
}
```

Ce code définit deux classes : l'une servant à représenter un objet de données et l'autre ne possédant qu'une méthode, UploadFile, qui servira à créer un fichier dans le répertoire *Files* du serveur.

En ce qui concerne le fichier *web.config*, il n'est pas nécessaire de le modifier, les paramètres par défaut étant tout à fait suffisant.

Pour tester si le service est pleinement opérationnel, il suffit, dans Visual Studio, d'effectuer un clic droit sur le fichier portant l'extension *.svc* et de sélectionner *Afficher dans le navigateur*.

Si l'écran représenté à la figure 18-4 s'affiche, c'est que tout est bien configuré.

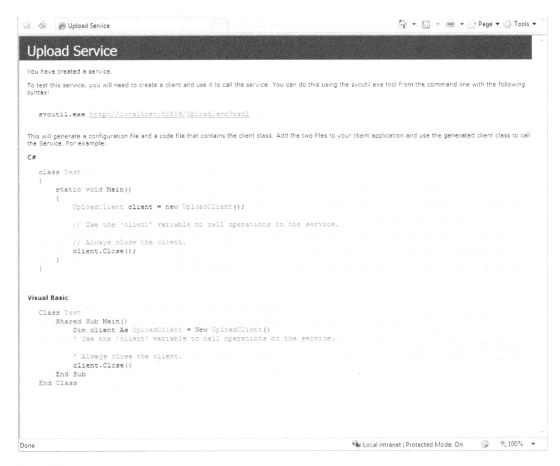

Figure 18-4

Visualisation du service WCF dans un navigateur web

Utilisation du service

Après avoir mis en place toute l'interface graphique et le service d'envoi de fichiers, il convient de découvrir comment il va vous être possible de l'utiliser dans l'application.

Appel du service WCF

Une fois le service correctement développé, il ne reste qu'à l'employer dans l'application Silverlight. Pour cela, il est nécessaire d'ajouter une référence au service WCF depuis Visual Studio (figure 18-5).

Figure 18-5

*Ajout de la référence
au service WCF
nouvellement créé*

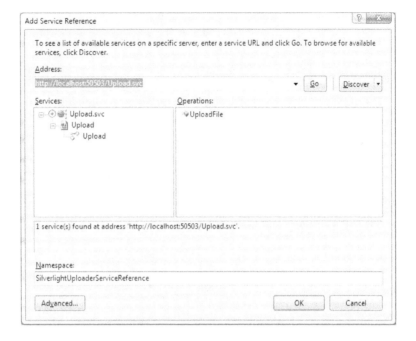

Une fois la référence ajoutée, il convient d'écrire le code qui permettra, sur l'événement `Click` du bouton *Envoyer*, d'appeler la méthode du service et, une fois l'appel terminé, d'afficher une boîte de dialogue à l'utilisateur :

```csharp
private void btnUpload_Click(object sender, RoutedEventArgs e)
{
    string fileName = this.tbFileToUpload.Text;

    // Conversion du flux en tableau d'octets.
    byte[] byteArrayOfFile = new byte[fileStream.Length];
    fileStream.Read(byteArrayOfFile, 0, Convert.ToInt32(fileStream.Length));

    FileToUpload ftu = new FileToUpload();
    ftu.FileName = fileName;
    ftu.BytesOfFile = byteArrayOfFile;

    UploadClient client = new UploadClient();
    client.UploadFileAsync(ftu);
    client.UploadFileCompleted += new EventHandler<System.ComponentModel.
    AsyncCompletedEventArgs>(client_UploadFileCompleted);

    this.fd.FileName = fileName;
}

private void client_UploadFileCompleted(object sender, System.ComponentModel.
AsyncCompletedEventArgs e)
{
    HtmlPage.Window.Alert("Fichier envoyé avec succès sur le serveur");
}
```

Comme on peut le constater, le code utilisé est vraiment très simple et très ressemblant au code que l'on pourrait écrire dans un développement WPF ou .NET.

Développement de la passerelle

Lorsque l'utilisateur clique sur le bouton *Envoyer*, le fichier est déposé sur le serveur et le nom du fichier est assigné à la propriété FileName de l'objet de type FileDownloader.

Une fois l'assignation effectuée, il est possible de cliquer sur le contrôle pour être redirigé vers le fichier, ce qui permet son téléchargement. Seulement, pour que cela soit possible, il est nécessaire d'écrire une petite passerelle qui va récupérer le nom du fichier, passé en paramètre de l'URL, et l'envoyer au poste client.

Pour parvenir à nos fins, un simple fichier nommé Gate.aspx, avec le code qui suit convient parfaitement :

```
public partial class Gate : System.Web.UI.Page
{
    private const string PARAM_NAME = "FileName";

    protected void Page_Load(object sender, EventArgs e)
    {
        if (Request.Params[PARAM_NAME] != null)
        {
            string fileName = Request.Params[PARAM_NAME];

            if (!string.IsNullOrEmpty(fileName))
            {
                string filePath = new UriBuilder(
                    HttpContext.Current.Request.Url.Scheme,
                    HttpContext.Current.Request.Url.Host,
                    HttpContext.Current.Request.Url.Port,
                    string.Concat("/Files/", fileName)).ToString();

                if (!String.IsNullOrEmpty(filePath))
                {
                    Response.Redirect(filePath);
                }
            }
        }
    }
}
```

Une fois cette passerelle mise en place, il ne reste qu'à tester l'application. L'utilisateur devra alors cliquer sur le bouton *Parcourir* puis sur le bouton *Envoyer*. Si toute la procédure se déroule sans problème, une boîte de dialogue, visible à la figure 18-6, apparaît à l'écran pour informer l'utilisateur que le fichier a été correctement envoyé sur le serveur.

Figure 18-6

*Confirmation
d'envoi du fichier
au serveur*

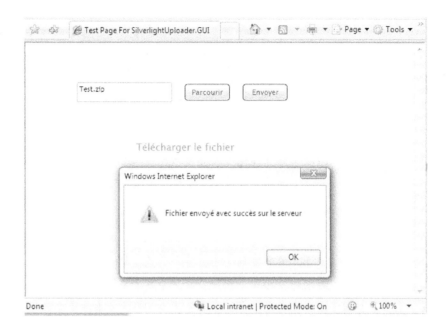

Il ne reste plus qu'à cliquer sur le lien *Télécharger le fichier* pour que celui-ci soit télé-chargé depuis le serveur et proposé au client, comme le montre la figure 18-7.

Figure 18-7

*Téléchargement
du fichier depuis
le serveur*

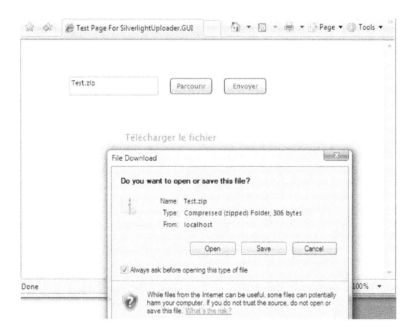

Résumé

Le développement d'une application Silverlight se trouve être extrêmement simple et similaire au développement d'une application WPF : les outils sont les mêmes, la méthodologie est identique.

Si l'on excepte les particularités liées au développement d'applications web, il est aisé, pour un développeur WPF ou même un développeur WindowsForms, de développer une application Silverlight en très peu de temps, comme cela a été le cas dans ce chapitre.

Le chapitre 19 vous livrera quelques techniques afin d'aller encore plus loin dans le développement de l'application, en tentant de la rendre encore plus agréable possible pour les utilisateurs.

Développement Silverlight avancé

Le chapitre précédent a permis la réalisation d'une application simple mais fonctionnelle. Ce chapitre a pour but d'expliquer de nouvelles techniques, liées au développement Silverlight, qui vous permettront d'enrichir vos applications.

Stockage isolé

Il est possible, aux applications Silverlight, de disposer d'un espace de stockage dans lequel le développeur pourra sauvegarder diverses informations qui seront réutilisables lorsque l'utilisateur se rendra à nouveau sur la page qui héberge l'application. Cela peut s'avérer utile, par exemple, si l'application que vous développez est un jeu : vous pouvez disposer de cet espace de stockage pour sauvegarder les scores de vos utilisateurs.

Il est à présent temps de voir comment utiliser cette technique.

Modification de l'interface graphique

Bien que s'exécutant dans un contexte sécurisé, autrement dit ne permettant l'accès à aucune ressource de la machine, une application Silverlight peut disposer d'un espace de stockage sur l'ordinateur, espace dans lequel il lui est possible d'écrire des fichiers. Cette technique, nommée stockage isolé (*isolated storage*) existe depuis longtemps en programmation .NET mais se trouve être un concept très récent dans Silverlight.

Pour mettre en pratique cette notion, il convient de modifier le code XAML, de l'interface graphique de l'application d'envoi de fichier, afin d'y insérer une `ListBox` ou tout autre contrôle permettant d'afficher une liste d'éléments :

```
<ListBox x:Name="lbFiles"
         ItemsSource="{Binding}"
         Height="150"
         Margin="0,-20,0,0"
         HorizontalAlignment="Center"
         Grid.ColumnSpan="2"
         Grid.Row="1"
         Width="170">
    <ListBox.ItemTemplate>
        <DataTemplate>
            <local:FileDownloader FileName="{Binding}" Content="{Binding}" />
        </DataTemplate>
    </ListBox.ItemTemplate>
</ListBox>
```

Cette ListBox définit la propriété ItemTemplate, ce qui signifie que chaque élément de la ListBox se verra appliquer le modèle indiqué : une instance de la classe FileDownloader que nous avons écrite dans le chapitre précédent.

Pour que la liaison de données sur la propriété FileName de ce contrôle fonctionne, il est obligatoire de remplacer son code par une DependencyProperty :

```
public string FileName
{
    get { return (string)GetValue(FileNameProperty); }
    set { SetValue(FileNameProperty, value); }
}

public static readonly DependencyProperty FileNameProperty =
 DependencyProperty.Register("FileName", typeof(string), typeof(FileDownloader),
 ➥new PropertyMetadata(OnFileNamePropertyChanged));

private static void OnFileNamePropertyChanged(DependencyObject obj, DependencyProperty-
➥ChangedEventArgs arg)
{
    FileDownloader fd = obj as FileDownloader;

    if (fd != null)
    {
        fd.NavigateUri = new UriBuilder(HtmlPage.Document.DocumentUri.Scheme,
    HtmlPage.Document.DocumentUri.Host,
    HtmlPage.Document.DocumentUri.Port,
    fd.GateName,
    String.Format("?{0}={1}", fd.GateParamName, arg.NewValue)).Uri;
    }
}
```

On remarque que la méthode OnFileNamePropertyChanged est utilisée pour assigner une valeur à la propriété NavigateUri du contrôle FileDownloader. En effet, cette méthode est appelée à chaque fois que la valeur de la DependencyProperty est modifiée.

Écriture d'un fichier dans le stockage isolé

À présent, il convient d'écrire dans le répertoire de stockage isolé réservé à l'application pour chaque utilisateur. Pour cela, il faut d'abord accéder au magasin (Store) représentant cet espace réservé, *via* la méthode GetUserStoreForApplication :

```
IsolatedStorageFile store = IsolatedStorageFile.GetUserStoreForApplication();
```

Il est alors possible de créer un fichier, s'il n'existe pas déjà, dans le magasin :

```
string storeFileName = "Files.txt";

if (!store.FileExists(storeFileName))
{
    IsolatedStorageFileStream mainFile = store.CreateFile(storeFileName);
    mainFile.Close();
}
```

Enfin, l'ouverture d'un flux d'écriture sur le fichier se fait de manière très simple, grâce à l'utilisation de la classe StreamWriter :

```
using (StreamWriter sw = new StreamWriter(store.OpenFile(storeFileName, FileMode.Append,
➥FileAccess.Write)))
{
    sw.Write(string.Concat(this.tbFileToUpload.Text, ";"));
}
```

Emplacement du stockage isolé sur l'ordinateur

Les fichiers insérés dans les magasins de stockage isolés sont stockés dans les fichiers des utilisateurs, dans des répertoires dont le nom est chiffré (il est en fait défini à partir du nom de l'application Silverlight). À titre d'exemple, le répertoire dans lequel se situe le fichier utilisé dans ce chapitre est le suivant : C:\\Users\\thomas.lebrun\\AppData\\LocalLow\\Microsoft\\Silverlight\\is\\qssd12c0.gb2\\du5llbgn.tuk\\1\\s\\ \j2odysn3clh4xhhdif3qtdxz3ydv4nnmdhbmfrl3lcof4jzd5iaaaega\\f\\Files.txt.

Lecture d'un fichier dans le stockage isolé

Le stockage isolé présente l'avantage de pouvoir enregistrer du contenu sur le disque dur de la machine, mais il permet également d'y avoir accès plus tard dans son code.

Imaginez, en effet, qu'une application de type jeu, développée en Silverlight, permette d'enregistrer les scores des utilisateurs : il y a peu d'intérêt à ne pas réutiliser des scores pour les afficher, par exemple avant de lancer le jeu.

La lecture du contenu du stockage isolé est, une nouvelle fois, très simple à mettre en place. En ce qui concerne l'écriture, nous avons vu qu'il était nécessaire d'utiliser un flux en écriture sur le magasin. Pour la lecture, c'est la même chose hormis le fait que c'est un flux en lecture (StreamReader) qui va être employé :

```
try
{
    string storeFileName = "Files.txt";
```

```
    using (StreamReader reader = new StreamReader(store.OpenFile(storeFileName,
    ➥FileMode.Open, FileAccess.Read)))
    {
        var s = reader.ReadToEnd();
        var r = new string(s.Reverse().Skip(1).ToArray()).Reverse().ToArray();

        var contents = new string(r).Split(';');

        if (contents.Length > 0)
        {
            this.lbFiles.DataContext = contents;
        }
    }
}
catch (Exception)
{
    HtmlPage.Window.Alert("Aucun fichier de stockage n'existe.");
}
```

Une fois le fichier ouvert en lecture, il est lu entièrement, puis on récupère son contenu (un ensemble de nom de fichiers séparés par des points-virgules) que l'on découpe au moyen de la méthode Split. On obtient alors un tableau de chaînes de caractères que l'on affecte à la propriété DataContext de la ListBox.

Ainsi, lorsque l'utilisateur enverra plusieurs fichiers sur le serveur, leurs noms seront ajoutés à la ListBox contenant la liste des fichiers envoyés, comme le démontre la figure 19-1.

Figure 19-1

La liste des fichiers, issue du stockage isolé, apparaît dans la ListBox

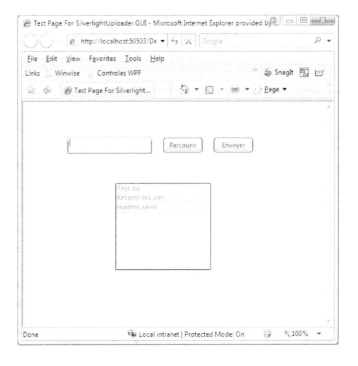

De plus, grâce au modèle appliqué à chaque élément de la `ListBox`, ceux-ci apparaissent sous la forme d'un `FileDownloader`. L'utilisateur peut alors cliquer sur chacun des éléments pour que l'application lui propose de télécharger le fichier (figure 19-2).

Figure 19-2

Le téléchargement des fichiers, depuis la ListBox, est assuré grâce au modèle qui utilise un FileDownloader.

Création d'un contrôle personnalisé

Bien qu'il existe un grand nombre de contrôles Silverlight, il peut arriver que vous ayez besoin d'un contrôle qui n'est pas disponible de base. Vous allez à présent découvrir comment développer vos propres contrôles personnalisés, pour répondre à ce type de scénarios.

Écriture de la logique du contrôle

Comme en WPF, il est possible de développer, en Silverlight, des contrôles utilisateur et des contrôles personnalisés.

Le développement est très similaire : on commence par écrire le code, la logique du contrôle puis, dans un fichier XAML, on définit son interface graphique afin que le plug-in Silverlight soit capable de représenter, visuellement, toutes les instances qui auront été déclarées.

Pour créer un contrôle personnalisé le plus simple est de développer une classe qui hérite de Control. Ensuite, dans le constructeur de la classe, on indique le style par défaut du contrôle, au moyen de la propriété DefaultStyleKey.

Il est possible que dans le code du contrôle, vous ayez besoin d'accéder, à un moment ou à un autre, à l'un des contrôles utilisés pour définir l'interface graphique. À cette fin, il est nécessaire de surcharger la méthode OnApplyTemplate et d'obtenir une référence vers le contrôle graphique qui vous intéresse, au moyen de la méthode GetTemplateChild. Attention, pour que cela fonctionne, vous devez appliquer l'attribut TemplatePart sur la classe, afin que le plug-in Silverlight sache que l'élément auquel vous souhaitez accéder se trouve en fait dans l'interface graphique.

Le code suivant permet de définir un contrôle personnalisé, de type ProgressBar, qui aura besoin d'accéder sur l'interface graphique, à une bordure, représentant l'élément racine, à une autre bordure, permettant de symboliser la barre de progression, et à un contrôle de type TextBlock, qui affichera le pourcentage de la progression :

```
[TemplatePart(Name = ProgressBar.RootElement, Type = typeof(FrameworkElement))]
[TemplatePart(Name = ProgressBar.ProgressIndicatorElement, Type = typeof
➡(FrameworkElement))]
[TemplatePart(Name = ProgressBar.ProgressValueElement, Type = typeof(TextBlock))]
public class ProgressBar : Control
{
    private const string RootElement = "Root";
    private const string ProgressIndicatorElement = "ProgressIndicator";
    private const string ProgressValueElement = "ProgressValue";

    protected FrameworkElement Root;
    protected FrameworkElement ProgressIndicator;
    protected TextBlock ProgressValue;

    public ProgressBar()
        : base()
    {
        DefaultStyleKey = typeof(ProgressBar);
    }

    public override void OnApplyTemplate()
    {
        base.OnApplyTemplate();
        this.Root = this.GetTemplateChild(RootElement) as FrameworkElement;
        this.ProgressIndicator = this.GetTemplateChild(ProgressIndicatorElement) as
        ➡FrameworkElement;
       this.ProgressValue = this.GetTemplateChild(ProgressValueElement) as TextBlock;
    }
```

```
public static readonly DependencyProperty PercentageProperty = DependencyProperty.
➥Register("Percentage", typeof(int), typeof(ProgressBar), null);

public int Percentage
{
    get { return (int)GetValue(PercentageProperty); }
    set
    {
        SetValue(PercentageProperty, value);
        this.ProgressValue.Text = value.ToString() + "%";
        this.ProgressIndicator.Width = value * 0.01 * this.Root.Width;
    }
}
}
```

Écriture de l'interface du contrôle

Une fois la logique du contrôle personnalisé mise en place, il reste à définir son interface graphique.

Avec WPF, on procédait en définissant un fichier nommé generic.xaml, situé dans un répertoire Themes du projet. Silverlight se voulant être le plus identique de WPF, cette étape est pratiquement la même : un fichier generic.xaml, dans un répertoire Themes, se doit d'être créé dans le projet Silverlight.

Le contenu de ce fichier se trouve être un simple dictionnaire de ressources contenant le modèle de notre contrôle :

```
<ResourceDictionary
xmlns=http://schemas.microsoft.com/winfx/2006/xaml/presentation
xmlns:x=http://schemas.microsoft.com/winfx/2006/xaml
xmlns:Book="clr-namespace:SilverlightUploader.GUI.Controls">
    <Style TargetType="Book:ProgressBar">
        <Setter Property="Template">
            <Setter.Value>
                <ControlTemplate TargetType="Book:ProgressBar">
                    <Border x:Name="Root" CornerRadius="5" Width="{TemplateBinding
                    ➥Width}" Height="{TemplateBinding Height}" BorderThickness="1"
                    ➥BorderBrush="Black">
                        <Grid HorizontalAlignment="Stretch">
                            <Border x:Name="ProgressIndicator" Opacity="0.6"
                            ➥CornerRadius="5" HorizontalAlignment="Left">
                                <Border.Background>
                                    <LinearGradientBrush EndPoint="0.5,0"
                                        ➥StartPoint="0.5,1">
                                        <GradientStop Color="#FE7BC3E5" Offset="0"/>
                                        <GradientStop Color="#FE7DC6EC" Offset="0.995"/>
                                        <GradientStop Color="#FE0089E1" Offset="0.529"/>
                                    </LinearGradientBrush>
```

```
                                </Border.Background>
                            </Border>
                            <TextBlock x:Name="ProgressValue"
                            ➡HorizontalAlignment="Center" VerticalAlignment=
                            ➡"Center" FontSize="10"/>
                        </Grid>
                    </Border>
                </ControlTemplate>
            </Setter.Value>
        </Setter>
    </Style>
</ResourceDictionary>
```

Attention, pour que ce fichier soit pris en compte, il est nécessaire de le mettre dans les ressources de l'application. Pour cela, dans Visual Studio, il suffit d'effectuer un clic droit, de sélectionner *Propriété* et de mettre le paramètre *Action de compilation* (Build Action) sur *Ressource* (Resource), comme le montre la figure 19-3.

Figure 19-3

Positionner à Ressource l'action de compilation du fichier generic.xaml pour qu'il soit pris en compte

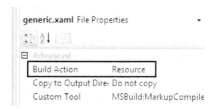

Utilisation du contrôle

Le contrôle est à présent terminé, il ne reste plus qu'à le tester. Pour cela, il convient d'assigner une valeur à la propriété Percentage du contrôle. Afin que cela soit plus simple, l'utilisation d'une boucle et d'une pause permettra de simuler un envoi de gros fichiers.

Ainsi, dans le corps de la méthode btnUpload_Click, il est nécessaire d'ajouter le code suivant :

```
for (int i = 1; i <= 3; i++)
{
    this.pb.Percentage = i * 33;

    System.Threading.Thread.Sleep(1000);

    // Astuce pour mettre la barre de progression à 100 %
    if (i == 3)
    {
        this.pb.Percentage = 100;
    }
}
```

Pour que ce code fonctionne, il est nécessaire de déclarer la barre de progression dans le code XAML :

```
<local:ProgressBar x:Name="pb"
                   Width="100"
                   Margin="0,-250,0,0"
                   HorizontalAlignment="Center"
                   Grid.ColumnSpan="2"
                   Grid.Row="1"
                   Height="25" />
```

À l'exécution, lors de l'envoi du fichier sur le serveur, la barre de progression passe par les différentes valeurs affectées puis affiche un résultat final de 100 %, comme le montre la figure 19-4.

Figure 19-4

À la fin de l'envoi de fichier, la barre de progression est à 100 %.

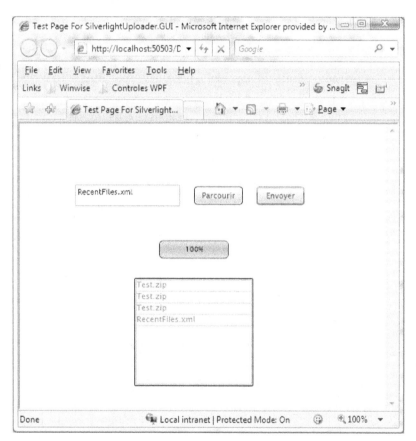

Bien que fonctionnelle, la technique utilisée présente un inconvénient majeur : la modification de la barre de progression ne peut pas être visualisée en temps réel. Nous allons donc voir comment exécuter certaines tâches en arrière-plan, de façon à ne pas bloquer l'interface graphique.

Exécution asynchrone des tâches

La méthode Sleep utilisée est une méthode dite bloquante, ce qui signifie que toute l'interface graphique est gelée durant son exécution. Heureusement, Silverlight 2 propose un composant permettant de pallier à ce type de problème : BackgroundWorker.

Le BackgroundWorker est un composant qui existe depuis le framework .NET 2.0 et qui permet l'exécution asynchrone de tâches lourdes. Son fonctionnement est très simple : en plus du processus de l'interface utilisateur, BackgroundWorker va instancier un nouveau processus, qui s'exécutera en parallèle de celui qui est utilisé pour l'interface.

Il possède trois événements importants pouvant être employés par les développeurs :

- DoWork : cet événement indique quelle tâche doit être exécutée de manière asynchrone par BackgroundWorker ;
- ProgressChanged : il s'agit de l'événement qui survient à chaque fois que la méthode ReportProgress est appelée. Il permet de connaître, sous forme de pourcentage, l'avancement de la tâche à exécuter ;
- RunWorkerCompleted : comme son nom le suggère, cet événement est déclenché lorsque l'exécution de la tâche par BackgroundWorker est terminée.

Ainsi, la déclaration du composant est relativement simple :

```
System.ComponentModel.BackgroundWorker worker = new System.ComponentModel.
BackgroundWorker();
worker.WorkerReportsProgress = true;

worker.ProgressChanged += new System.ComponentModel.ProgressChangedEventHandler
(worker_ProgressChanged);
worker.DoWork += new System.ComponentModel.DoWorkEventHandler(worker_DoWork);
worker.RunWorkerCompleted += new System.ComponentModel.RunWorkerCompletedEventHandler
(worker_RunWorkerCompleted);

worker.RunWorkerAsync();
```

La méthode RunWorkerAsync permet de démarrer le traitement de la tâche.

Les méthodes appelées lors des événements sont, une nouvelle fois, très simples à mettre en œuvre et à comprendre :

```
private void worker_DoWork(object sender, System.ComponentModel.DoWorkEventArgs e)
{
    System.ComponentModel.BackgroundWorker worker = sender as System.
    ComponentModel.BackgroundWorker;

    if (worker != null)
    {
        for (int i = 1; i <= 3; i++)
        {
            worker.ReportProgress(i * 33);

            System.Threading.Thread.Sleep(1000);
```

```
            }
        }
    }

private void worker_ProgressChanged(object sender, System.
➥ComponentModel.ProgressChangedEventArgs e)
{
    this.pb.Percentage = e.ProgressPercentage;
}

private void worker_RunWorkerCompleted(object sender, System.ComponentModel.
➥RunWorkerCompletedEventArgs e)
{
    if (e.Error == null && !e.Cancelled)
    {
        this.pb.Percentage = 100;
    }
}
```

La méthode bloquante s'exécute dans un thread parallèle à celui de l'interface utilisateur lorsque l'utilisateur exécute l'application. Ainsi, l'utilisateur visualise la barre de progression défiler correctement, comme le confirment les figures 19-5 et 19-6.

Figure 19-5

La barre de progression indique bien la première valeur renvoyée par la méthode ReportProgress.

Figure 19-6

Juste avant la fin de l'exécution de la tâche, la barre de progression reporte bien le résultat attendu

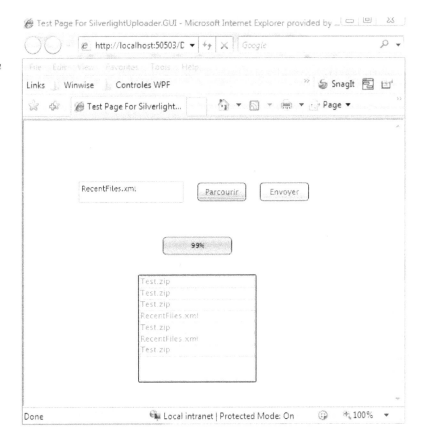

Résumé

Que ce soit l'utilisation du stockage isolé, la création de contrôles personnalisés ou bien la mise en place de BackgroundWorker, toutes ces notions ne représentent aucune difficulté pour des développeurs WPF car il s'agit là de concepts qui existent déjà.

Cette similitude tend bien à démontrer une chose : Silverlight veut être perçu comme le « petit frère » de WPF et, en utilisant la même méthodologie de développement, les mêmes contrôles, les mêmes fonctionnalités, le résultat est au rendez-vous !

À la lecture de cette partie, vous pouvez vous demander pourquoi utiliser Silverlight plutôt que WPF (ou vice versa) pour développer votre application. Étant donné que les fonctionnalités offertes par ces deux technologies sont, pour ainsi dire, les mêmes, la question revient à se demander s'il faut développer une application web ou une application Windows. Si vous souhaitez développer une application profitant de toutes les ressources de l'ordinateur et qui sera installée sur le poste client, alors la technologie WPF est faite pour vous. Dans le cas contraire, s'il s'agit principalement de fournir une application web offrant une meilleure expérience utilisateur, Silverlight est la technologie à adopter !

Index

www.ingramcontent.com/pod-product-compliance
Lightning Source LLC
LaVergne TN
LVHW062305060326
832902LV00013B/2059